梁書

四部備要

史部

上海中華書局據武英殿本校刊

桐鄉陸費逵總勘
杭縣高時顯
杭縣吳汝霖輯校
杭縣丁輔之監造

梁書序

梁書六本紀五十列傳合五十六篇唐貞觀三年詔右散騎常侍姚思廉撰思廉者梁史官察之子推其父意又頗采諸儒謝吳等所記以成此書臣等既校正其文字又集次爲目錄一篇而敘之曰自先王之道不明百家並起佛最晚出爲中國之患而在梁爲尤甚故不得而不論也蓋佛之徒自以謂吾之所得者內而世之論佛者皆外也故不可絀雖然彼惡覩聖人之內哉書曰思曰睿睿作聖蓋思者所以致其知也能致其知者察三才之道辯萬物之理小大精粗無不盡也此之謂窮理知之至也知至矣則在我者之足貴在彼者之不足玩未有不能明之者也有知之之明而不能好之未可也故加之誠心以好之有好之之心而不能樂之未可也故加之至意以樂之能樂之則能安之矣如是則萬物之自外至者安能累我哉萬物之所不能累故吾之所以盡其性也能盡其性則誠矣誠者成也不惑也既成矣必充之使可大焉既大矣必推之使可化焉能化矣則含智之民肖翹之物有待於我者莫不由之以至其性遂

其宜而吾之用與天地參矣德如此其至也而應乎外者未嘗不與人同此吾之道所以爲天下之達道也故與之爲衣冠飲食冠昏喪祭之具而由之以教其爲君臣父子兄弟夫婦者莫不一出乎人情與之同其吉凶而防其憂患者莫不一出乎人理故與之處而安且治之所集也危且亂之所去也與之所處者其具如此使之化者其德如彼可不謂聖矣乎既聖矣則無思也其至者循理而已無爲也其動者應物而已是以覆露乎萬物鼓舞乎羣衆而未有能測之者也可不謂神矣乎神也者至妙而不息者也此聖人之內也聖人者道之極也佛之說其有以易此乎求其有以易此者固其所以爲失也夫得於內者未有不可行於外也有不可行於外者斯不得於內矣易曰智周乎萬物而道濟乎天下故不過此聖人所以兩得之也智足以知一偏而不足以盡萬事之理道足以爲一方而不足以適天下之用此百家之所以兩失之也佛之失其不以此乎則佛之徒自以謂得諸內者亦可謂妄矣夫學史者將以明一代之得失也臣等故因梁之事而爲著聖人之所以得及佛之所以失以傳之者使

知君子之所以距佛者非外而有志於內者庶不以此而易彼也臣鞏等謹敘

目錄昧死上

梁書序

梁書目錄

唐　散　騎　常　侍　姚　思　廉　撰

本紀六卷

列傳五十卷　　凡五十六卷

梁書卷二十二

梁書卷二十三

韋粲　江子一 弟子四 子五
張嵊　沈浚
柳敬禮

梁書卷四十四
列傳第三十八
太宗十一王
潯陽王大心　南海王大臨
南郡王大連　安陸王大春
瀏陽公大雅　新興王大莊
西陽王大鈞　武寧王大威
建平王大球　義安王大昕
綏建王大摯
世祖二子

梁書卷四十八

列傳第四十二

儒林

梁書卷五十一

列傳第四十五

處士

梁書卷五十六

列傳第五十

侯景

梁書目錄

梁書目錄考證

本紀第四簡文帝諱綱○綱監本訛繹今改正

列傳第十二馮道根○馮監本訛馬今從本傳改正

列傳第十六太祖五王○太監本訛世今改正

列傳第三十五劉潛弟孝威○孝監本訛世今從本傳改正

列傳第四十一滕曇恭徐普濟宛陵女子○監本缺徐普濟宛陵女子七字今增入

梁書目錄考證

梁書卷一

唐 散騎常侍姚思廉撰

本紀第一

武帝上

高祖武皇帝諱衍字叔達小字練兒南蘭陵中都里人漢相國何之後也何生鄭定侯延延生侍中彪彪生公府掾章章生皓皓生仰仰生太傅望之望之生光祿大夫育育生御史中丞紹紹生光祿勳閎閎生濟陰太守闡闡生吳郡太守冰冰生中山相苞苞生博士周周生蛇丘長矯矯生州從事逵逵生孝廉休休生廣陵郡丞豹豹生太中大夫裔裔生淮陰令整整生濟陰太守鎋鎋生州治中副子副子生南臺治書道賜道賜生皇考諱順之齊高帝族弟也參預佐命封臨湘縣侯歷官侍中衞尉太子詹事領軍將軍丹陽尹贈鎭北將軍高祖以宋孝武大明八年甲辰歲生於秣陵縣同夏里三橋宅生而有奇異兩骻駢骨頂上隆起有文在右手曰武帝及長博學多通好籌略有文武才幹時流名

輩咸推許焉所居室常若雲氣人或過者體輒肅然起家巴陵王南中郎法曹行參軍遷衛將軍王儉東閤祭酒儉一見深相器異謂廬江何憲曰此蕭郎三十內當作侍中出此則貴不可言竟陵王子良開西邸招文學高祖與沈約謝朓王融蕭琛范雲任昉陸倕等並遊焉號曰八友融俊爽識鑒過人尤敬異高祖每謂所親曰宰制天下必在此人累遷隨王鎮西諮議參軍尋以皇考艱去職隆昌初明帝輔政起高祖爲寧朔將軍鎮壽春服闋除太子庶子給事黃門侍郎入直殿省預蕭諶等定策勳封建陽縣男邑三百戶建武二年魏遣將劉昶王肅帥衆寇司州以高祖爲冠軍將軍軍主隸江州刺史王廣爲援距義陽百餘里衆以魏軍盛趑趄莫敢前高祖請爲先啓廣即分麾下精兵配高祖爾夜便進去魏軍數里逕上賢首山魏軍不測多少未敢逼黎明城內見援至因出軍攻魏柵高祖帥所領自外進戰魏軍表裏受敵乃棄重圍退走軍罷以高祖爲右軍晉安王司馬淮陵太守還爲太子中庶子領羽林監頃之出鎮石頭四年魏帝自率大衆寇雍州明帝令高祖赴援十月至襄陽詔又遣左民尚書

崔慧景總督諸軍高祖及雍州刺史曹武等並受節度明年三月慧景與高祖進行鄧城魏主帥十萬餘騎奄至慧景失色欲引退高祖固止之不從乃狼狽自拔魏騎乘之於是大敗高祖獨帥衆距戰殺數十百人魏騎稍却因得結陣斷後至夕得下船慧景軍死傷略盡惟高祖全師而歸俄以高祖行雍州府事七月仍授持節都督雍梁南北秦四州郢州之竟陵司州之隨郡諸軍事輔國將軍雍州刺史其月明帝崩東昏即位揚州刺史始安王遙光尚書令徐孝嗣尚書右僕射江祏右將軍蕭坦之侍中江祀衞尉劉暄更直內省分日帖敕高祖聞之謂從舅張弘策曰政出多門亂其階矣詩云一國三公吾誰適從況今有六而可得乎嫌隙若成方相誅滅當今避禍惟有此地勤行仁義可坐作西伯但諸弟在都恐罹世患須與益州圖之耳時高祖長兄懿罷益州還仍行郢州事乃使弘策詣郢陳計於懿曰昔晉惠庸主諸王爭權遂內難九興外寇三作今六貴爭權人握王憲制主畫敕各欲專威睚眦成憾理相屠滅且嗣主在東宮本無令譽媟近左右蜂目忍人一總萬幾恣其所欲豈肯虛坐主諾委政

朝臣積相嫌貳必大誅戮始安欲爲趙倫形迹已見蹇人上天信無此理且性甚猜狹徒取亂機所可當軸惟有江劉而已祏怯而無斷暄弱而不才折鼎覆餗翹足可待蕭坦之胸懷猜忌動言相傷徐孝嗣才非柱石聽人穿鼻若隙開釁起必中外土崩今得守外藩幸圖身計智者見機不俟終日及今猜防未生宜召諸弟以時聚集後相防疑拔足無路郢州控帶荊湘西注漢沔雍州士馬呼吸數萬虎眎其閒以觀天下世治則竭誠本朝時亂則爲國剪暴可得與時進退此蓋萬全之策如不早圖悔無及也懿聞之變色心弗之許弘策還高祖乃啓迎弟偉及憺是歲至襄陽於是潛造器械多伐竹木沉於檀溪密爲舟裝之備時所住齋常有五色回轉狀若蟠龍其上紫氣騰起形如繖蓋望者莫不異焉永元二年冬懿被害信至高祖密召長史王茂中兵呂僧珍別駕柳慶遠功曹史吉士瞻等謀之既定以十一月乙巳召僚佐集於廳事謂曰昔武王會孟津皆曰紂可伐今昏主惡稔窮虐極暴誅戮朝賢罕有遺育生人塗炭天命殛之卿等同心疾惡共興義舉公侯將相良在茲日各盡勳効我不食言是日

建牙於是收集得甲士萬餘人馬千餘匹船三千艘出檀溪竹木裝艦先是東昏以劉山陽爲巴陵太守配精兵三千使過荆州就行事蕭穎胄以襲襄陽高祖知其謀乃遣參軍王天虎龐慶國詣江陵遍與州府書及山陽西上高祖謂諸將曰荆州本畏襄陽人如脣亡齒寒自有傷弦之急寧不闇同邪我若總荆雍之兵掃定東夏韓白重出不能爲計況以無算之昏主役御刀應敕之徒哉我能使山陽至荆便卽授首諸君試觀何如及山陽至巴陵高祖復令天虎齎書與穎胄兄弟去後高祖謂張弘策曰夫用兵之道攻心爲上攻城次之心戰爲上兵戰次之今日是也近遣天虎往州府人皆有書今段乘驛甚急止有兩封與行事兄弟云天虎口具及問天虎而口無所說行事不得相聞不容妄有所道天虎是行事心膂彼聞必謂行事與天虎共隱其事則人人生疑山陽惑於衆口判相嫌貳則行事進退無以自明必漏吾謀內是馳兩空函定一州矣山陽至江安聞之果疑不上穎胄大懼乃斬天虎送首山陽山陽信之將數十人馳入穎胄伏甲斬之送首高祖仍以南康王尊號之議來告且曰時月未利

當須來年二月遽便進兵恐非廟算高祖答曰今坐甲十萬糧用自竭況所藉義心一時驍銳事事相接猶恐疑怠若頓兵十旬必生悔吝童兒立異便大事不成今太白出西方仗義而動天時人謀有何不利處分已定安可中息昔武王伐紂行逆太歲復須待年月乎竟陵太守曹景宗遣杜思沖勸高祖迎南康王都襄陽待正尊號然後進軍高祖不從王茂又私於張弘策曰我奉事節下義無進退然今者以南康置人手中彼便挾天子以令諸侯而節下前去爲人所使此豈歲寒之計弘策言之高祖曰若使前途大事不捷故自蘭艾同焚若功業克建威讋四海號令天下誰敢不從豈是碌碌受人處分待至石城當面曉王茂曹景宗也於沔南立新野郡以集新附三年二月南康王爲相國以高祖爲征東將軍給鼓吹一部戊申高祖發襄陽留弟偉守襄陽城總州府事弟憺守壘城府司馬莊丘黑守樊城功曹史吉士詢兼長史白馬戍主黃嗣祖兼司馬鄀令杜永兼別駕小府錄事郭儼知轉漕移檄京邑曰夫道不常夷時無永化險泰相沿晦明非一皆屯困而後亨資多難以啓聖故昌邑悖德孝宣聿

興海西亂政脩文升曆並拓緒開基紹隆寶命理驗前經事昭往策獨夫擾亂天常毀棄君德姦回淫縱歲月滋甚挻虐於讐翦之年植險於髫丱之日猜忌凶毒觸途而著暴戾昏荒與事而發自大行告漸喜容前見梓宮在殯靦無哀色懽娛遊宴有過平常奇服異衣更極誇麗至於選采妃嬪姊妹無別招侍巾櫛姑姪莫辨掖庭有稗販之名姬姜被干殳之服至乃形體宣露褻衣顛倒斬斮其間以為懽笑騁肆淫放驅屏郊邑老弱波流士女塗炭行產盈路輿尸竟道母不及抱子不遑哭劫掠剽虜以日繼夜晝伏宵遊曾無休息淫酗醟肆酣歌壚邸寵恣愚豎亂惑妖嬖梅蟲兒茹法珍臧獲廝小專制威柄誅翦忠良屠滅卿宰劉鎮軍舅氏之尊盡忠奉國江僕射外戚之重竭誠事上蕭領軍葭莩之宗志存柱石徐司空沈僕射搢紳冠冕人望攸歸或渭陽餘感或勳庸允穆或誠著艱難或劬勞王室並受遺託同參顧命送往事居俱竭心力宜其慶溢當年祚隆後裔而一朝齏粉孩稚無遺人神怨結行路嗟憤蕭令君忠公幹伐誠貫幽顯往年寇賊遊魂南鄭危逼拔刃飛泉孤城獨振及中流逆命憑陵京

邑謀猷禁省指授羣帥剋翦鯨鯢清我王度崔慧景奇鋒迅駭兵交象魏武力喪魂義夫奪膽投名送款比屋交馳負糧景從愚智競赴復誓旅江甸奮不顧身獎厲義徒電掩彊敵克殲大憝以固皇基功出桓文勳超伊呂而勞謙省己事昭心迹功遂身退不祈榮滿敦賞未聞禍酷遄及預稟精靈孰不寃痛而羣孽放命蜂蠆懷毒乃遣劉山陽驅扇逋逃招逼亡命潛圖密構規見掩襲蕭右軍夏侯征虜忠斷夙舉義形於色奇謀宏振應手梟懸天道禍淫罪不容戮至於悖禮違教傷化虐人射天彈路比之猶善刳胎斮脛方之非酷盡寓縣之竹未足紀其過窮山澤之兔不能書其罪自草昧以來圖牒所記昏君暴后未有若斯之甚者也既人神乏主宗稷阽危海內沸騰氓庶板蕩百姓懍懍如崩厥角蒼生喁喁投足無地幕府荷眷前朝義均休戚上懷委付之重下惟在原之痛豈可臥薪引火坐觀傾覆至尊體自高宗特鍾慈寵明並日月粹昭靈神祥啓元龜符驗當璧作鎮陝藩化流西夏謳歌攸奉萬有樂推右軍蕭穎胄征虜將軍夏侯詳並同心翼戴即宮舊楚三靈再朗九縣更新升平之運此焉復始

康哉之盛在乎茲日然帝德雖彰區宇未定元惡未黜天邑猶梗仰稟宸規率
前啓路即日遣冠軍竟陵內史曹景宗等二十軍主長槊五萬驥騄爲羣鶚視
爭先龍驤並驅步出橫江直指朱雀長史冠軍將軍襄陽太守王茂等三十軍
主戈船七萬乘流電激推鋒扼險斜趣白城南中郎諮議參軍軍主蕭偉等三
十九軍主巨艦迅檝衝波噎水旗鼓八萬焱集石頭南中郎諮議參軍軍主蕭
憺等四十二軍主熊羆之士甲楯十萬沿波馳艓掩據新亭益州刺史劉季連
梁州刺史柳惔司州刺史王僧景魏興太守裴師仁上庸太守韋叡新城太守
崔僧季並肅奉明詔龔行天罰蜀漢果銳沿流而下淮汝勁勇望波遄騖幕府
總率貔貅驍勇百萬繕甲燕弧屯兵冀馬摐金沸地鳴鞞聒天霜鋒曜日朱旗
絳寓方舟千里駱驛係進蕭右軍訏謨上才兼資文武英略峻遠執鈞匡世擁
荊南之衆督四方之師宣讚中權奉衞輿輦旍麾所指威稜無外龍驤虎步並
集建業黜放愚狡均禮海昏廓清神甸掃定京宇譬猶崩泰山而壓蟻壤決懸
河而注熛燼豈有不殄滅者哉今資斧所加止梅蟲兒茹法珍而已諸君咸世

胄羽儀書勳王府皆俛眉姦黨受制凶威若能因變立功轉禍爲福並誓河岳永紆青紫若執迷不悟距逆王師大衆一臨刑茲罔赦所謂火烈高原芝蘭同泯勉求多福無貽後悔賞罰之科有如白水高祖至竟陵命長史王茂與太守曹景宗爲前軍中兵參軍張法安守竟陵城茂等至漢口輕兵濟江逼郢城其刺史張沖置陣據石橋浦義師與戰不利軍主朱僧起死之諸將議欲併軍圍郢分兵以襲西陽武昌高祖曰漢口不闊一里箭道交至房僧寄以重兵固守爲郢城人掎角若悉衆前進賊必絕我軍後一朝爲阻則悔無所及今欲遣王曹諸軍濟江與荊州軍相會以逼賊壘吾自後圍魯山以通沔漢鄖城竟陵間粟方舟而下江陵湘中之兵連旗繼至糧食既足士衆稍多圍守兩城不攻自拔天下之事臥取之耳諸將皆曰善乃命王茂曹景宗帥衆濟岸進頓九里其日張沖出軍迎戰茂等邀擊大破之皆棄甲奔走荊州遣冠軍將軍鄧元起軍主王世與田安等數千人會大軍於夏首高祖築漢口城以守魯山命水軍主張惠紹朱思遠等遊遏江中絕郢魯二城信使三月乃命元起進據南堂西陼

田安之頓城北王世興頓曲水故城是時張沖死其衆復推軍主薛元嗣及沖長史程茂爲主乙巳南康王卽帝位於江陵改永元三年爲中興元年遙廢東昏爲涪陵王以高祖爲尚書左僕射加征東大將軍都督征討諸軍事假黃鉞西臺又遣冠軍將軍蕭穎達領兵會于軍是日元嗣軍主沈難當率輕舸數千亂流來戰張惠紹等擊破盡擒之四月高祖出沔命王茂蕭穎達等進軍逼郢城元嗣戰頗疲因不敢出諸將欲攻之高祖不許五月東昏遣寧朔將軍吳子陽軍主光子衿等十三軍救郢州進據巴口六月西臺遣衞尉席闡文勞軍齎蕭穎胄等議謂高祖曰今頓兵兩岸不併軍圍郢定西陽武昌取江州此機已失莫若請救於魏與北連和猶爲上策高祖謂闡文曰漢口路通荊雍控引秦梁糧運資儲聽此氣息所以兵壓漢口連絡數州今若併軍圍城又分兵前進魯山必阻沔路所謂搤喉若糧運不通自然離散何謂持久鄧元起近欲以三千兵往定尋陽彼若懽然悟機一酈生亦足脫距王師故非三千能下進退無據未見其可西陽武昌取便得耳得便應鎮守守兩城不減萬人糧儲稱是卒

無所出脫賊軍有上者萬人攻一城兩城勢不得相救若我分軍應援則首尾俱弱如其不遣孤城必陷一城既沒諸城相次土崩天下大事於是去矣若郢州既拔席卷沿流西陽武昌自然風靡何遽分兵散衆自貽其憂且丈夫舉動言靜天步況擁數州之兵以誅羣豎懸河注火奚有不滅豈容北面請救以自示弱彼未必能信徒貽我醜聲此之下計何謂上策卿爲我白鎮軍前途攻取但以見付事在目中無患不捷特鎮軍靜鎮之耳吳子陽等進軍武口高祖乃命軍主梁天惠蔡道祐據漁湖城唐脩期劉道曼屯白陽壘夾兩岸而待之子陽又進據加湖去郢三十里傍山帶水築壘柵以自固魯山城主房僧寄死衆復推助防張樂祖代之七月高祖命王茂帥軍主曹仲宗康絢武會超等潛師襲加湖將逼子陽水涸不通艦其夜暴長衆軍乘流齊進鼓譟攻之賊俄而大潰子陽等竄走衆盡溺於江王茂虜其餘而旋於是郢魯二城相視奪氣先是東昏遣冠軍將軍陳伯之鎮江州爲子陽等聲援高祖乃謂諸將曰夫征討未必須實力所聽威聲耳今加湖之敗誰不弭服陳虎牙卽伯之子狼狽奔歸彼

間人情理當㣺懼我謂九江傳檄可定也因命搜所獲俘囚得伯之幢主蘇隆之厚加賞賜使致命焉魯山城主張樂祖郢城主程茂薛元嗣相繼請降初郢城之閉將佐文武男女口十餘萬人疾疫流腫死者十七八及城開高祖並加隱卹其死者命給棺槥先是汝南人胡文超起義於灄陽求討義陽安陸等郡以自効高祖又遣軍主唐脩期攻隨郡並剋之司州刺史王僧景遣子貞孫入質司部悉平陳伯之遣蘇隆之反命求未便進軍高祖曰伯之此言意懷首鼠及其猶豫急往過之計無所出勢不得暴乃命鄧元起率衆卽日沿流八月天子遣黃門郎蘇回勞軍高祖登舟命諸將以次進路留上庸太守韋叡守郢城行州事鄧元起將至尋陽陳伯之猶猜懼乃收兵退保湖口留其子虎牙守盆城及高祖至乃束甲請罪九月天子詔高祖平定東夏並以便宜從事是月留少府長史鄭紹叔守江州城前軍次蕪湖南豫州刺史申冑棄姑孰走至是時大軍進據之仍遣曹景宗蕭穎達領馬步進頓江寧東昏遣征虜將軍李居士率步軍迎戰景宗擊走之於是王茂鄧元起呂僧珍進據赤鼻邏曹景宗陳伯

之爲遊兵是日新亭城主江道林率兵出戰衆軍擒之於陣大軍次新林命王茂進據越城曹景宗據皁莢橋鄧元起據道士墩陳伯之據籬門道林餘衆退屯航南義軍迫之因復散走退保朱爵憑淮以自固時李居士猶據新亭壘請東昏燒南岸邑屋以開戰場自大航以西新亭以北蕩然矣十月東昏石頭軍主朱僧勇率水軍二千人歸降東昏又遣征虜將軍王珍國率軍胡獸牙等列征於航南大路悉配精手利器尚十餘萬人閹人王倀子持白虎幡督率諸軍又開航背水以絶歸路王茂曹景宗等掎角奔之將士皆殊死戰無不一當百鼓噪震天地珍國之衆一時土崩投淮死者積屍與航等後至者乘之以濟於是朱爵諸軍望之皆潰義軍追至宣陽門李居士以新亭壘徐元瑜以東府城降石頭白下諸軍並宵潰壬午高祖鎮石頭命衆軍圍六門東昏悉焚燒門內驅逼營署官府並入城有衆二十萬青州刺史桓和紿東昏出戰因以其衆來降高祖命諸軍築長圍初義師之逼東昏遣軍主左僧慶鎮京口常僧景鎮廣陵李叔獻屯瓜步及申胄自姑孰奔歸又使屯破墩以爲東北聲援至是高祖

遣使曉喻並率衆降乃遣弟輔國將軍秀鎮京口輔國將軍恢屯破墩從弟寧朔將軍景鎮廣陵吳郡太守蔡夤棄郡赴義師十二月丙寅旦兼衛尉張稷北徐州刺史王珍國斬東昏送首義師高祖命呂僧珍勒兵封府庫及圖籍收嬖妾潘妃及凶黨王咺之以下四十一人屬吏誅之宣德皇后令廢涪陵王爲東昏侯依漢海昏侯故事授高祖中書監都督揚南徐二州諸軍事大司馬錄尚書驃騎大將軍揚州刺史封建安郡公食邑萬戶給班劍四十人黃鉞侍中征討諸軍事並如故依晉武陵王遵承制故事己卯高祖入屯閱武堂下令曰皇家不造遘此昏凶禍挻動植虐被人鬼社廟之危蠢焉如綴吾身籍皇宗曲荷先顧受任邊疆推轂萬里眷言瞻烏痛心在目故率其尊主之情厲其忘生之志雖寶曆重升明命有紹而獨夫醜縱方煽京邑投袂援戈克弭多難虐政橫流爲日既久同惡相濟諒非一族仰稟朝命任在專征思播皇澤被之率土凡厥負釁咸與惟新可大赦天下唯王咺之等四十一人不在赦例又令曰夫樹以司牧非役物以養生視人如傷豈肆上以縱虐廢主棄常自絕宗廟窮凶極

悖書契未有征賦不一苛酷滋章緹繡土木菽粟犬馬徵發閭左以充繕築流
離寒暑繼以疫癘轉死溝渠曾莫救恤朽肉枯骸烏鳶是厭加以天災人火屢
焚宮掖官府臺寺尺椽無遺悲甚黍離痛兼麥秀遂使億兆離心疆徼侵弱斯
人何辜離此塗炭今明昏遞運大道公行思治之氓來蘇茲日猥以寡薄屬當
大寵雖運距中興艱同草昧思闡皇休與之更始凡昏制謬賦淫刑濫役外可
詳檢前源悉皆除蕩其主守散失諸所損耗精立科條咸從原例又曰永元之
季乾維落紐政實多門有殊衞文之代權移於下事等曹恭之時遂使閹尹有
翁媼之稱高安有法堯之旨鬻獄販官錮山護澤開塞之機奏成小醜直道正
義擁抑彌年懷冤抱理莫知誰訴姦吏因之筆削自己豈直賈生流涕許伯哭
時而已哉今理運惟新政刑得所矯革流弊實在茲日可通檢尚書衆曹東昏
時諸諍訟失理及主者淹停不時施行者精加訊辨依事議奏又下令以義師
臨陣致命及疾病死亡者並加葬斂收恤遺孤又令曰朱爵之捷逆徒送死者
特許家人殯葬若無親屬或有貧苦二縣長尉卽爲埋掩建康城內不達天命

自取淪滅亦同此科二年正月天子遣兼侍中席闡文兼黃門侍郎樂法才慰
勞京邑追贈高祖祖散騎常侍左光祿大夫考侍中丞相高祖下令曰夫在上
化下草偃風從世之澆淳恆由此作自永元失德書契未紀窮凶極悖焉可勝
言既而琁室外構傾宮內積奇技異服殫所未見上慢下暴淫侈競馳國命朝
權盡移近習販官鬻爵賄貨公行並甲第康衢漸臺廣室長袖低昂等和戎之
賜珍羞百品同伐冰之家愚人因之浸以成俗驕豔競爽夸麗相高至乃市井
之家貂狐在御工商之子緹繡是襲日入之次夜分未反昧爽之朝期之清旦
聖明肇運厲精惟始雖曰纘戎殆同創革且淫費之後繼以興師巨橋鹿臺凋
罄不一孤忝荷大寵務在澄清思所以仰述皇朝大帛之旨俯厲微躬鹿裘之
義解而更張斲雕爲樸自非可以奉粢盛脩紱冕習禮樂之容繕甲兵之備此
外衆費一皆禁絕御府中署量宜罷省掖庭備御妾之數大享絕鄭衛之音其
中有可以率先卿士准的甿庶菲食薄衣請自孤始加羣才並軌九官咸事若
能人務退食競存約己移風易俗庶期月有成昔毛玠在朝士大夫不敢靡衣

偷食魏武歎曰孤之法不如毛尙書孤雖德謝往賢任重先達實望多士得其此心外可詳爲條格戊戌宣德皇后臨朝入居內殿拜帝大司馬解承制百僚致敬如前詔進高祖都督中外諸軍事劍履上殿入朝不趨贊拜不名加前後部羽葆鼓吹置左右長史司馬從事中郎掾屬各四人並依舊辟士餘並如故詔曰夫日月麗天高明所以表德山岳題地柔博所以成功故能庶物出而資始河海振而不洩二象貞觀代之者人是以七輔四叔致無爲於軒昊韋彭齊晉靖衰亂於殷周大司馬攸縱自天體茲齊聖文治九功武苞七德欽惟厥始徽猷早樹誠著艱難功參帷幙錫賦開壤式表厥庸建武升曆邊隙屢啓公釋書輟講經營四方司豫懸切樊漢危殆覆彊寇於沔濱僵胡馬於鄧汭永元肇號難結羣醜專威擅虐毒被含靈溥天惴惴命懸晷刻否終有期神謨載挺首建大策惟新鼎祚投袂勤王沿流電舉魯城雲撤夏汭霧披加湖羣盜一鼓殄拔姑孰連旍倏焉冰泮取新壘其如拾芥撲朱爵其猶掃塵霆電外駭省闥內傾餘醜纖蠹蚳蝝必盡援彼已溺解此倒懸塗懽里抃自近及遠畿甸夷穆方

外蕭寧解茲虐網被以寬政積弊窮昏一朝載廓聲教遐漸無思不被雖伊尹之執茲壹德姬旦之光于四海方斯蔑如也昔呂望翼佐聖君猶享四履之命文侯立功平后尚荷二弓之錫況於盛德元勳超邁自古黔首惵惵待以爲命救其已然拯其方斮式閭表墓未或能比而大輅渠門輟而莫授眷言前訓無忘終食便宜敬升大典式允羣望其進位相國總百揆揚州刺史封十郡爲梁公備九錫之禮加璽紱遠遊冠位在諸王上加相國綠綟綬其驃騎大將軍如故依舊置梁百司策曰二儀寂寞由寒暑而代行三才竝用資立人以爲寶故能流形品物仰代天工允茲元輔應期挺秀裁成天地之功幽協神明之德撥亂反正濟俗寧人盛烈光於有道大勳振於無外雖伊陟之保乂王家姬公之有此丕訓方之蔑如也今將授公典策其敬聽朕命上天不造難鍾皇室元帝以休明早崩簡文以仁弱不嗣高宗襲統宸居弗永雖夙夜劬勞而隆平不洽嗣君昏暴書契弗覩朝權國柄委之羣孽勦戮忠賢誅殘台輔含寃抱痛噍類靡餘實繁非一竝專國命嚬笑致災睚眦及禍嚴科毒賦載離比屋溥天熬熬

寘身無所寃頸引決道樹相望無近無遠號天靡告公藉昏明之期因北人之願爰帥羣后翊成中興宗社之危已固天人之望允塞此實公紐我絶綱大造皇家者也丞明季年邊隙大啓荊河連率招引戎荒江淮擾逼勢同履虎公受言本朝輕兵赴襲縻以長算制之環中排危冒險彊柔遞用坦然一方還成藩服此又公之功也在昔隆昌洪基已謝高宗慮深社稷將行權道公定策帷帳激揚大節廢帝立王謀猷深著此又公之功也建武闡業厥猷雖遠戎狄內侵憑陵關塞司部危逼淪陷指期公治兵外討卷甲長騖接距交綏電激風掃摧堅覆銳咽水塗原執俘象魏獻馘海渚焚廬毀帳號哭言歸此又公之功也樊漢阽切羽書續至公星言鞠旅稟命徂征而軍機戎統事非己出善策嘉謀抑而莫允鄧城之役胡馬卒至元帥潛及不相告報棄甲捐師餌之虎口公南收散卒北禦雕騎全衆方軌案路徐歸拯我邊危重獲安堵此又公之功也漢南迥弱咫尺勍寇兵糧盡闕器甲靡遺公作藩爰始因資靡託整兵訓卒蒐狩有序俾我危城飜爲彊鎮此又公之功也丞元紀號瞻烏已及雖廢昏有典而伊

霍稱難公首建大策爰立明聖義踰邑綸勳高代入易亂以化俾昏作明此又
公之功也文王之風雖被江漢京邑蠢動湮爲洪流句吳於越巢幕匪喻公投
袂萬里事惟拯溺義聲所覃無思不韙此又公之功也魯城夏汭梗據中流乘
山置壘縈川自固公御此烏集陵茲地險頓兵坐甲寒往暑移我行永久士忘
歸願經以遠圖御以長策費無遺矢戰未窮兵踐華之固相望俱拔此又公之
功也惟此羣凶同惡相濟緣江負險蟻聚加湖水陸盤據規援夏首桴檣一臨
應時褫潰此又公之功也姦孽震皇復懷舉斧蓄兵九派用擬勤王公稜威直
指勢踰風電旌旆未臨全州稽服此又公之功也姑孰衝要密邇京畿凶徒熾
聚斷塞津路公偏師啓塗排方繼及兵威所震望旗自駭焚舟委壁卷甲宵遁
此又公之功也羣豎猖狂志在借一豕突淮涘武騎如雲公爰命英勇因機騁
銳氣冠版泉勢踰洹水追奔逐北奄有通津熊耳比峻未足云擬睢水不流曷
其能及此又公之功也瑯邪石首襟帶岨固新壘東墉金湯是埒憑險作守兵
食兼資風激電駭莫不震疊城復于隍於是乎在此又公之功也獨夫昏很憑

城靡懼鼓鍾鞺鞜憿若有餘狎是邪孽忌斯冠冕凶狡因之將逞弩戮公奇謨
密運感略潛通忠勇之徒得申厥効白旗宣室未之或比此又公之功也公有
拯億兆之勳重之以明德爰初厲志服道儒門濯纓來仕清猷映代時運艱難
宗社危殆崐崙已燎玉石同焚驅率貔貅抑揚霆電義等南巢功齊牧野若夫
禹功寂莫微管誰嗣拯其將魚驅其被髮解茲亂網理此棼絲復禮衽席反樂
河海永平故事聞之者歎息司隸舊章見之者隕涕請我民命還之斗極憫憫
搢紳重符戴天之慶哀哀黔首復蒙履地之恩德踰嵩岱功隣造物超哉邈矣
越無得而言焉朕又聞之疇庸命德建侯作屏咸用剋固四維永隆萬葉是以
二南流化九伯斯征王道淳洽刑措罔用覆政弗與歷茲永久如燬既及晉鄭
靡依惟公經綸天地寧濟區夏道冠乎伊稷賞薄於桓文豈所以憲章齊魯長
轡宇宙敬惟前烈朕甚懼焉今進授相國改揚州刺史爲牧以豫州之梁郡歷
陽南徐州之義與揚州之淮南宣城吳與會稽新安東陽十郡封公爲梁公錫
茲白土苴以白茅爰定爾邦用建冢社在昔旦奭入居保佑逮于畢毛亦作卿

士任兼內外禮實宜之今命使持節兼太尉王亮授相國揚州牧印綬梁公璽紱使持節兼司空王志授梁公茅土金虎符第一至第五左竹使符第一至第十左相國位冠羣后任總百司恆典彝數宜與事革其以相國總百揆去錄尙書之號上所假節侍中貂蟬中書監印中外都督大司馬印綬建安公印策驃騎大將軍如故又加公九錫其敬聽後命以公禮律兼修刑德備舉哀矜折獄罔不用情是用錫公大輅戎輅各一玄牡二駟公勞心稼穡念在民天丕崇本務惟穀是寶是用錫公袞冕之服赤舄副焉公鎔鈞所被變風以雅易俗陶民載和邦國是用錫公軒懸之樂六佾之舞公文德廣覃義聲遠洽椎髻髽首夷歌請吏是用錫公朱戶以居公揚清抑濁官方有序多士聿興棫樸流詠是用錫公納陛以登公正色御下以身軌物式遏不虞折衝惟遠是用錫公虎賁之士三百人公威同夏日志清姦宄放命圮族刑茲罔赦是用錫公鈇鉞各一公跨躡嵩溟陵厲區宇譬諸日月容光必至是用錫公彤弓一彤矢百盧弓十盧矢千公永言惟孝至感通神恭嚴祀典祭有餘敬是用錫公秬鬯一卣圭瓚副

焉梁國置丞相以下一遵舊式欽哉其敬循往策祗服大禮對揚天眷用膺多福以弘我太祖之休命高祖固辭府僚勸進曰伏承嘉命顯至佇策明公逡巡盛禮斯實謙尊之旨未窮遠大之致何者嗣君棄常自絕宗社國命民生翦爲仇讎折棟崩榱壓焉自及卿士懷脯斮之痛黔首懼比屋之誅明公亮格天之功拯水火之切再躔日月重綴參辰反龜玉於塗泥濟斯民於阬岸使夫匹婦童兒羞言伊呂鄉校里塾恥談五霸而位卑乎阿衡地狹於曲阜慶賞之道尙其未洽夫大寶公器非要非距至公至平當仁誰讓明公宜祗奉天人允膺大禮無使後予之歌同彼胥怨兼濟之人翻爲獨善公不許二月辛酉府僚重請曰近以朝命蘊策冒奏丹誠奉被還令未蒙虛受搢紳顒顒深所未達蓋聞受金於府通人弘致高蹈海隅匹夫小節是以履乘石而周公不以爲疑贈玉璜而太公不以爲讓況世哲繼軌先德在民經綸草昧歎深微管加以朱方之役荆河是依班師振旅大造王室雖復累繭救宋重胝存楚居今觀古曾何足云而惑甚盜鍾功疑不賞皇天后土不勝其酷是以玉馬駿奔表微子之去金板

出地告龍逢之寃明公據鞍輟哭厲三軍之志獨居掩涕激義士之心故能使海若登祇罄圖効祉山戎孤竹束馬景從伐罪弔民一匡靜亂匪叨天功實勤濡足且明公本自諸生取樂名教道風素論坐鎮雅俗不習孫吳遘茲神武驅盡誅之氓濟必封之俗龜玉不毀誰之功與獨爲君子將使伊周何地於是始受相國梁公之命是日焚東昏淫奢異服六十二種於都街湘東王寶晊謀反賜死詔追贈梁公故夫人爲梁妃乙丑南兗州隊主陳文興於桓城內鑿井得玉鏤騏驎金鏤玉璧水精環各二枚又建康令羊瞻解稱鳳皇見縣之桐下里宣德皇后稱美符瑞歸于相國府丙寅詔梁國初建宜須綜理可依舊選諸要職悉依天朝之制高祖上表曰臣聞以言取士士飾其言以行取人人竭其行所謂才生於代窮達惟時而風流遂往馳騖成俗媒孽夸衒利盡錐刀遂使官人之門肩摩轂擊豈直暴蓋露冠不避寒暑遂乃戢屨杖策風雨必至良由鄉舉里選不師古始稱肉度骨遺之管庫加以山河梁畢闕輿徵之恩金張許史忘舊業之替吁可傷哉且夫譜諜訛誤詐僞多緒人物雅俗莫肯留心是以冒

襲良家郎成冠族妄修邊幅便爲雅士負俗深累遽遭寵擢墓木已拱方被徵
榮故前代選官皆立選簿應在貫魚自有銓次冑籍升降行能臧否或素定懷
抱或得之餘論故得簡通賓客無事掃門頃代陵夷九流乖失其有勇退忘進
懷質抱真者選部或以未經朝謁難於進用或有晦善藏聲自埋衡華又以名
不素著絕其階緒必須畫刺投狀然後彈冠則是驅迫廉撝獎成澆競愚謂自
今選曹宜精隱括依舊立簿使冠屨無爽名實不違庶人識涯涘造請自息且
聞中閑立格甲族以二十登仕後門以過立試吏求之愚懷抑有未達何者設
官分職惟才是務若八元立年居皁隸而見抑四凶弱冠處鼎族而宜甄是則
世祿之家無意爲善布衣之士肆心爲惡豈所以弘獎風流希向後進此實巨
蠹尤宜刊革不然將使周人有路傍之泣晉臣興漁獵之歎且俗長浮競人寡
退情若限歲登朝必增年就宦故貌實昏童籍已踰立滓穢名教於斯爲甚臣
總司內外憂責是任朝政得失義不容隱伏願陛下垂聖淑之姿降聽覽之末
則彝倫自穆憲章惟允詔依高祖表施行丙戌詔曰嵩高惟岳配天所以流稱

大啓南陽霸德所以光闡忠誠簡帝番君膺上爵之尊勤勞王室姬公增附庸之地前王令典布諸方策長祚字甿罔不由此相國梁公體茲上哲齊聖廣淵文教內洽武功外暢推轂作藩則威懷被於殊俗治兵教戰則霆雷赫於萬里道喪時昏讒邪孔熾豈徒宗社如綴神器莫主而已哉至於兆庶殲亡衣冠殄滅餘類殘喘指命崇朝含生業業投足無所遂乃山川反覆草木塗地與夫仁被行葦之時信及豚魚之日何其遼敻相去之遠歟公命師鞠旅指景長騖而本朝危切樊鄧遐遠凶徒盤據水陸相望爰自姑孰屆于夏首嚴城勁卒憑川爲固公沿漢浮江電激風掃舟徒水覆地險雲傾藉茲義勇前無彊陣拯危京邑清我帝畿撲既燎於原火免將誅於比屋悠悠兆庶命不在天茫茫六合咸受其賜匡俗正本人不失職仁信並行禮樂同暢伊周未足方軌桓文遠有慚德而爵後藩牧地終秦楚非所以式酬光烈允答元勳實由公履謙爲本形於造次嘉數未申晦朔增佇便宜崇斯禮秩允副遐邇之望可進梁公爵爲王以豫州之南譙廬江江州之尋陽郢州之武昌西陽南徐州之南琅邪南東海晉

陵揚州之臨海永嘉十郡益梁國并前爲二十郡其相國揚州牧驃騎大將軍如故公固辭有詔斷表相國左長史王瑩等率百僚敦請三月辛卯延陵縣華陽邏主戴車牒稱云十二月乙酉甘露降茅山彌漫數里正月己酉邏將潘道蓋於山石穴中得毛龜一二月辛酉邏將徐靈符又於山東見白麞一丙寅平旦山上雲霧四合須臾有玄黃之色狀如龍形長十餘丈乍隱乍顯久乃從西北升天丁卯兗州刺史馬元和籤所領東平郡壽張縣見騶虞一癸巳受梁王之命令曰孤以虛昧任執國鈞雖夙夜勤止念在興治而育德振民邈然尚遠聖朝永言舊式隆此眷命侯伯盛典方軌前烈嘉錫隆被禮數昭崇徒守愿節終隔體諒羣后百司重茲敦獎勉茲厚顏當此休祚望昆彭以長想欽桓文而歎息思弘政塗莫知津濟邦甸初啓藩宇惟新思覃嘉慶被之下國國內殊死以下今月十五日昧爽以前一皆原赦鰥寡孤獨不能自存者賜穀五斛府州所統亦同蠲蕩丙午命王冕十有二旒建天子旌旗出警入蹕乘金根車駕六馬備五時副車置旄頭雲罕樂舞八佾設鐘虡宮縣王妃王子王女爵命之號

一依舊儀丙辰齊帝禪位于梁王詔曰夫五德更始三正迭興馭物資賢登庸啓聖故帝跡所以代昌王度所以改耀革晦以明由來尚矣齊德淪微危亡荐襲隆昌凶虐實違天地永元昏暴取紊人神三光再沉七廟如綴鼎業幾移含識知泯我高明之祚眇焉將墜永惟屯難冰谷載懷相國梁王天誕睿哲神縱靈武德格玄祇功均造物止宗社之横流反生人之塗炭扶傾頽構之下拯溺逝川之中九區重緝四維更紐絶禮還紀崩樂復張文館盈紳戎亭息警浹海寓以馳風罄輪裳而稟朔八表呈祥五靈効祉豈止鱗羽禎奇雲星瑞色而已哉勳茂於百王道昭乎萬代固以明配上天光華日月者也河嶽表革命之符圖讖紀代終之運樂推之心幽顯共積歌頌之誠華裔同著昔水政既微木德升緒天之曆數實有所歸握鏡璇樞允集明哲朕雖庸藐闇于大道永鑒崇替爲日已久敢忘列代之高義人祇之至願乎今便敬禪于梁卽安姑孰依唐虞晉宋故事四月辛酉宣德皇后令曰西詔至帝憲章前代敬禪神器于梁明可臨軒遣使恭授璽紱未亡人便歸于别宮壬戌策曰咨爾梁王惟昔邃古之載

肇有生人皇雄大庭之辟赫胥尊盧之后斯並龍圖鳥跡以前慌惚杳冥之世
固無得而詳焉洎乎農軒炎皞之代放勛重華之主莫不以大道君萬姓公器
御八紘居之如執朽索去之若捐重負一駕汾陽便有窅然之志暫適箕嶺卽
動讓王之心故知戴黃屋服玉璽非所以示貴稱尊乘大輅建旂旌蓋欲令歸
趣有地是故忘己而字兆人殉物而君四海及於精華內竭畚橇外勞則撫茲
歸運惟能是與況兼乎笙管革文威圖啓瑞攝提夜朗熒光晝發者哉四百告
終有漢所以高揖黃德既謝魏氏所以樂推爰及晉宋亦弘斯典我太祖握河
受曆應符啓運二葉重光三聖係軌嗣君喪德昏棄紀度毀紊天綱凋絕地紐
茫茫九域翦爲仇讎溥天相顧命懸晷刻斮涉刳孕於事已輕求鷄徵杖曾何
足譬是以谷滿川枯山飛鬼哭七廟已危人神無主惟王體茲上哲明聖在躬
稟靈五緯明並日月彝倫攸序則端冕而協邕熙時難孔棘則推鋒而拯塗炭
功踰造物德濟蒼生澤無不漸仁無不被上達蒼昊下及川泉文教與鵬翼齊
舉武功與日車並運固以幽顯宅心謳訟斯屬豈徒桴鼓播地卿雲叢天而已

哉至如晝覩争明夜飛枉矢土淪彗刺日既星亡除舊之徵必顯更姓之符允集是以義師初踐芳露凝甘仁風既被素文自擾北闕藁街之使風車火徼之民膜拜稽首願爲臣妾鍾石畢變事表於遷虞蛟魚並出義彰於事夏若夫長人御衆爲之司牧本同己於萬物乃因心於百姓寶命無常主帝王非一族今仰祇乾象俯藉人願敬禪神器授帝位于爾躬大祚告窮天祿永終於戲王允執其中式遵前典以副昊天之望禋上帝而臨億兆格文祖而膺大業以傳無疆之祚豈不盛歟又璽書曰夫生者天地之大德人者含生之通稱並首同本未知所以異也而禀靈造化賢愚之情不一託性五常彊柔之分或舛羣后靡一爭犯交興是故建君立長用相司牧非謂尊驕在上以天下爲私者也兼以三正迭改五運相遷綠文赤字徵河表洛在昔勛華深達兹義眷求明哲授以蒸人遷虞事夏本因心於百姓化殷爲周實受命於蒼昊爰自漢魏罔不率由降及晉宋亦遵斯典我高皇所以格文祖而撫歸運畏上天而恭寶曆者也至于季世禍亂荐臻王度紛糾姦回熾積億兆夷人刀俎爲命已然之逼若綫之

危踽天蹐地逃形無所羣凶挾煽志逞殘戮將欲先殄衣冠次移龜鼎衡保周召並列宵人巢幕累卵方此非切自非英聖遠圖仁爲己任則鴟梟厲吻翦焉已及惟王崇高則天博厚儀地鎔鑄六合陶甄萬有鋒馹交馳振靈武以遐略雲雷方扇鞠義旅以勤王揚旍旆於遠路戮姦宄於魏闕德冠往初功無與二弘濟艱難緝熙王道懷柔萬姓經營四方舉直措枉較如畫一待旦同乎殷后日昃過於周文風化肅穆禮樂交暢加以赦過宥罪神武不殺盛德昭於景緯至義感於鬼神若夫納彼大麓膺此歸運烈風不迷樂推攸在治五韙於已亂重九鼎於既輕自聲教所及車書所至革面回首謳吟德澤九山滅祲四瀆安流祥風扇起淫雨靜息玄甲遊於芳荃素文馴於郊苑躍九川於清漢鳴六象於高嵩靈瑞雜沓玄符昭著至於星孛紫宮水効孟月飛鴻滿野長彗橫天取新之應既昭革故之徵必顯加以天表秀特軒狀堯姿君臨之符諒非一揆書云天鑒厥德用集大命詩云文王在上於昭于天所以二儀乃眷幽明允叶豈惟宅是萬邦緝茲謳訟而已哉朕是用擁琁沉首屬懷聖哲昔水行告厭我太

祖既受命代終在日天祿云謝亦以木德而傳於梁遠尋前典降惟近代百辟
遐邇莫違朕心今遣使持節兼太保侍中中書監兼尚書令汝南縣開國侯亮
兼太尉散騎常侍中書令新吳縣開國侯志奉皇帝璽紱受終之禮一依唐虞
故事王其陟茲元后君臨萬方式傳洪烈以答上天之休命高祖抗表陳讓表
不獲通於是齊百官豫章王元琳等八百一十九人及梁臺侍中臣雲等一百
一十七人並上表勸進高祖謙讓不受是日太史令蔣道秀陳天文符讖六十
四條事並明著羣臣重表固請乃從之

梁書卷一

梁書卷一考證

武帝紀上虎眎其間以觀天下○凡虎字南史俱作武閣本俱作獸避諱也今獨作虎不知何時所改

必漏吾謀內是馳兩空函定一州矣○南史無必漏吾謀內五字

旌旆未臨全州稽服○未南本作小

以豫州之梁郡歷陽南徐州之義興揚州之淮南宣城吳興會稽新安東陽十郡封公爲梁公○吳興上應從舊本尚有一吳字方與十郡之數合

南兗州隊主陳文興於桓城內鑿井○桓南史作宣武

梁書卷一考證

梁書卷二

唐　散騎常侍姚思廉撰

本紀第二

武帝中

天監元年夏四月丙寅高祖卽皇帝位於南郊設壇柴燎告類於天曰皇帝臣衍敢用玄牡昭告於皇天后帝齊氏以曆運斯旣否終則亨欽若天應以命于衍夫任是司牧惟能是授天命不于常帝王非一族唐謝虞受漢替魏升爰及晉宋憲章在昔咸以君德馭四海元功子萬姓故能大此坻黎光宅區宇齊代云季世主昏凶狡焉羣慝是崇是長肆厥姦回暴亂以播虐于我有邦俾溥天惴惴將墜于深壑九服八荒之內連率岳牧之君蹶角頓顙匡救無術臥薪待然援天靡訴衍投袂星言摧鋒萬里厲其掛冠之情用拯兆民之切銜膽誓衆覆銳屠堅建立人主克翦昏亂遂因時來宰司邦國濟民康世實有厥勞而晷緯呈祥川岳効祉朝夕坰牧日月郊畿代終之符旣顯革運之期已萃殊俗百

鑾重譯獻款人神遠邇罔不和會於是羣公卿士咸致厥誠並以皇乾降命難
以謙拒齊帝脫屣萬邦授以神器衍自惟匪德辭不獲許仰迫上玄之睠俯惟
億兆之心宸極不可久曠民神不可乏主遂藉樂推膺此嘉祚以茲寡薄臨御
萬方顧求夙志永言祗惕敬簡元辰恭茲大禮升壇受禪告類上帝克播休祉
以弘盛烈式傳厥後用永保于我有梁惟明靈是饗禮畢備法駕卽建康宮臨
太極前殿詔曰五精遞襲皇王所以受命四海樂推殷周所以改物雖禪代相
舛遭會異時而微明迭用其流遠矣莫不振民育德光被黎元朕以寡闇命不
先後寧濟之功屬當期運乘此時來因心萬物遂振厥弛維大造區夏永言前
蹤義均慚德齊氏以代終有徵曆數云改欽若前載集大命于朕躬顧惟菲德
辭不獲命寅畏上靈用膺景業執禋柴之禮當與能之祚繼迹百王君臨四海
若涉大川罔知攸濟洪基初兆萬品權輿思俾慶澤覃被率土可大赦天下改
齊中興二年爲天監元年賜民爵二級文武加位二等鰥寡孤獨不能自存者
人穀五斛逋布口錢宿債勿復收其犯鄉論清議贓汙淫盜一皆蕩滌洗除前

注與之更始封齊帝爲巴陵王全食一郡載天子旌旗乘五時副車行齊正朔郊祀天地禮樂制度皆用齊典齊宣德皇后爲齊文帝妃齊后王氏爲巴陵王妃詔曰興運升降前代舊章齊世王侯封爵悉皆降省其有効著艱難者別有後命惟宋汝陰王不在除例又詔曰大運肇升嘉慶惟始劫賊餘口沒在臺府者悉可蠲放諸流徙之家並聽還本追尊皇考爲文皇帝廟曰太祖皇妣爲獻皇后追謚妃郗氏爲德皇后追封兄太傅懿爲長沙郡王謚曰宣武齊後軍諮議敷爲永陽郡王謚曰昭弟齊太常暢爲衡陽郡王謚曰宣齊給事黃門侍郎融爲桂陽郡王謚曰簡是日詔封文武功臣新除車騎將軍夏侯詳等十五人爲公侯食邑各有差以弟中護軍宏爲揚州刺史封爲臨川郡王南徐州刺史秀安成郡王雍州刺史偉建安郡王左衛將軍恢鄱陽郡王荊州刺史憺始興郡王丁卯加領軍將軍王茂鎮軍將軍以中書監王亮爲尚書令中軍將軍相國左長史王瑩爲中書監撫軍將軍吏部尚書沈約爲尚書僕射長兼侍中范雲爲散騎常侍吏部尚書詔曰宋氏以來並恣淫侈傾宮之富遂盈數千推算

五都愁窮四海並嬰罹寃橫拘逼不一撫絃命管良家不被蠲織室繡房幽厄猶見役弊國傷和莫斯爲甚凡後宮樂府西解暴室諸如此例一皆放遣若衰老不能自存官給廩食戊辰車騎將軍高麗王高雲進號車騎大將軍鎭東大將軍百濟王餘大進號征東大將軍安西將軍宕昌王梁彌頜進號鎭西將軍鎭東大將軍倭王武進號征東將軍鎭西將軍河南王吐谷渾休留代進號征西將軍巴陵王薨於姑孰追謚爲齊和帝終禮一依故事己巳以光祿大夫張瓌爲右光祿大夫庚午鎭南將軍江州刺史陳伯之進號征南將軍詔曰觀風省俗哲后弘規狩岳巡方明王盛軌所以重華在上五品聿修文命肇基四載斯履故能物色幽微耳目屠釣致王業於緝熙被淳風於遐邇朕以寡薄昧于治方藉代終之運當符命之重取監前古懔若馭朽思所以振民育德去殺勝殘解網更張置之仁壽而明慚照遠智不周物兼以歲之不易未遑卜征輿言夕惕無忘鑒寐可分遣內侍周省四方觀政聽謠訪賢舉滯其有田野不闢獄訟無章忘公殉私侵漁是務者悉隨事以聞若懷寶迷邦蘊奇待價蓄響藏真

不求聞達並依名騰奏罔或遺隱使輶軒所屆如朕親覽焉又詔曰金作贖刑有聞自昔入縑以免施於中代民悅法行莫尙乎此永言叔世偷薄成風嬰愆入罪厥塗匪一斷弊之書日纒於聽覽鉗鈦之刑歲積於牢犴死者不可復生生者無因自返由此而望滋實庸可致乎朕夕惕思治念崇政術斟酌前王擇其令典有可以憲章邦國罔不由之釋愧心於四海昭情素於萬物俗僞日久禁網彌繁漢文四百邈焉已遠雖省事清心無忘日用而委銜廢策事未獲從可依周漢舊典有罪入贖外詳爲條格以時奏聞辛未以中領軍蔡道恭爲司州刺史以新除謝沐縣公蕭寶義爲巴陵王以奉齊祀復南蘭陵武進縣依前代之科徵謝朏爲左光祿大夫開府儀同三司何胤爲右光祿大夫改南東海爲蘭陵郡土斷南徐州諸僑郡縣癸酉詔曰商俗甫移遺風尙熾下不上達由來遠矣升中馭索增其懍然可於公車府謗木肺石傍各置一函若肉食莫言山阿欲有橫議投謗木函若從我江漢功在可策犀兕徒弊龍蛇方縣次身才高妙擯壓莫通懷傳呂之術抱屈賈之歎其理有皦然受困包匭夫大政侵小

豪門陵賤四民已窮九重莫達若欲自申並可投肺石函甲戌詔斷遠近上慶
禮又詔曰禮闈文閣宜率舊章貴賤既位各有差等俯仰拜伏以明王度濟濟
洋洋具瞻斯在頃因多難治綱弛落官非積及榮由幸至六軍尸四品之職靑
紫治白簿之勞振衣朝伍長揖卿相趨步廣闥並驅丞郎遂冠履倒錯珪甑莫
辨靜言疚懷思返流弊且諠法惰官動成逋弛罰以常科終未懲革夫檟楚申
威蓋代斷趾笞捶有令如或可從外詳共平議務盡厥理癸未詔相國府職吏
可依資勞度臺若職限已盈所度之餘及驃騎府並可賜滿閏月丁酉以行宕
昌王梁彌邕爲安西將軍河涼二州刺史正封宕昌王壬寅以車騎將軍夏侯
詳爲右光祿大夫詔曰成務弘風肅厲內外實由設官分職互相懲糾而頃壹
拘常式見失方奏多容違惰莫肯執咎憲網日弛漸以爲俗今端右可以風聞
奏事依元熙舊制五月乙亥夜盜入南北掖燒神獸門總章觀害衞尉卿張弘
策戊子江州刺史陳伯之舉兵反以領軍將軍王茂爲征南將軍江州刺史率
衆討之六月庚戌以行北秦州刺史楊紹先爲北秦州刺史武都王是月陳伯

之奔魏江州平前益州刺史劉季連據成都反八月戊戌置建康三官乙巳平
北將軍西涼州刺史象舒彭進號安西將軍封鄧至王丁未詔中書監王瑩等
八人參定律令是月詔尚書曹郎依昔奏事林邑干陁利國各遣使獻方物冬
十一月己未立小廟甲子立皇子統爲皇太子十二月丙申以國子祭酒張稷
爲護軍將軍辛亥護軍將軍張稷免是歲大旱米斗五千人多餓死

二年春正月甲寅朔詔曰三訊五聽著自聖典哀矜折獄義重前誥蓋所以明
愼用刑深戒疑枉成功致治罔不由茲朕自藩部常躬訊錄求理得情洪細必
盡末運弛網斯政又闕牢犴沉壅申訴靡從朕屬當期運君臨兆億雖復齋居
宣室留心聽斷而九牧遐荒無因臨覽深懼懷冤就鞫匪惟一方可申敕諸州
月一臨訊博詢擇善務在確實乙卯以尚書僕射沈約爲尚書左僕射吏部尚
書范雲爲尚書右僕射前將軍鄱陽王恢爲南徐州刺史尚書令王亮爲左光
祿大夫右衞將軍柳慶遠爲中領軍丙辰尚書令新除左光祿大夫王亮免夏
四月癸卯尚書删定郎蔡法度上梁律二十卷令三十卷科四十卷五月丁巳

尚書右僕射范雲卒乙丑益州刺史鄧元起克成都曲赦益州壬申斷諸郡縣獻奉二宮惟諸州及會稽職惟嶽牧許薦任土若非地產亦不得貢六月丁亥詔以東陽信安豐安三縣水潦漂損居民資業遣使周履量蠲課調是夏多癘疫以新除左光祿大夫謝朏爲司徒尚書令甲午以中書監王瑩爲尚書右僕射秋七月扶南龜茲中天竺國各遣使獻方物冬十月魏寇司州十一月乙卯雷電大雨晦是夜又雷乙亥尚書左僕射沈約以母憂去職

三年春正月戊申後將軍揚州刺史臨川王宏進號中軍將軍癸丑以尚書右僕射王瑩爲尚書左僕射太子詹事柳惔爲尚書右僕射前尚書左僕射沈約爲鎭軍將軍二月魏陷梁州三月隕霜殺草五月丁巳以扶南國王憍陳如闍耶跋摩爲安南將軍六月丙子詔曰昔哲王之宰世也每歲卜征躬事巡省民俗政刑罔不必逮末代風凋久曠茲典雖欲肆遠忘勞究臨幽仄而居今行古事未易從所以日晏踟躕情同再撫總總九州遠近民庶或川路幽遐或貧羸老疾懷寃抱理莫由自申所以東海匹婦致災邦國西土孤魂登樓請訴念此

于懷中夜太息可分將命巡行州部其有深冤鉅害抑鬱無歸聽詣使者依源
自列庶以矜隱之念昭被四方遏聽遠聞事均親覽癸未大赦天下秋七月丁
未以光祿大夫夏侯詳爲車騎將軍湘州刺史湘州刺史楊公則爲中護軍甲
子立皇子綜爲豫章郡王八月魏陷司州詔以南義陽置司州九月壬子以河
南王世子伏連籌爲鎮西將軍西秦河二州刺史河南王北天竺國遣使獻方
物冬十一月甲子詔曰設教因時淳薄異政刑以世革輕重殊風昔商俗未移
民散久矣嬰網陷辟日夜相尋若悉加正法則赭衣塞路並申弘宥則難用爲
國故使有罪入贖以全元元之命令遐邇知禁圄犴稍虛率斯以往庶幾刑措
金作權典宜在蠲息可除贖罪之科是歲多疾疫
四年春正月癸卯朔詔曰今九流常選年未三十不通一經不得解褐若有才
同甘顏勿限年次置五經博士各一人以鎮北將軍雍州刺史建安王偉爲南
徐州刺史南徐州刺史鄱陽王恢爲郢州刺史中領軍柳慶遠爲雍州刺史丙
午省鳳皇銜書伎戊申詔曰夫禋郊饗帝至敬攸在致誠盡慤猶懼有違而往

代多令宮人縱觀茲禮帷宮廣設輜軿耀路非所以仰虔蒼昊昭感上靈屬車之閒見譏前世便可自今停止辛亥輿駕親祀南郊赦天下二月壬午遣衞尉卿楊公則率宿衞兵塞洛口壬辰交州刺史李凱據州反長史李畟討平之曲赦交州戊戌以前郢州刺史曹景宗爲中護軍是月立建興苑於秣陵建興里夏四月丁巳以行宕昌王梁彌博爲安西將軍河涼二州刺史宕昌王是月自甲寅至壬戌甘露連降華林園五月辛卯建康縣朔陰里生嘉禾一莖十二穗六月庚戌立孔子廟壬戌歲星晝見秋七月辛卯右光祿大夫張瓌卒八月庚子老人星見冬十月丙午北伐以中軍將軍揚州刺史臨川王宏都督北討諸軍事尚書右僕射柳惔爲副是歲以與師費用王公以下各上國租及田穀以助軍資十一月辛未以都官尚書張稷爲領軍將軍甲午天晴朗西南有電光聞如雷聲三十二月司徒尚書令謝朏以所生母憂去職是歲大穰米斛三十

五年春正月丁卯朔詔曰在昔周漢取士方國頃代凋訛幽仄罕被人孤地絕用隔聽覽士操淪胥因茲靡勸豈其岳瀆縱靈偏有厚薄實由知與不知用與

不用耳朕以菲德君此兆民而兼明廣照屈於堂戶飛耳長目不及四方永言愧懷無忘旦夕凡諸郡國舊族邦內無在朝位者選官搜括使郡有一人乙亥以前司徒謝朏爲中書監司徒衞將軍鎮軍將軍沈約爲右光祿大夫豫章王綜爲南徐州刺史丁丑以尚書左僕射王瑩爲護軍將軍僕射如故甲申立皇子綱爲晉安郡王丁亥太白晝見二月庚戌以太常張充爲吏部尚書三月丙寅朔日有蝕之癸未魏宣武帝從弟翼率其諸弟來降輔國將軍劉思效破魏青州刺史元繫於膠水丁亥陳伯之自壽陽率衆歸降夏四月丙申廬陵高昌之仁山獲銅劍二始豐縣獲八目龜一甲寅詔曰朕昧旦齋居惟刑是恤三辟五聽寢興載懷故陳肺石於都街增官司於詔獄殷勤親覽小大以情而明愼未洽囹圄尚擁永言納隍在予興愧凡犴獄之所可遣法官近侍遞錄囚徒如有枉滯以時奏聞五月辛未太子左衞率張惠紹克魏宿預城乙亥臨川王宏前軍克梁城辛巳豫州刺史韋叡克合肥城丁亥廬江太守裴邃克羊石城庚寅又克霍丘城辛卯太白晝見六月庚子青冀二州刺史桓和前軍克朐山城

秋七月乙丑鄧至國遣使獻方物八月戊戌老人星見辛酉作太子宮冬十一月甲子京師地震乙丑以師出淹時大赦天下魏寇鍾離遣右衛將軍曹景宗率衆赴援十二月癸卯司徒謝朏薨

六年春正月辛酉朔詔曰徑寸之寶或隱沙泥以人廢言君子斯戒朕聽朝晏罷思闡政術雖百辟卿士有懷必聞而蓄響邊遐未臻魏闕或屈以貧陋或間以山川頓足延首無因奏達豈所以沉浮靡漏遠邇兼得者乎四方士民若有欲陳言刑政益國利民淪礙幽遠不能自通者可各詮條布懷於刺史二千石有可申採大小以聞己卯詔曰夫有天下者義非爲己凶荒疾癘兵革水火有一於此責歸元首今祝史請禱繼諸不善以朕身當之永使災害不及萬姓俾茲下民稍蒙寧息不得爲朕祈福以增其過特班遠邇咸令遵奉二月甲辰老人星見三月庚申朔隕霜殺草是月有三象入京師夏四月壬辰置左右驍騎左右游擊將軍官癸巳曹景宗韋叡等破魏軍於邵陽洲斬獲萬計癸卯以右衛將軍曹景宗爲領軍將軍徐州刺史己酉以江州刺史王茂爲尚書右僕射

中書令安成王秀爲平南將軍江州刺史分湘廣二州置衡州丁巳以中軍將軍揚州刺史臨川王宏爲驃騎將軍開府儀同三司撫軍將軍建安王偉爲揚州刺史右光祿大夫沈約爲尚書左僕射尚書左僕射王瑩爲中軍將軍五月己未以新除左驍騎將軍長沙王深業爲中護軍癸亥以侍中袁昂爲吏部尚書己巳置中衞中權將軍改驍騎爲雲騎游擊爲游騎辛未右將軍揚州刺史建安王偉進號中權將軍六月庚戌以車騎將軍湘州刺史夏侯詳爲左光祿大夫新除金紫光祿大夫柳惔爲安南將軍湘州刺史新吳縣獲四目龜一秋七月甲子太白晝見丙寅分廣州置桂州丁亥以新除尚書右僕射王茂爲中衞將軍八月戊子赦天下戊戌大風折木京師大水因濤入加御道七尺九月嘉禾一莖九穗生江陵縣丁亥改閱武堂爲德陽堂聽訟堂爲儀賢堂丙戌以左衞將軍呂僧珍爲平北將軍南兗州刺史豫章內史蕭昺爲廣州刺史冬十月壬寅以五兵尚書徐勉爲吏部尚書閏月乙丑以驃騎將軍開府儀同三司臨川王宏爲司徒行太子太傅尚書左僕射沈約爲尚書令行太子少傅吏部

尙書袁昂爲左僕射戊寅平西將軍荆州刺史始興王憺進號安西將軍甲申以光祿大夫夏侯詳爲尙書左僕射十二月丙辰尙書左僕射夏侯詳卒乙丑魏淮陽鎭都軍主常邕和以城內屬分豫州置霍州

七年春正月乙酉朔詔曰建國君民立教爲首不學將落嘉植靡由朕肇基明命光宅區宇雖耕耘雅業傍闡藝文而成器未廣志本猶闕非所以鎔範貴遊納諸軌度思欲式敦讓齒自家刑國今聲訓所漸戎夏同風宜大啓庠斆博延冑子務彼十倫弘此三德使陶鈞遠被微言載表中衞將軍領太子詹事王茂進號車騎將軍戊戌作神龍仁虎闕於端門大司馬門外壬子以領軍將軍曹景宗爲中衞將軍衞尉蕭景兼領軍將軍二月乙卯廬江灊縣獲銅鍾二新作國門于越城南乙丑增置鎭衞將軍以下各有差庚午詔於州郡縣置州望郡宗鄉豪各一人專掌搜薦乙亥以車騎大將軍高麗王高雲爲撫軍大將軍開府儀同三司平北將軍南兗州刺史呂僧珍爲領軍將軍丙子以中護軍長沙王深業爲南兗州刺史兼領軍將軍蕭景爲雍州刺史雍州刺史柳慶遠爲護

軍將軍夏四月乙卯皇太子納妃赦大辟以下頒賜朝臣及近侍各有差辛未秣陵縣獲靈龜一戊寅餘姚縣獲古銅劍二五月己亥詔復置宗正太僕大匠鴻臚又增太府大舟仍先爲十二卿癸卯以平南將軍江州刺史安成王秀爲平西將軍荆州刺史安西將軍荆州刺史始興王憺爲護軍將軍中衞將軍曹景宗爲安南將軍江州刺史六月辛酉復建修二陵周回五里內居民改陵監爲令秋七月丁亥月犯氐八月癸丑安南將軍江州刺史曹景宗卒丁巳赦大辟以下未結正者甲戌平西將軍荆州刺史安成王秀進號安西將軍雲麾將軍郢州刺史鄱陽王恢進號平西將軍老人星見九月丁亥詔曰芻牧必往姬文垂則雉兔有刑姜宣致貶藪澤山林毓材是出斧斤之用比屋所資而頃世相承並加封固豈所謂與民同利惠茲黔首凡公家諸屯戍見封熂者可悉開常禁壬辰置童子奉車郎癸巳立皇子續爲南康郡王己亥月犯東井冬十月丙寅以吳興太守張稷爲尚書左僕射丙子魏陽關主許敬珍以城內附詔大舉北伐以護軍將軍始興王憺爲平北將軍率衆入清車騎將軍王茂率衆向

宿預丁丑魏懸瓠鎮軍主白皁生豫州刺史胡遜以城內屬以皁生爲鎮北將
軍司州刺史遜爲平北將軍豫州刺史十一月辛巳鄞縣言甘露降
八年春正月辛巳輿駕親祀南郊赦天下內外文武各賜勞一年壬辰魏鎮東
參軍成景儁斬宿預城主嚴仲寶以城內屬二月壬戌老人星見夏四月以北
巴西郡置南梁州戊申以護軍將軍始興王憺爲中衛將軍司徒行太子太傅
臨川王宏爲司空揚州刺史車騎將軍領太子詹事王茂即本號開府儀同三
司丁卯魏楚王城主李國興以城內附丙子以中軍將軍丹陽尹王瑩爲右光
祿大夫五月壬午詔曰學以從政殷勤往哲祿在其中抑亦前事朕思闡治綱
每敦儒術軾閭闢館造次以之故負袠成風甲科間出方當置諸周行飾以青
紫其有能通一經始末無倦者策實之後選可量加敘錄雖復牛監羊肆寒品
後門並隨才試吏勿有遺隔秋七月癸巳巴陵王蕭寶義薨八月戊午老人星
見冬十月乙巳以中軍將軍始興王憺爲鎮北將軍南兗州刺史南兗州刺史
長沙王深業爲護軍將軍

九年春正月乙亥以尚書令行太子少傅沈約爲左光祿大夫行少傅如故右光祿大夫王瑩爲尚書令行中撫將軍建安王偉領護軍將軍鎮北將軍南兗州刺史始興王憺爲鎮西將軍益州刺史太常卿王亮爲中書監丙子以輕車將軍晉安王綱爲南兗州刺史庚寅新作緣淮塘北岸起石頭迄東冶南岸起後渚籬門迄三橋三月己丑車駕幸國子學親臨講肄賜國子祭酒以下帛各有差乙未詔曰王子從學著自禮經貴遊咸在實惟前誥所以式廣義方克隆教道今成均大啓元良齒讓自斯以降並宜肄業皇太子及王侯之子年在從師者可令入學于闐國遣使獻方物夏四月丁巳革選尚書五都令史用寒流林邑國遣使獻白猴一五月己亥詔曰朕達聽思治無忘日昃而百司羣務其途不一隨時適用各有攸宜若非總會衆言無以備茲親覽自今臺閣省府州郡鎮戍應有職僚之所時共集議各陳損益具以奏聞中書監王亮卒六月癸丑盜殺宣城太守朱僧勇癸酉以中撫將軍領護軍建安王偉爲鎮南將軍江州刺史閏月己丑宣城盜轉寇吳興縣太守蔡撙討平之秋七月己巳老人星

見冬十二月癸未輿駕幸國子學策試冑子賜訓授之司各有差
十年春正月辛丑輿駕親祀南郊大赦天下居局治事賜勞二年癸卯以尚書
左僕射張稷爲安北將軍青冀二州刺史郢州刺史鄱陽王恢爲護軍將軍甲
辰以南徐州刺史豫章王綜爲郢州刺史輕車將軍南康王績爲南徐州刺史
戊申騶虞一見荆州華容縣以左民尚書王暕爲吏部尚書辛酉輿駕親祀明
堂三月辛丑盜殺東莞琅邪二郡太守鄧晰以朐山引魏軍遣振遠將軍馬仙
琕討之是月魏徐州刺史盧昶帥衆赴朐山夏五月癸酉安豐縣獲一角玄龜
丁丑領軍呂僧珍卒己卯以國子祭酒張充爲尚書左僕射太子詹事柳慶遠
爲領軍將軍乙酉嘉蓮一莖三花生樂遊苑秋七月丙辰詔曰昔公卿面陳載
在前史令僕陛奏列代明文所以釐彼庶績成茲羣務晉氏陵替虛誕爲風自
此相因其失彌遠遂使武帳空勞無汲公之奏丹墀徒闢闕鄭生之履三槐八
座應有務之百官宜有所論可入陳啓庶藉周爰少匡寡薄九月丙申天西北
隆隆有聲赤氣下至地冬十二月癸酉山車見于臨城縣庚辰馬仙琕大破魏

軍斬馘十餘萬剋復朐山城是歲初作宮城門三重樓及開二道宕昌國遣使獻方物

十一年春正月壬辰詔曰夫刑法悼耄罪不收孥禮著明文史彰前事蓋所以申其哀矜故罰有弗及近代相因厥網彌峻髫年華髮同坐入諐雖懲惡勸善宜窮其制而老幼流離良亦可愍自今逋讁之家及罪應質作若年有老小可停將送加左光祿大夫行太子少傅沈約特進鎮南將軍江州刺史建安王偉儀同三司司空揚州刺史臨川王宏進位爲太尉驃騎將軍王茂爲司空尚書令雲麾將軍王瑩進號安左將軍安北將軍青冀二州刺史張稷進號領北將軍二月戊辰新昌濟陽二郡野蠶成繭三月丁巳曲赦揚徐二州築西靜壇於鍾山庚申高麗國遣使獻方物四月戊子詔曰去歲朐山大殲醜類宜爲京觀用旌武功但伐罪弔民皇王盛軌掩骼埋胔仁者用心其下青州悉使收藏百濟扶南林邑國並遣使獻方物六月辛巳以司空王茂領中權將軍九月辛亥宕昌國遣使獻方物冬十一月乙未以吳郡太守袁昂兼尚書右僕射己酉降

太尉揚州刺史臨川王宏爲驃騎將軍開府同三司之儀癸丑齊宣德太妃王氏薨十二月己未以安西將軍荊州刺史安成王秀爲中衞將軍護軍將軍鄱陽王恢爲平西將軍荊州刺史

十二年春正月辛卯輿駕親祀南郊赦大辟以下二月辛酉以兼尚書右僕射袁昂爲尚書左僕射丙寅詔曰掩骼埋胔義重周經樹櫝有加事美漢策朕向隅載懷每勤造次收藏之命亟下哀矜而寓縣遐深遵奉未洽髐然路隅往往而有言愍沉枯彌勞傷惻可明下遠近各巡境界若委骸不葬或蔭衣莫改即就收斂量給棺具庶夜哭之魂斯慰霑霜之骨有歸辛巳新作太極殿改爲十三閒三月癸卯以湘州刺史王珍國爲護軍將軍閏月乙丑特進中軍將軍沈約卒夏四月京邑大水六月癸巳新作太廟增基九尺庚子太極殿成秋九月戊午以鎮南將軍開府儀同三司江州刺史建安王偉爲撫軍將軍儀同如故驃騎將軍開府同三司之儀揚州刺史臨川王宏爲司空領中權將軍王茂爲驃騎將軍開府同三司之儀江州刺史冬十月丁亥詔曰明堂地勢卑濕未稱

乃心外可量就埤起以盡誠敬
十三年春正月壬戌以丹陽尹晉安王綱爲荆州刺史癸亥以平西將軍荆州刺史鄱陽王恢爲鎮西將軍益州刺史丙寅以翊右將軍安成王秀爲安西將軍郢州刺史二月丁亥輿駕親耕籍田赦天下孝悌力田賜爵一級老人星見三月辛亥以新除中撫將軍開府儀同三司建安王偉爲左光祿大夫夏四月辛卯林邑國遣使獻方物壬辰以郢州刺史豫章王綜爲安右將軍五月辛亥以通直散騎常侍韋叡爲中護軍六月己亥以南兗州刺史蕭景爲領軍將軍領軍將軍柳慶遠爲安北將軍雍州刺史秋七月乙亥立皇子綸爲邵陵郡王繹爲湘東郡王紀爲武陵郡王八月癸卯扶南于闐國各遣使獻方物是歲作浮山堰
十四年春正月乙巳朔皇太子冠赦天下賜爲父後者爵一級王公以下班賚各有差停遠近上慶禮丙午安左將軍尚書令王瑩進號中權將軍以鎮西將軍始興王憺爲中撫將軍辛亥輿駕親祀南郊詔曰朕恭祇明祀昭事上靈臨

竹宮而登泰壇服袞冕而奉蒼璧柴望旣升誠敬克展思所以對越乾元弘宣
德教而缺于治道政法多昧實佇羣才用康庶績可班下遠近博採英異若有
確然鄉黨獨行州閭肥遯丘園不求聞達藏器待時未加收採或賢良方正孝
悌力田並卽騰奏具以名上當擢彼周行試以邦邑庶百司咸事兆民無隱又
世輕世重隨時約法前以劓墨用代重辟猶念改悔其路已壅並可省除丙寅
汝陰王劉胤薨二月庚寅芮芮國遣使獻方物戊戌老人星見辛丑以中護軍
韋叡爲平北將軍雍州刺史新除中撫將軍始興王憺爲荆州刺史夏四月丁
丑驃騎將軍開府同三司之儀江州刺史王茂薨五月丁巳以荆州刺史晉安
王綱爲江州刺史秋八月乙未老人星見九月癸亥以長沙王深業爲護軍將
軍狼牙脩國遣使獻方物
十五年春正月己巳詔曰觀時設教王政所先兼而利之實惟務本移風致治
咸由此作頃因革之令隨事必下而張弛之要未臻厥宜民瘼猶繁廉平尚寡
所以竚旒纊而載懷朝玉帛而興歎可申下四方政有不便於民者所在具條

以聞守宰若清潔可稱或侵漁爲蠹分別奏上將行黜陟長吏勸課躬履堤防勿有不脩致妨農事關市之賦或有未允外時參量優減舊格三月戊辰朔日有蝕之夏四月丁未以安右將軍豫章王綜兼護軍高麗國遣使獻方物五月癸未以司空揚州刺史臨川王宏爲中書監驃騎大將軍刺史如故六月丙申改作小廟畢庚子以尚書令王瑩爲左光祿大夫開府儀同三司尚書右僕射袁昂爲尚書左僕射吏部尚書王暕爲尚書右僕射秋八月老人星見芮芮河南遣使獻方物九月辛巳左光祿大夫開府儀同三司王瑩薨壬辰赦天下冬十月戊午以丹陽尹長沙王深業爲湘州刺史十一月丁卯以兼護軍豫章王綜爲安前將軍交州刺史李畟斬交州反者阮宗孝傳首京師曲赦交州壬午以雍州刺史韋叡爲護軍將軍

十六年春正月辛未輿駕親祀南郊詔曰朕當扆思治政道未明昧旦劬勞亟移星紀今太皞御氣勾芒首節升中就陽禋敬克展務承天休布茲和澤尤貧之家勿收今年三調其無田業者所在量宜賦給若民有產子卽依格優蠲孤

老鰥寡不能自存咸加賑卹班下四方諸州郡縣時理獄訟勿使寃滯並若親
覽二月庚戌老人星見甲寅以安前將軍豫章王綜爲南徐州刺史三月丙子
河南王遣使獻方物夏四月甲子初去宗廟牲潮溝獲白雀一六月戊申以廬
陵王續爲江州刺史七月丁丑以郢州刺史安成王秀爲鎮北將軍雍州刺史
八月辛丑老人星見扶南婆利國各遣使獻方物冬十月去宗廟薦脩始用蔬
果
十七年春正月丁巳朔詔曰夫樂所自生含識之常性厚下安宅馭世之通規
朕矜此庶氓無忘待旦亟弘生聚之略每布寬恤之恩而編戶未滋遷徙尚有
輕去故鄉豈其本志資業殆闕自返莫由巢南之心亦何能弭今開元發歲品
物惟新思俾黔黎各安舊所將使郡無曠土邑靡游民鷄犬相聞桑柘交畛凡
天下之民有流移他境在天監十七年正月一日以前可開恩半歲悉聽還本
蠲課三年其流寓過遠者量加程日若有不樂還者即使著土籍爲民准舊課
輸若流移之後本鄉無復居宅者村司三老及餘親屬即爲詰縣告請村內官

地官宅令相容受使戀本者還有所託凡坐爲市埭諸職割盜衰滅應被封籍者其田宅車牛是民生之具不得悉以沒入皆優量分留使得自止其商賈富室亦不得頓相兼併遁叛之身罪無輕重並許首出還復民伍若有拘限自還本役並爲條格咸使知聞二月癸巳鎮北將軍雍州刺史安成王秀薨甲辰大赦天下乙卯以領石頭戍事南康王績爲南兗州刺史三月甲申老人星見丙申改封建安王偉爲南平王夏五月戊寅驃騎大將軍揚州刺史臨川王宏免己卯于陁利國遣使獻方物以領軍將軍蕭景爲安右將軍監揚州辛巳以臨川王宏爲中軍將軍中書監六月乙酉以益州刺史鄱陽王恢爲領軍將軍中軍將軍中書監臨川王宏以本號行司徒癸卯以國子祭酒蔡撙爲吏部尚書秋八月壬寅老人星見詔以兵騶奴婢男年登六十女年登五十免爲平民冬十月乙亥以中軍將軍行司徒臨川王宏爲中書監司徒十一月辛亥以南平王偉爲左光祿大夫開府儀同三司

十八年春正月甲申以領軍將軍鄱陽王恢爲征西將軍開府儀同三司荆州

刺史荆州刺史始興王憺爲中撫將軍開府儀同三司領軍以尚書左僕射袁昂爲尚書令尚書右僕射王暕爲尚書左僕射太子詹事徐勉爲尚書右僕射

辛卯輿駕親祀南郊孝悌力田賜爵一級二月戊午老人星見四月丁巳大赦天下秋七月甲申老人星見于闐扶南國各遣使獻方物

梁書卷二

梁書卷二考證

武帝紀中安西將軍宕昌王梁彌頜○頜一本作頡

以扶南國王憍陳如闍耶跋摩爲安南將軍○跋南本作跋

六月辛酉復建修二陵周回五里內居民改陵監爲令○南史周回五里內居

民下有賜復終身四字今刪去便文義不全矣

男年登六十女年登五十免爲平民○南史作男年六十六女年六十

梁書卷二考證

梁書卷三

唐 散 騎 常 侍 姚 思 廉 撰

本紀第三

武帝下

普通元年春正月乙亥朔改元大赦天下賜文武勞位孝悌力田爵一級尤貧之家勿收常調鰥寡孤獨並加贍卹丙子日有蝕之己卯以司徒臨川王宏爲太尉揚州刺史安右將軍監揚州蕭景爲安西將軍郢州刺史尚書左僕射王暕以母憂去職金紫光祿大夫王份爲尚書左僕射庚子扶南高麗國各遣使獻方物二月壬子老人星見癸丑以高麗王世子安爲寧東將軍高麗王三月丙戌滑國遣使獻方物夏四月甲午河南王遣使獻方物六月丁未以護軍將軍韋叡爲車騎將軍秋七月己卯江淮海並溢辛卯以信威將軍邵陵王綸爲江州刺史八月庚戌老人星見甲子新除車騎將軍韋叡卒九月乙亥有星晨見東方光爛如火冬十月辛亥以宣惠將軍長沙王深業爲護軍將軍辛酉以

丹陽尹晉安王綱爲平西將軍益州刺史
二年春正月甲戌以南徐州刺史豫章王綜爲鎮右將軍新除益州刺史晉安王綱改爲徐州刺史辛巳輿駕親祀南郊詔曰春司御氣虔恭報祀陶匏克誠蒼璧禮備思隨乾覆布茲亭育凡民有單老孤稚不能自存主者郡縣咸加收養贍給衣食每令周足以終其身又於京師置孤獨園孤幼有歸華髮不匱若終年命厚加料理尤窮之家勿收租賦戊子大赦天下二月辛丑輿駕親祀明堂三月庚寅大雪平地三尺夏四月乙卯改作南北郊丙辰詔曰夫欽若昊天曆象無違躬執耒耜盡力致敬上協星鳥俯訓民時平秩東作義不在南前代因襲有乖禮制可於震方簡求沃野具茲千畝庶允舊章五月癸卯琬琰殿火延燒後宮屋三千間丁巳詔曰王公卿士今拜表賀瑞雖則百辟體國之誠朕懷良有多愧若其澤漏川泉仁被動植氣調玉燭治致太平爰降嘉祥可無慚德而政道多缺淳化未凝何以仰叶辰和遠臻冥貺此乃更彰寡薄重增其尤自今可停賀瑞六月丁卯信威將軍義州刺史文僧明以州叛入于魏秋七月

丁酉假大匠卿裴邃節督衆軍北討甲寅老人星見魏荆州刺史桓叔興帥衆降八月丁亥始平郡中石鼓村地自開成井方六尺六寸深三十二丈冬十一月百濟新羅國各遣使獻方物十二月戊辰以鎭東大將軍百濟王餘隆爲寧東大將軍

三年春正月庚子以尚書令袁昂爲中書監吳郡太守王暕爲尚書左僕射尚書左僕射王份爲右光祿大夫庚戌京師地震己未以宣毅將軍廬陵王續爲雍州刺史三月己卯巴陵王蕭屏薨夏四月丁卯汝陰王劉端薨五月壬辰朔日有蝕之既癸巳赦天下并班下四方民所疾苦咸即以聞公卿百僚各上封事連率郡國舉賢良方正直言之士秋八月辛酉作二郊及籍田並畢班賜工匠各有差甲子老人星見婆利白題國各遣使獻方物冬十月丙子加中書監袁昂中衛將軍十一月甲午撫軍將軍開府儀同三司領軍將軍始興王憺薨辛丑以太子詹事蕭深藻爲領軍將軍

四年春正月辛卯輿駕親祀南郊大赦天下應諸窮疾咸加賑卹并班下四方

時理獄訟丙午輿駕親祀明堂二月庚午老人星見乙亥躬耕籍田詔曰夫耕籍之義大矣哉粢盛由之而興禮節因之以著古者哲王咸用此作眷言八政致茲千畝公卿百辟恪恭其儀九推畢禮馨香靡替兼以風雲叶律氣象光華屬覽休辰思加獎勸可班下遠近廣闢良疇公私畎畝務盡地利若欲附農而糧種有乏亦加貸卹每使優遍孝悌力田賜爵一級預耕之司剋日勞酒三月壬寅以鎮右將軍豫章王綜爲平北將軍南兗州刺史六月乙丑分益州置信州分交州置愛州分廣州置成州南定州合州建州分霍州置義州秋八月丁卯老人星見冬十月庚午以中書監中衛將軍袁昂爲尚書令卽本號開府儀同三司己卯護軍將軍昌義之卒十一月癸未朔日有蝕之太白晝見甲辰尚書左僕射王暕卒十二月戊午始鑄鐵錢狼牙脩國遣使獻方物

五年春正月以左光祿大夫開府儀同三司南平王偉爲鎮衛大將軍改領右光祿大夫儀同三司如故征西將軍開府儀同三司荊州刺史鄱陽王恢進號驃騎大將軍太府卿夏侯亶爲中護軍右光祿大夫王份爲左光祿大夫加特

進辛卯平北將軍南兗州刺史豫章王綜進號鎭北將軍平西將軍雍州刺史晉安王綱進號安北將軍二月庚午特進左光祿大夫王份卒丁丑老人星見三月甲戌分揚州江州置東揚州夏四月乙未以雲麾將軍南康王績爲江州刺史六月乙酉龍鬭于曲阿王陂因西行至建陵城所經處樹木倒折開地數十丈戊子以會稽太守武陵王紀爲東揚州刺史庚子以員外散騎常侍元樹爲平北將軍北青兗二州刺史率衆北伐秋七月辛未賜北討義客位一階八月庚寅徐州刺史成景儁剋魏童棧九月戊申又剋睢陵城戊午北兗州刺史趙景悅圍荆山壬戌宣毅將軍裴邃襲壽陽入羅城弗剋冬十月戊寅裴邃元樹攻魏建陵城破之辛巳又破曲木掃虜將軍彭寶孫剋琅邪甲申又剋檀丘城辛卯裴邃破狄城丙申又剋甓城遂進屯黎將壬寅魏東海太守韋敬欣以司吾城降定遠將軍闕二字太守曹世宗破魏曲陽城甲辰又剋秦墟魏郿潘溪守悉皆棄城走十一月丙辰彭寶孫剋東莞城壬戌裴邃攻壽陽之安城剋之丙寅魏馬頭安城並來降十二月戊寅魏荆山城降乙巳武勇將軍李國興攻

平靜關尅之辛丑信威長史楊法乾攻武陽關壬寅攻峴關並尅之
六年春正月丙午安北將軍晉安王綱遣長史柳津破魏南鄉郡司馬董當門
破魏晉城庚戌又破馬圈彫陽二城辛亥輿駕親祀南郊大赦天下庚申魏鎮
東將軍徐州刺史元法僧以彭城內附己巳雍州前軍尅魏新蔡郡詔曰廟謨
已定王略方舉侍中領軍將軍西昌侯淵藻可便親戎以前啓行鎮北將軍南
兗州刺史豫章王綜董馭雄桀風馳次邁其餘衆軍計日差遣初中後師善得
嚴辦朕當六軍雲動龍舟濟江癸酉尅魏鄭城甲戌以魏鎮東將軍徐州刺史
元法僧爲司空二月丁丑老人星見庚辰南徐州刺史廬陵王續還朝稟承戎
略乙未趙景悅下魏龍亢城三月丙午歲星見南斗賜新附民長復除應諸罪
失一無所問己酉行幸白下城履行六軍頓所乙丑鎮北將軍南兗州刺史豫
章王綜權頓彭城總督衆軍幷攝徐州府事己巳以魏假平東將軍元景隆爲
衡州刺史魏征虜將軍元景仲爲廣州刺史夏五月己酉築宿預堰又修曹公
堰於濟陰太白晝見壬子遣中護軍夏侯亶督壽陽諸軍事北伐六月庚辰豫

章王綜奔于魏魏復據彭城秋七月壬戌大赦天下八月丙子以散騎常侍曹仲宗兼領軍壬午老人星見十二月戊子邵陵王綸有罪免官削爵土壬辰京師地震

七年春正月辛丑朔赦殊死以下丁卯滑國遣使獻方物二月甲戌北伐衆軍解嚴河南王遣使獻方物丁亥老人星見三月乙卯高麗國遣使獻方物夏四月乙酉太尉臨川王宏薨南州津改置校尉增加俸秩詔在位羣臣各舉所知凡是清吏咸使薦聞州年舉二人大郡一人六月己卯林邑國遣使獻方物秋九月己酉驃騎大將軍開府儀同三司荆州刺史鄱陽王恢薨冬十月辛未以丹陽尹湘東王繹爲荆州刺史十一月庚辰大赦天下是日丁貴嬪薨辛巳夏侯亶胡龍牙元樹曹世宗等衆軍剋壽陽城丁亥放魏揚州刺史李憲還北以壽陽置豫州合肥改爲南豫州以中護軍夏侯亶爲豫南豫二州刺史平西將軍郢州刺史元樹進號安西將軍魏新野太守以郡降

大通元年春正月乙丑以尚書左僕射徐勉爲尚書僕射中衛將軍詔曰朕思

利兆民惟日不足氣象環回每弘優簡百官俸祿本有定數前代以來皆多評
准頃者因循未遑改革自今已後可長給見錢依時即出勿令逋緩凡散失官
物不問多少並從原宥惟事涉軍儲取公私見物不在此例辛未輿駕親祀南
郊詔曰奉時昭事虔薦蒼璧思承天德惠此下民凡因事去土流移他境者並
聽復宅業蠲役五年尤貧之家勿收三調孝悌力田賜爵一級是月司州刺史
夏侯夔進軍三關所至皆剋三月辛未輿駕幸同泰寺捨身甲戌還宮赦天下
改元以左衛將軍蕭淵藻爲中護軍林邑師子國各遣使獻方物夏五月丙寅
成景儁剋魏臨潼竹邑秋八月壬辰老人星見冬十月庚戌魏東豫州刺史元
慶和以渦陽內屬甲寅曲赦東豫州十一月丁卯以中護軍蕭淵藻爲北討都
督征北大將軍鎭渦陽戊辰加尚書令中衛將軍開府儀同三司袁昂中書監
以渦陽置西徐州高麗國遣使獻方物
二年春正月庚申司空元法僧以本官領中軍將軍中書監尚書令中衛將軍
開府儀同三司袁昂進號中撫大將軍衛尉卿蕭昂爲中領軍乙酉芮芮國遣

使獻方物二月甲午老人星見是月築寒山堰三月壬辰以江州刺史南康王績爲安右將軍夏四月辛丑魏郢州刺史元願達以義陽內附置北司州時魏大亂其北海王元顥臨淮王元彧汝南王元悅並來奔其北青州刺史元世儁南荆州刺史李志亦以地降六月丁亥魏臨淮王元彧求還本國許之冬十月丁亥以魏北海王元顥爲魏主遣東宮直閤將軍陳慶之衞送還北魏豫州刺史鄧獻以地內屬

中大通元年正月辛酉輿駕親祀南郊大赦天下孝悌力田賜爵一級甲子魏汝南王元悅求還本國許之辛巳輿駕親祀明堂二月甲申以丹陽尹武陵王紀爲江州刺史辛丑芮芮國遣使獻方物三月丙辰以河南王阿羅真爲寧西將軍西秦河沙三州刺史庚辰以中護軍蕭淵藻爲中權將軍夏四月癸未以安右將軍南康王績爲護軍將軍癸巳陳慶之攻魏梁城拔之進屠考城擒魏濟陰王元暉業五月戊辰剋大梁癸酉剋虎牢城魏主元子攸棄洛陽走河北乙亥元顥入洛陽六月壬午大赦天下辛亥魏淮陰太守晉鴻以湖陽城內屬

閏月己未安右將軍護軍南康王績薨己卯魏尒朱榮攻殺元顥復據洛陽秋九月辛巳朱雀航華表災以安北將軍羊侃爲青冀二州刺史癸巳輿駕幸同泰寺設四部無遮大會因捨身公卿以下以錢一億萬奉贖冬十月己酉輿駕還宮大赦改元十一月丙戌加中撫大將軍開府儀同三司袁昂中書監加鎮衞大將軍開府儀同三司南平王偉太子少傅加金紫光祿大夫蕭琛陸杲並特進司空中軍將軍元法僧進號車騎將軍中權將軍蕭淵藻爲中護軍將軍中領軍蕭昂爲領軍將軍戊子魏巴州刺史嚴始欣以城降十二月丁巳盤盤國遣使獻方物

二年春正月戊寅以雍州刺史晉安王綱爲驃騎大將軍揚州刺史南徐州刺史廬陵王續爲平北將軍雍州刺史癸未老人星見夏四月庚申大雨雹壬申以河南王佛輔爲寧西將軍西秦河二州刺史六月丁巳遣魏太保汝南王元悅還北爲魏主庚申以魏尚書左僕射范遵爲安北將軍司州牧隨元悅北討林邑國遣使獻方物壬申扶南國遣使獻方物秋八月庚戌輿駕幸德陽堂設

絲竹會祖送魏主元悅山賊聚結寇會稽郡所部縣九月壬午假昭武將軍湛海珍節以討之

三年春正月辛巳輿駕親祀南郊大赦天下孝悌力田賜爵一級丙申以魏尚書僕射鄭先護爲征北大將軍二月辛丑輿駕親祀明堂甲寅老人星見乙卯特進蕭琛卒乙丑以廣州刺史元景隆爲安右將軍夏四月乙巳皇太子統薨六月丁未以前太子詹事蕭淵猷爲中護軍尚書僕射徐勉加特進右光祿大夫丹丹國遣使獻方物癸丑立昭明太子子南徐州刺史華容公懽爲豫章郡王枝江公譽爲河東郡王曲阿公詧爲岳陽郡王秋七月乙亥立晉安王綱爲皇太子大赦天下賜爲父後者及出處忠孝文武清勤並賜爵一級乙酉以侍中五兵尚書謝舉爲吏部尚書庚寅詔曰推恩六親義彰九族班以侯爵亦曰惟允凡是宗戚有服屬者並可賜沐食鄉亭侯各隨遠近以爲差次其有暱親自依舊章壬辰以吏部尚書何敬容爲尚書右僕射癸巳老人星見九月庚午以太子詹事蕭淵藻爲征北將軍南兗州刺史戊寅狼牙脩國奉表獻方物冬

十月己酉行幸同泰寺高祖升法座爲四部衆說大般涅盤經義訖于乙卯前
樂山縣侯蕭正則有罪流徙至是招誘亡命欲寇廣州在所討平之十一月乙
未行幸同泰寺高祖升法座爲四部衆說摩訶般若波羅密經義訖于十二月
辛丑是歲吳興郡生野穀堪食
四年春正月丙寅朔以鎮衛大將軍開府儀同三司南平王偉進位大司馬司
空元法僧進位太尉尚書令中權大將軍開府儀同三司袁昂進位司空立臨
川靖惠王宏子正德爲臨賀郡王戊辰以丹陽尹邵陵王綸爲揚州刺史太子
右衛率薛法護爲平北將軍司州牧衛送元悅入洛庚午立嫡皇孫大器爲宣
城郡王癸未魏南兗州刺史劉世明以城降改魏南兗州爲譙州以世明爲刺
史二月壬寅老人星見新除太尉元法僧還北爲東魏主以安右將軍元景隆
爲征北將軍徐州刺史雲麾將軍楊侃爲安北將軍兗州刺史散騎常侍元樹
爲鎮北將軍庚戌新除揚州刺史邵陵王綸有罪免爲庶人壬子以江州刺史
武陵王紀爲揚州刺史領軍將軍蕭昂爲江州刺史景辰邵陵縣獲白鹿一三

月庚午侍中領國子博士蕭子顯上表置制旨孝經助教一人生十人專通高祖所釋孝經義夏四月壬申盤盤國遣使獻方物秋七月甲辰星隕如雨八月丙子特進陸杲卒九月乙巳以太子詹事南平王世子恪爲領軍將軍平北將軍雍州刺史廬陵王續爲安北將軍西中郎將荆州刺史湘東王繹爲平西將軍司空袁昂領尚書令十一月己酉高麗國遣使獻方物十二月庚辰以太尉元法僧爲驃騎大將軍開府同三司之儀郢州刺史

五年春正月辛卯輿駕親祀南郊大赦天下孝悌力田賜爵一級先是一日東南郊令解滌之等到郊所履行忽聞空中有異香三隨風至及將行事奏樂迎神畢有神光滿壇上朱紫黃白雜色食頃方滅兼太宰武陵王紀等以聞戊申京師地震己酉長星見辛亥輿駕親祀明堂癸丑以宣城王大器爲中軍將軍河南國遣使獻方物二月癸未行幸同泰寺設四部大會高祖升法座發金字摩訶波若經題訖于己丑老人星見三月丙辰大司馬南平王偉薨夏四月癸酉以御史中丞臧盾兼領軍五月戊子京邑大水御道通船六月己卯魏建義

城主蘭寶殺魏東徐州刺史以下邳城降秋七月辛卯改下邳爲武州八月庚

申以前徐州刺史元景隆爲安右將軍老人星見甲子波斯國遣使獻方物甲

申中護軍蕭淵猷卒九月己亥以輕車將軍臨賀王正德爲中護軍甲寅以尚

書令司空袁昂爲特進右光祿大夫司空如故盤盤國遣使獻方物冬十月庚

申以尚書右僕射何敬容爲尚書左僕射吏部尚書謝舉爲尚書右僕射侍中

國子祭酒蕭子顯爲吏部尚書

六年春二月癸亥輿駕親耕籍田大赦天下孝悌力田賜爵一級三月己亥以

行河南王可沓振爲西秦河二州刺史河南王甲辰百濟國遣使獻方物夏四

月丁卯熒惑在南斗秋七月甲辰林邑國遣使獻方物八月己未以南梁州刺

史武興王楊紹先爲秦南秦二州刺史冬十月丁卯以信武將軍元慶和爲鎮

北將軍率衆北伐閏十二月丙午西南有雷聲二

大同元年春正月戊申朔改元大赦天下二月己卯老人星見辛巳輿駕親祀

明堂丁亥輿駕躬耕籍田辛丑高麗國丹丹國各遣使獻方物三月辛未滑國

王安樂薩丹王遣使獻方物夏四月庚子波斯國獻方物甲辰以魏鎭東將軍
劉濟爲徐州刺史壬戌以安北將軍廬陵王續爲安南將軍江州刺史秋七月
乙卯老人星見辛卯扶南國遣使獻方物冬十月辛卯以前南兗州刺史蕭淵
藻爲護軍將軍十一月丁未中衞將軍特進右光祿大夫徐勉卒壬戌北梁州
刺史蘭欽攻漢中剋之魏梁州刺史元羅降癸亥賜梁州歸附者復除有差甲
子雄勇將軍北益州刺史陰平王楊法深進號平北將軍月行左角星十二月
乙酉以魏北徐州刺史羊徽逸爲平北將軍十二月戊戌以平西將軍秦南秦
二州刺史武興王楊紹先進號車騎將軍平北將軍北益州刺史陰平王楊法
深進號驃騎將軍辛丑平西將軍荆州刺史湘東王繹進號安西將軍
二年春正月甲辰以兼領軍臧盾爲中領軍二月乙亥輿駕躬耕籍田丙戌老
人星見三月庚申詔曰政在養民德存被物上令如風民應如草朕以寡德運
屬時來撥亂反正倏焉三紀不能使重門不閉守在海外疆埸多阻車書未一
民疲轉輸士勞邊防徹田爲糧未得頓止治道不明政用多僻百辟無沃心之

言四聰闕飛耳之聽州輟刺舉郡忘共治致使失理負謗無由聞達侮文弄法
因事生姦胏石空陳懸鍾徒設書不云乎股肱惟人良臣惟聖實賴賢佐匡其
不及凡厥在朝各獻讜言政治不便於民者可悉陳之若在四遠刺史二千石
長吏並以奏聞細民有言事者咸爲申達朕將親覽以紓其過文武在位舉爾
所知公侯將相隨才擢用拾遺補闕勿有所隱夏四月乙未以驃騎大將軍開
府同三司之儀元法僧爲太尉領軍師將軍先是尚書右丞江子四上封事極
言政治得失五月癸卯詔曰古人有言屋漏在上知之在下朕所鍾過不能自
覺江子四等封事如上尚書可時加檢括於民有蠹患者便即勒停宜速詳啓
勿致淹緩乙巳以魏前梁州刺史元羅爲征北大將軍青冀二州刺史六月丁
亥詔曰南郊明堂陵廟等令與朝請同班於事爲輕可改視散騎侍郎冬十月
乙亥詔大舉北伐十一月己亥詔北伐衆班師辛亥京師地震十二月壬申魏
請通和詔許之丁酉以吳興太守駙馬都尉利亭侯張纘爲吏部尚書
三年春正月辛丑輿駕親祀南郊大赦天下孝悌力田賜爵一級是夜朱雀門

災壬寅天無雲雨灰黃色癸卯以中書令邵陵王綸爲江州刺史二月乙酉老人星見丁亥輿駕親耕籍田己丑以尚書左僕射何敬容爲中權將軍護軍將軍蕭淵藻爲安右將軍尚書左僕射以尚書左僕射謝舉爲右光祿大夫庚寅以安南將軍廬陵王續爲中衞將軍護軍將軍三月戊戌立昭明太子子詧爲武昌郡王警爲義陽郡王夏四月丁卯以南瑯邪彭城二郡太守河東王譽爲南徐州刺史五月丙申以前揚州刺史武陵王紀復爲揚州刺史六月青州朐山境隕霜秋七月癸卯魏遣使來聘己酉義陽王警薨是月青州雪害苗稼八月甲申老人星見辛卯輿駕幸阿育王寺赦天下九月南兗州大饑是月北徐州境內旅生稻稗二千許頃閏月甲子安西將軍荆州刺史湘東王繹進號鎮西將軍揚州刺史武陵王紀爲安西將軍益州刺史冬十月丙辰京師地震是歲饑

四年春正月庚辰以中軍將軍宣城王大器爲中軍大將軍揚州刺史二月己亥輿駕親耕籍田三月戊寅河南國遣使獻方物癸未芮芮國遣使獻方物五

月甲戌魏遣使來聘秋七月己未以南瑯邪彭城二郡太守岳陽王詧爲東揚州刺史癸亥詔以東冶徒李胤之降如來真形舍利大赦天下八月甲辰詔南兗北徐西徐東徐青冀南北青武仁潼睢等十二州既經饑饉曲赦逋租宿責勿收今年三調冬十二月丁亥兼國子助教皇侃表上所撰禮記義疏五十卷

五年春正月乙卯以護軍將軍廬陵王續爲驃騎將軍開府儀同三司安右將軍尚書左僕射蕭淵藻爲中衞將軍開府儀同三司中權將軍丹陽尹何敬容以本號爲尚書令吏部尚書張纘爲尚書僕射都官尚書劉孺爲吏部尚書丁巳御史中丞參禮儀事賀琛奏今南北二郊及籍田往還並宜御輦不復乘輅二郊請用素輦籍田往還乘常輦皆以侍中陪乘停大將軍及太僕詔付尚書博議施行改素輦名大同輦昭祀宗廟乘玉輦辛未車駕親祀南郊詔孝悌力田及州閭鄉黨稱爲善人者各賜爵一級并勤屬所以時騰上三月己未詔曰朕四聰既闕五識多蔽畫可外牒或致紕繆凡是政事不便於民者州郡縣即時皆言勿得欺隱如使怨訟當境任失而今而後以爲永准秋七月己卯以驃

騎將軍開府儀同三司廬陵王續爲荊州刺史湘東王繹爲護軍將軍安右將軍八月乙酉扶南國遣使獻生犀及方物九月庚申以都官尙書到溉爲吏部尙書冬十一月乙亥魏遣使來聘十二月癸未以吳郡太守謝舉爲中書監新除中書令鄱陽王範爲中領軍

六年春正月庚戌朔曲赦司豫徐兗四州二月己亥輿駕親耕籍田丙午以江州刺史邵陵王綸爲平西將軍郢州刺史雲麾將軍豫章王懽爲江州刺史秦郡獻白鹿一夏四月癸未詔曰命世興王嗣賢傳業聲稱不朽人代徂遷二賓以位三恪義在時事浸遠宿草榛蕪望古興懷言念愴然晉宋齊三代諸陵有職司者勤加守護勿令細民妄相侵毀作兵有少補使充足前無守視並可量給五月戊寅以前青冀二州刺史元羅爲右光祿大夫己卯河南王遣使獻馬及方物六月丁未平陽縣獻白鹿一秋七月丁亥魏遣使來聘八月戊午赦天下辛未詔曰經國有體必詢諸朝所以尙書置令僕丞郎旦旦上朝以議時事前共籌懷然後奏聞頃者不爾每有疑事倚立求決古人有云主非堯舜何得

發言便是是故放勛之聖猶咨四岳重華之叡亦待多士豈朕寡德所能獨斷自今尚書中有疑事前於朝堂參議然後啓聞不得習常其軍機要切前須諮審自依舊典盤盤國遣使獻方物九月移安州置定遠郡受北徐州都督定遠郡改屬安州始平太守崔碩表獻嘉禾一莖十二穗戊戌特進左光祿大夫司空袁昂薨冬十一月己卯曲赦京邑十二月壬子江州刺史豫章王懽薨以護軍將軍湘東王繹爲鎮南將軍江州刺史置桂州於湘州始安郡受湘州督省南桂林等二十四郡悉改屬桂州

七年春正月辛巳輿駕親祀南郊赦天下其有流移及失桑梓者各還田宅蠲課五年辛丑輿駕親祀明堂二月乙巳以行宕昌王梁彌泰爲平西將軍河涼二州刺史宕昌王辛亥輿駕躬耕籍田乙卯京師地震丁巳以中領軍鄱陽王範爲鎮北將軍雍州刺史三月乙亥宕昌王遣使獻馬及方物高麗百濟滑國各遣使獻方物夏四月戊申魏遣使來聘五月癸巳以侍中南康王會理兼領軍秋九月戊寅芮芮國遣使獻方物冬十月丙午以侍中劉孺爲吏部尚書十

一月丙子詔停在所役使女丁丁丑詔曰民之多幸國之不幸恩澤屢加彌長
姦盜朕亦知此之爲病矣如不優赦非仁人之心凡厥愆耗逋負起今七年十
一月九日昧爽以前在民間無問多少言上尚書督所未入者皆赦除之又詔
曰用天之道分地之利蓋先聖之格訓也凡是田桑廢宅沒入者公創之外悉
以分給貧民皆使量其所能以受田分如聞頃者豪家富室多占取公田貴價
僦稅以與貧民傷時害政爲蠹已甚自今公田悉不能假與豪家已假者特聽
不追其若富室給貧民種糧共營作者不在禁例己丑以金紫光祿大夫臧盾
爲領軍將軍十二月壬寅詔曰古人云一物失所如納諸隍未是切言也朕寒
心消志爲日久矣每當食投箸方眠撤枕獨坐懷憂憤慨申旦非爲一人萬姓
故耳州牧多非良才守宰虎而傅翼楊阜是故憂憤賈誼所以流涕至於民間
誅求萬端或供厨帳或供廄庫或遣使命或待賓客皆無自費取給於民又復
多遣遊軍稱爲遏防姦盜不止暴掠繁多或求供設或責脚步又行劫縱更相
枉逼良人命盡富室財殫此爲怨酷非止一事亦頻禁斷猶自未已外司明加

聽採隨事舉奏又復公私傳屯邸冶爰至僧尼當其地界止應依限守視乃至
廣加封固越界分斷水陸採捕及以樵蘇遂致細民措手無所凡自今有越界
禁斷者禁斷之身皆以軍法從事若是公家創內止不得輒自立屯與公競作
以收私利至百姓樵採以供煙爨者悉不得禁及以採捕亦勿訶問若不遵承
皆以死罪結正魏遣使來聘丙辰於宮城西立士林館延集學者是歲交州土
民李賁攻刺史蕭諮諮輸賂得還越州

八年春正月安城郡民劉敬躬挾左道以反內史蕭說委郡東奔敬躬據郡進
攻廬陵取豫章妖黨遂至數萬前逼新淦柴桑二月戊戌江州刺史湘東王繹
遣中兵曹子郢討之三月戊辰大破之擒敬躬送京師斬于建康市是月於江
州新蔡高埭立頌平屯墾作蠻田遣越州刺史陳侯羅州刺史甯巨安州刺史
李智愛州刺史阮漢同征李賁於交州

九年春閏月丙申地震生毛二月甲戌使江州民三十家出奴婢一戶配送司
州三月以太子詹事謝舉爲尚書僕射夏四月林邑王破德州攻李賁賁將范

脩又破林邑王於九德林邑王敗走冬十一月辛丑安西將軍益州刺史武陵王紀進號征西將軍開府儀同三司十二月壬戌領軍將軍臧盾卒以輕車將軍河東王譽爲領軍將軍

十年春正月李賁於交阯竊位號署置百官三月甲午輿駕幸蘭陵謁建寧陵辛丑至脩陵壬寅詔曰朕自違桑梓五十餘載乃眷東顧靡日不思今四方款關海外有截獄訟稍簡國務小閑始獲展敬園陵但增感慟故鄉老少接踵遠至情貌孜孜若歸于父宜有以慰其此心並可錫位一階并加頒賚所經縣邑無出今年租賦監所責民蠲復二年并普賚內外從官軍主左右錢米各有差因作還舊鄉詩癸卯詔園陵職司恭事勤勞並錫位一階并加沾賚丁未仁威將軍南徐州刺史臨川王正義進號安東將軍己酉幸京口城北固樓改名北顧庚戌幸回賓亭宴帝鄉故老及所經近縣奉迎候者少長數千人各賚錢二千夏四月乙卯輿駕至自蘭陵詔鰥寡孤獨尤貧者贍卹各有差五月丁酉尚書令何敬容免秋九月己丑詔曰今茲遠近雨澤調適其穫已及冀必萬箱宜

使百姓因斯安樂凡天下罪無輕重已發覺未發覺討捕未擒者皆赦宥之侵割耗散官物無問多少亦悉原除田者荒廢水旱不作無當時文例應追稅者并作田不登公格者並停各備臺州以文最逋殿罪悉從原其有因饑逐食離鄉去土悉聽復業蠲課五年冬十二月大雪平地三尺

十一年春三月庚辰詔曰皇王在昔澤風未遠故端居玄扈拱默巖廊自大道既淪澆波斯逝動競日滋情僞彌作朕負扆君臨百年將半宵漏未分躬勞政事白日西浮不遑飧飯退居猶於布素含咀匪過藜藿寧以萬乘爲貴四海爲富唯欲億兆康寧下民安乂雖復三思行事而百慮多失凡遠近分置內外條流四方所立屯傳邸冶市埭桁渡津稅田園新舊守宰遊軍戍邏有不便於民者尚書州郡各速條上當隨言除省以舒民患夏四月魏遣使來聘冬十月己未詔曰堯舜以來便開贖刑中年依古許罪身入貲吏下因此不無姦猾所以一日復勑禁斷川流難壅人心惟危既乖內典慈悲之義又傷外教好生之德書云與殺不辜寧失不經可復開罪身皆聽入贖

中大同元年春正月丁未曲阿縣建陵隧口石騏驎動有大蛇鬭隧中其一被傷奔走癸丑交州刺史楊瞟剋交趾嘉寧城李賁竄入獠洞交州平三月乙巳大赦天下凡主守割盜放散官物及以軍糧器下凡是赦所不原者起十一年正月以前皆悉從恩十一年正月已後悉原加責其或爲事逃叛流移因饑以後亡鄉失土可聽復業蠲課五年停其徭役其被拘之身各還本郡舊業若在皆悉還之庚戌法駕出同泰寺大會停寺省講金字三慧經夏四月丙戌於同泰寺解講設法會大赦改元孝悌力田爲父後者賜爵一級賚宿衛文武各有差是夜同泰寺災六月辛巳竟天有聲如風雨相擊薄秋七月辛酉以武昌王謩爲東揚州刺史甲子詔曰禽獸知母而不知父無賴子弟過於禽獸至於父母並皆不知多觸王憲致及老人耆年禁執大可傷愍自今有犯罪者父母祖父母勿坐唯大逆不預今恩丙寅詔曰朝四而暮三衆狙皆喜名實未虧而喜怒爲用頃聞外閒多用九陌錢陌減則物貴陌足則物賤非物有貴賤是心有顛倒至於遠方日更滋甚豈直國有異政乃至家有殊俗徒亂王制無益民財

自今可通用足陌錢令書行後百日為期若猶有犯男子謫運女子質作並同
三年八月丁丑東揚州刺史武昌王曁薨以安東將軍南徐州刺史臨川王正
義即本號東揚州刺史丹陽尹邵陵王綸為鎮東將軍南徐州刺史甲午渴槃
陁國遣使獻方物冬十月癸酉汝陰王劉哲薨乙亥以前東揚州刺史岳陽王
詧為雍州刺史
太清元年正月壬寅驃騎大將軍開府儀同三司荊州刺史廬陵王續薨以鎮
南將軍江州刺史湘東王繹為鎮西將軍荊州刺史辛酉輿駕親祀南郊詔曰
天行彌綸覆燾之功博乾道變化資始之德成朕沐浴齋宮虔恭上帝祇事檦
燎高熛太一大禮克遂感慶兼懷思與億兆同其福惠可大赦天下尤窮者無
出即年租調清議禁錮並皆宥釋所討逋叛巧籍隱年闇丁匿口開恩百日各
令自首不問往罪流移他鄉聽復宅業蠲課五年孝悌力田賜爵一級居局治
事賞勞二年可班下遠近博採英異或德茂州閭道行鄉邑或獨行特立不求
聞達咸使言上以時招聘甲子輿駕親祀明堂二月己卯白虹貫日庚辰魏司

徒侯景求以豫章廣潁洛陽西揚東荊北荊襄東豫南兗西兗齊等十三州內
屬壬午以景爲大將軍封河南王大行臺承制如鄧禹故事丁亥輿駕躬耕籍
田三月庚子高祖幸同泰寺設無遮大會捨身公卿等以錢一億萬奉贖甲辰
遣司州刺史羊鴉仁兗州刺史桓和仁州刺史湛海珍等應接北豫州夏四月
丁亥輿駕還宮大赦天下改元孝悌力田爲父後者賜爵一級在朝羣臣宿衞
文武並加頒賚五月丁酉輿駕幸德陽堂宴羣臣設絲竹樂六月戊辰以前雍
州刺史鄱陽王範爲征北將軍總督漢北征討諸軍事秋七月庚申羊鴉仁入
懸瓠城甲子詔曰二豫分置其來久矣今汝潁剋定可以前代故事以懸瓠爲
豫州壽春爲南豫改合肥爲合州北廣陵爲淮州項城爲殷州合州爲南合州
八月乙丑王師北伐以南豫州刺史蕭淵明爲大都督詔曰今汝南新復嵩潁
載清瞻言遺黎有勞鑒寐宜覃寬惠與之更始應是緣邊初附諸州部內百姓
先有負罪流亡逃叛入北一皆曠蕩不問往愆幷不得挾以私讎而相報復若
有犯者嚴加裁問戊子以大將軍侯景錄行臺尚書事九月癸卯王遊苑成庚

戌輿駕幸苑冬十一月魏遣大將軍慕容紹宗等至寒山丙午大戰淵明敗績及北兗州刺史胡貴孫等並陷魏紹宗進圍潼州十二月戊辰遣太子舍人元貞還北爲魏主辛巳以前征北將軍鄱陽王範爲安北將軍南豫州刺史

二年春正月戊戌詔在位各舉所知己亥魏陷渦陽辛丑以尚書僕射謝舉爲尚書令守吏部尚書王克爲尚書僕射甲辰豫州刺史羊鴉仁殷州刺史羊思達並棄城走魏進據之乙卯以大將軍侯景爲南豫州牧安北將軍南豫州刺史鄱陽王範爲合州刺史三月甲辰撫東將軍高麗王高延卒以其息爲寧東將軍高麗王樂浪公己未以鎮東將軍南徐州刺史邵陵王綸爲平南將軍湘州刺史同三司之儀中衞將軍開府儀同三司蕭淵藻爲征東將軍南徐州刺史是日屈獠洞斬李賁傳首京師夏四月丙子詔在朝及州郡各舉清人任治民者皆以禮送京師戊寅以護軍將軍河東王譽爲湘州刺史五月辛丑以新除中書令邵陵王綸爲安前將軍開府儀同三司前湘州刺史張纘爲領軍將軍辛亥曲赦交愛德三州癸丑詔曰爲國在於多士寧下寄于得人朕暗於行

事尤關治道孤立在上如臨深谷凡爾在朝咸思匡救獻替可否用相啓沃班
下方岳傍求俊乂窮其居釣書其巖穴以時奏聞是月兩月夜見秋八月乙未
以右衛將軍朱异爲中領軍戊戌侯景舉兵反擅攻馬頭木柵荊山等戍甲辰
以安前將軍開府儀同三司邵陵王綸都督衆軍討景曲赦南豫州九月丙寅
加左光祿大夫元羅鎮右將軍冬十月侯景襲譙州執刺史蕭泰丁未景進攻
歷陽太守莊鐵降之戊申以新除光祿大夫臨賀王正德爲平北將軍都督京
師諸軍屯丹陽郡己酉景自橫江濟于采石辛亥景師至京臨賀王正德率衆
附賊十一月辛酉賊攻陷東府城害南浦侯蕭推中軍司馬楊曒庚辰邵陵王
綸帥武州刺史蕭弄璋前譙州刺史趙伯超等入援京師頓鍾山愛敬寺乙酉
綸進軍湖頭與賊戰敗績丙辰安北將軍鄱陽王範遣世子嗣雄信將軍裴之
高等帥衆入援次于張公洲十二月戊申天西北中裂有光如火尚書令謝舉
卒丙辰司州刺史柳仲禮前衡州刺史韋粲高州刺史李遷仕前司州刺史羊
鴉仁等並帥軍入援推仲禮爲大都督

三年春正月丁巳朔柳仲禮帥衆分據南岸是日賊濟軍於青塘襲破韋粲營粲拒戰死庚申邵陵王綸東揚州刺史臨成公大連等帥兵集南岸乙丑中領軍朱异卒丙寅以司農卿傅岐爲中領軍戊辰高州刺史李遷仕天門太守樊文皎進軍青溪東爲賊所破文皎死之壬午熒惑守心乙酉太白晝見二月丁未南兗州刺史南康王會理前青冀二州刺史湘潭侯蕭退帥江州之衆頓于蘭亭苑庚戌安北將軍合州刺史鄱陽王範以本號開府儀同三司三月戊午前司州刺史羊鴉仁等進軍東府北與賊戰大敗己未皇太子妃王氏薨丁卯賊攻陷宮城縱兵大掠己巳賊矯詔遣石城公大款解外援軍庚午侯景自爲都督中外諸軍事大丞相錄尚書辛未援軍各退散丙子熒惑守心壬午新除中領軍傅岐卒夏四月己丑京師地震丙申地又震己酉高祖以所求不供憂憤寢疾是月青冀二州刺史明少遐東徐州刺史湛海珍北青州刺史王奉伯各舉州附于魏五月丙辰高祖崩于淨居殿時年八十六辛巳遷大行皇帝梓宮于太極前殿冬十一月追尊爲武皇帝廟曰高祖乙卯葬于脩陵高祖生知

淳孝年六歲獻皇太后崩水漿不入口三日哭泣哀苦有過成人內外親黨咸
加敬異及丁文皇帝憂時爲齊隨王諮議隨府在荊鎮髣髴奉聞便投劾星馳
不復寢食倍道就路憤風驚浪不暫停止高祖形容本壯及還至京都銷毀骨
立親表士友不復識焉望宅奉諱氣絕久之每哭輒歐血數升服內不復嘗米
惟資大麥日止二溢拜掃山陵涕淚所灑松草變色及居帝位卽於鍾山造大
愛敬寺青溪邊造智度寺又於臺內立至敬等殿又立七廟堂月中再過設淨
饌每至展拜恆涕泗滂沲哀動左右加以文思欽明能事畢究少而篤學洞達
儒玄雖萬機多務猶卷不輟手燃燭側光常至戊夜造制旨孝經義周易講疏
及六十四卦二繫文言序卦等義樂社義毛詩答問春秋答問尚書大義中庸
講疏孔子正言老子講疏凡二百餘卷並正先儒之迷開古聖之旨王侯朝臣
皆奉表質疑高祖皆爲解釋脩飾國學增廣生員立五館置五經博士天監初
則何佟之賀瑒嚴植之明山賓等覆述制旨幷撰吉凶軍賓嘉五禮凡一千餘
卷高祖稱制斷疑於是穆穆恂恂家知禮節大同中於臺西立士林館領軍朱

异太府卿賀琛舍人孔子袪等遞相講述皇太子宣城王亦於東宮宣猷堂及
揚州解開講於是四方郡國趨學向風雲集於京師矣兼篤信正法猶長釋典
製涅盤大品淨名三慧諸經義記復數百卷聽覽餘閑即於重雲殿及同泰寺
講說名僧碩學四部聽衆常萬餘人又造通史躬製贊序凡六百卷天情睿敏
下筆成章千賦百詩直疏便就皆文質彬彬超邁今古詔銘贊誄箴頌牋奏爰
初在田洎登寶曆凡諸文集又百二十卷六藝備閑棋登逸品陰陽緯候卜筮
占決並悉稱善又撰金策三十卷草隸尺牘騎射弓馬莫不奇妙勤於政務孜
孜無怠每至冬月四更竟即敕把燭看事執筆觸寒手爲皴裂糺姦擿伏洞盡
物情常哀矜涕泣然後可奏日止一食膳無鮮腴惟豆羹糲食而已庶事繁擁
日儻移中便嗽口以過身衣布衣木綿皁帳一冠三載一被二年常克儉於身
凡皆此類五十外便斷房室後宮職司貴妃以下六宮褘褕三翟之外皆衣不
曳地傍無錦綺不飲酒不聽音聲非宗廟祭祀大會饗宴及諸法事未嘗作樂
性方正雖居小殿暗室恆理衣冠小坐押褄盛夏暑月未嘗褰袒不正容止不

與人相見雖覿內豎小臣亦如遇大賓也歷觀古昔人君恭儉莊敬藝能博學罕或有焉

史臣曰齊季告終君臨昏虐天棄神怒衆叛親離高祖英武睿哲義起樊鄧仗旗建號濡足救焚總蒼兕之師翼龍豹之陣雲驤雷駭翦暴夷凶萬邦樂推三靈改卜於是御鳳曆握龍圖闢四門弘招賢之路納十亂引諒直之規興文學脩郊祀治五禮定六律四聰旣達萬機斯理治定功成遠安邇肅加以天祥地瑞無絕歲時征賦所及之鄉文軌傍通之地南超萬里西拓五千其中瓌財重寶千夫百族莫不充牣王府蹶角闕庭三四十年斯爲盛矣自魏晉以降未或有焉及乎耄年委事羣倖然朱异之徒作威作福挾朋樹黨政以賄成服冕乘軒由其掌握是以朝經混亂賞罰無章小人道長抑此之謂賈誼有云可爲慟哭者也遂使滔天羯寇承閒掩襲鷲羽流王屋金契辱乘輿塗炭黎元黍離宮室嗚呼天道何其酷焉雖曆數斯窮蓋亦人事然矣

梁書卷三

梁書卷三考證

武帝紀下中權將軍蕭淵藻爲中護軍將軍○淵南本作深避諱也此不知何人所改

先是一日東南郊令解滌之等到郊所履行○東字南史作丙夜二字

六月己卯魏建義城主蘭寶殺魏東徐州刺史以下郅城降○寶南史作保又刺史下有崔祥二字

己丑以尚書左僕射何敬容爲中權將軍○己丑南史作癸巳

己酉綸進軍湖頭與賊戰敗績○南史戰字下有賊字較分明

舍人孔子袪等○袪南史作祛

梁書卷三考證

梁書卷四

唐　散　騎　常　侍　姚　思　廉　撰

本紀第四

簡文帝

太宗簡文皇帝諱綱字世纘小字六通高祖第三子昭明太子母弟也天監二年十月丁未生于顯陽殿五年封晉安王食邑八千戸八年爲雲麾將軍領石頭戍軍事量置佐吏九年遷使持節都督南北兗青徐冀五州諸軍事宣毅將軍南兗州刺史十二年入爲宣惠將軍丹陽尹十三年出爲使持節都督荆雍梁南北秦益寧七州諸軍事南蠻校尉荆州刺史將軍如故十四年徙爲都督江州諸軍事雲麾將軍江州刺史持節如故十七年徵爲西中郎將領石頭戍軍事尋復爲宣惠將軍丹陽尹加侍中普通元年出爲使持節都督益寧雍梁南北秦沙七州諸軍事益州刺史未拜改授雲麾將軍南徐州刺史四年徙爲使持節都督雍梁南北秦四州郢州之竟陵司州之隨郡諸軍事平西將軍寧

鑾校尉雍州刺史五年進號安北將軍七年權進都督荊益南梁三州諸軍事
是歲丁所生穆貴嬪喪上表陳解詔還攝本任中大通元年詔依先給鼓吹一
部二年徵爲都督南揚徐二州諸軍事驃騎將軍揚州刺史三年四月乙巳昭
明太子薨五月丙申詔曰非至公無以主天下非博愛無以臨四海所以堯舜
克讓惟德是與文王舍伯邑考而立武王格于上下光于四表今岱宗牢落天
步艱難淳風猶鬱黎民未乂自非克明克哲允武允文豈得荷神器之重嗣龍
圖之尊晉安王綱文義生知孝敬自然威惠外宣德行內敏羣后歸美率土宅
心可立爲皇太子七月乙亥臨軒策拜以修繕東宮權居東府四年九月移還
東宮太清三年五月丙辰高祖崩辛巳卽皇帝位詔曰朕以不造夙丁閔凶大
行皇帝奄棄萬國攀慕號躃厝身靡所猥以寡德越居民上煢煢在疚罔知所
託方賴藩輔社稷用安謹遵先旨顧命遺澤宜加億兆可大赦天下壬午詔曰
育物惟寬馭民惟惠道著與王本非隸役或開奉國便致擒虜或在邊疆濫被
抄劫二邦是競黎元何罪朕以寡昧創承鴻業既臨率土化行宇宙豈欲使彼

獨爲匪民諸州見在北人爲奴婢者幷及妻兒悉可原放癸未追謚妃王氏爲簡皇后六月丙戌以南康嗣王會理爲司空丁亥立宣城王大器爲皇太子壬辰封當陽公大心爲尋陽郡王石城公大款爲江夏郡王寧國公大臨爲南海郡王臨城公大連爲南郡王西豐公大春爲安陸郡王新塗公大成爲山陽郡王臨湘公大封爲宜都郡王秋七月甲寅廣州刺史元景仲謀應侯景西江督護陳霸先起兵攻之景仲自殺霸先迎定州刺史蕭勃爲刺史戊辰以吳郡置吳州以安陸王大春爲刺史庚午以司空南康嗣王會理兼尚書令南海王大臨爲揚州刺史新興王大壯爲南徐州刺史是月九江大饑人相食十四五八月癸卯征東大將軍開府儀同三司南徐州刺史蕭淵藻薨冬十月丁未地震十二月百濟國遣使獻方物

大寶元年春正月辛亥朔以國哀不朝會詔曰蓋天下者至公之神器在昔三五不獲已而臨蒞之故帝王之功聖人之餘事軒冕之華儻來之一物太祖文皇帝含光大之量啓西伯之基高祖武皇帝道洽二儀智周萬物屬齊季薦瘥

彝倫剝喪同氣離入苑之禍元首懷無厭之欲乃當樂推之運因億兆之心承彼掎角雪茲讎恥事非爲己義實從民故功成弗居卑宮菲食大慈之業普薫汾陽之詔屢下于茲四紀無得而稱朕以寡昧哀煢孔棘生靈已盡志不圖全僶俛視陰企承鴻緒懸旌履薄未足云喻痛甚愈遲諒闇彌切方當玄默在躬栖心事外即王道未直天步猶艱式憑宰輔以弘庶政履端建號仰惟舊章可大赦天下改太清四年爲大寶元年丁巳天雨黄沙己未太白經天辛酉乃止西魏寇安陸執同州刺史柳仲禮盡沒漢東之地丙寅月晝見癸酉前江都令祖皓起義襲廣陵斬賊南兗州刺史董紹先侯景自帥水步軍擊皓二月癸未景攻陷廣陵皓等並見害丙戌以安陸王大春爲東揚州刺史省吳州如先爲郡詔曰近東垂擾亂江陽縱逸上宰運謀猛士雄奮吳會肅清濟兗澄謐京師畿內無事戎衣朝廷達官齋內左右並可解嚴乙巳以尚書僕射王克爲左僕射是月邵陵王綸自尋陽至于夏口郢州刺史南平王恪以州讓綸丙午侯景逼太宗幸西州夏五月庚午征北將軍開府儀同三司鄱陽嗣王範薨自春迄

夏大饑人相食京師尤甚六月辛巳以南郡王大連行揚州事庚子前司州刺史羊鴉仁自尚書省出奔西州秋七月戊辰賊行臺任約寇江州刺史尋陽王大心以州降約是月以南郡王大連爲江州刺史八月甲午湘東王繹遣領軍將軍王僧辯率衆逼郢州乙亥侯景自進位相國封二十郡爲漢王邵陵王綸棄郢州走冬十月乙未侯景又逼太宗幸西州曲晏自加宇宙大將軍都督六合諸軍事立皇子大鈞爲西陽郡王大威爲武寧郡王大球爲建安郡王大昕爲義安郡王大摯爲綏建郡王大圜爲樂梁郡王壬寅景害南康嗣王會理十一月任約進據西陽分兵寇齊昌執衡陽王獻送京師害之湘東王繹遣前寧州刺史徐文盛督衆軍拒約南郡王前中兵張彪起義於會稽若邪山攻破浙東諸縣

二年春二月邵陵王綸走至安陸董城爲西魏所攻軍敗死三月侯景自帥衆西寇丁未發京師自石頭至新林舳艫相接四月至西陽乙亥景分遣僞將宋子仙任約襲郢州丙子執刺史蕭方諸閏月甲子景進寇巴陵湘東王繹所遣

領軍將軍王僧辯連戰不能剋五月癸未湘東王繹遣游擊將軍胡僧祐信州
刺史陸法和援巴陵景遣任約帥衆拒援軍六月甲辰朔僧祐等擊破任約擒
之乙巳景解圍宵遁王僧辯督衆軍追景庚申攻魯山城剋之獲魏司徒張化
仁儀同門洪慶辛酉進圍郢州下之獲賊帥宋子仙等鄱陽王故將侯瑱起兵
襲僞儀同于慶于豫章慶敗走秋七月丁亥侯景還至京師辛丑王僧辯軍次
湓城賊行江州事范希榮棄城走八月丙午晉熙人王僧振鄭寵起兵襲郡城
僞晉州刺史夏侯威生儀同任延遁走戊午侯景遣衛尉卿彭儁廂公王僧貴
率兵入殿廢太宗爲晉安王幽于永福省害皇太子大器尋陽王大心西陽王
大鈞武寧王大球義安王大昕及尋陽王諸子二十人矯爲太宗詔禪于豫章
嗣王棟大赦改年遣使害南海王大臨於吳郡南郡王大連於姑孰安陸王大
春於會稽新興王大壯於京口冬十月壬寅帝謂舍人殷不害曰吾昨夜夢吞
土卿試爲我思之不害曰昔重耳餽塊卒還晉國陛下今夢將符是乎及王偉
等進觴於帝曰丞相以陛下憂憤既久使臣上壽帝笑曰壽酒不得盡此乎於

是並賚酒餚曲項琵琶與帝飲帝知不免乃盡酣曰不圖爲樂一至於斯既醉寢偉乃出僔進土囊王脩纂坐其上於是太宗崩於永福省時年四十九賊僞謚曰明皇帝廟稱高宗明年三月癸丑王僧辯率前百官奉梓宮升朝堂世祖追崇爲簡文皇帝廟曰太宗四月乙丑葬莊陵初太宗見幽縶題壁自序云有梁正士蘭陵蕭世纘立身行道終始如一風雨如晦雞鳴不已弗欺暗室豈況三光數至於此命也如何又爲連珠二首文甚悽愴太宗幼而敏睿識悟過人六歲便屬文高祖驚其早就弗之信也乃於御前面試辭彩甚美高祖歎曰此子吾家之東阿既長器宇寬弘未嘗見慍喜方頰豐下鬚鬢如畫眄睞則目光燭人讀書十行俱下九流百氏經目必記篇章辭賦操筆立成博綜儒書善言玄理自年十一便能親庶務歷試藩政所在有稱在穆貴嬪憂哀毀骨立晝夜號泣不絕聲所坐之席沾濕盡爛在襄陽拜表北伐遣長史柳津司馬董當門壯武將軍杜懷寶振遠將軍曹義宗等衆軍進討剋平南陽新野等郡魏南荊州刺史李志據安昌城降拓地千餘里及居監撫多所弘宥文案簿領纖毫不

可歎引納文學之士賞接無倦恆討論篇籍繼以文章高祖所製五經講疏嘗於玄圃奉述聽者傾朝野雅好題詩其序云余七歲有詩癖長而不倦然傷於輕豔當時號曰宮體所著昭明太子傳五卷諸王傳三十卷禮大義二十卷老子義二十卷莊子義二十卷長春義記一百卷法寶連璧三百卷並行於世焉

史臣曰太宗幼年聰睿令問夙標天才縱逸冠於今古文則時以輕華爲累君子所不取焉及養德東朝聲被夷夏洎乎繼統寔有人君之懿矣方符文景運鍾屯剝受制賊臣弗展所蘊終罹懷愍之酷哀哉

梁書卷四

梁書卷四考證

簡文帝紀新興王大壯爲南徐州刺史○壯南史作莊

害皇太子大器尋陽王大心西陽王大鈞武寧王大球○考本傳武寧王名大威建安王名大球此云武寧王大球乃脫去大威建安王五字

梁書卷四考證

唐 散騎常侍姚思廉 撰

本紀第五

文帝

世祖孝元皇帝諱繹字世誠小字七符高祖第七子也天監七年八月丁巳生十三年封湘東郡王邑二千戸初爲寧遠將軍會稽太守入爲侍中宣威將軍丹陽尹普通七年出爲使持節都督荆湘郢益寧南梁六州諸軍事西中郎將荆州刺史中大通四年進號平西將軍大同元年進號安西將軍三年進號鎮西將軍五年入爲安右將軍護軍將軍領石頭戍軍事六年出爲使持節都督江州諸軍事鎮南將軍江州刺史太清元年徙爲使持節都督荆雍湘司郢寧梁南北秦九州諸軍事鎮西將軍荆州刺史三年三月侯景寇沒京師四月太子舍人蕭歆至江陵宣密詔以世祖爲侍中假黃鉞大都督中外諸軍事司徒承制餘如故是月世祖徵兵於湘州湘州刺史河東王譽拒不遣十月丙午遣

世子方等帥衆討譽戰所敗死是月又遣鎮兵將軍鮑泉代討譽九月乙卯雍州刺史岳陽王詧舉兵反來寇江陵世祖嬰城拒守乙丑詧將杜崱與其兄弟及楊混各率其衆來降景寅詧遁走鮑泉攻湘州不克又遣左衞將軍王僧辯代將

大寶元年世祖猶稱太清四年正月辛亥朔左衞將軍王僧辯獲橘三十子共蔕以獻二月甲戌衡陽內史周弘直表言鳳皇見郡界夏五月辛未王僧辯克湘州斬河東王譽湘州平六月江夏王大欵山陽王大成宜都王大封自信安閒道來奔九月辛酉以前郢州刺史南平王恪爲中衞將軍尚書令開府儀同三司中撫軍將軍世子方諸爲郢州刺史左衞將軍王僧辯爲領軍將軍改封大欵爲臨川郡王大成爲桂陽郡王大封爲汝南郡王是月任約進寇西陽武昌遣左衞將軍徐文盛右衞將軍陰子春太子右衞率蕭慧正嶲州刺史席文獻等下武昌拒約以中衞將軍尚書令開府儀同三司南平王恪爲荊州刺史鎮武陵十一月甲子南平王恪侍中臨川王大欵桂陽王大成散騎常侍江安

侯圓正侍中左衛將軍張綰司徒左長史曇等府州國一千人奉牋曰竊以嵩岳旣峻山川出雲大國有蕃申甫惟翰豈非皇建斯極以位爲寶聖教辨方眘名與器是知太尉佐帝重華表黃玉之符司空相土伯禹降玄珪之錫伏惟明公大王殿下命世應期挺生將聖忠爲令德孝實天經地切應韓寄深旦奭五品斯訓七政以齊志存社稷功濟屯險夷狄內侵枕戈泣血鯨鯢未掃投袂勤王能使遊魂請盟以屈膝醜徒銜璧而讋氣親蕃外叛釁均吳楚義討申威兵不血刃湘波自息非築杜弢之壘峴山離貳不伐劉表之城九江致梗二別殊派纔命戈船底定瀠霍泝流窮討路絕窺窬胡兵侵界鐵馬霧合神規獨運皆卽梟懸翻同翅折遂修職貢梁漢合契肆犀利之兵巴漢俱下竭驍勇之陣南通五嶺北出力原東夷不怨西戎卽序可謂上流千里持戟百萬天下之至貴四海之所推也今海水飛雲崐山起燎魏文悲樂推之歲韓宣歎成禮之日陽臺之下獨有冠蓋相趨蔓水之傍尚致車輿結轍麩麥兩穗出於南平之邦甘露泥枝降乎當陽之境野蠶自績何謝歐絲閑田生稻寧殊雨粟莫非品物咸

亭是稱文明光大豈可徽號不彰於彝典明試不陳乎車服者哉昔晉鄭入周尙作卿士蕭曹佐漢且居相國宜崇茲盛禮顯答羣望恪等稽尋甲令博詢惇史謹再拜上進位相國總百揆竹使符一別准恆儀杖金斧以翦逆暴乘玉輅而定社稷傍羅麗於日月貞明合于天地扶危翼治豈不休哉恪等不通大體自昧伏奏以聞世祖令答曰數鍾陽九時惟百六鯨鯢未翦豬豨痛心周粤天官奏稱相國東至于海西至于河南次朱鳶北漸玄塞率茲小宰弘斯大德將何用繼蹤曲阜擬跡桓文終建一匡蕭其五拜雖義屬隨時事無虛紀傳稱皆讓象著嗚謙瞻言前典再懷哽恧十二月壬辰以定州刺史蕭勃爲鎮南將軍廣州刺史遣護軍將軍尹悅巴州刺史王珣定州刺史杜多安帥衆下武昌助徐文盛

大寶二年世祖猶稱太清五年二月己亥魏遣使來聘三月侯景悉兵西上會任約軍閏四月丙午景遣其將宋子仙任約襲郢州執刺史蕭方諸戊申徐文盛陰子春等奔歸王珣尹悅杜多安並降賊庚戌領軍將軍王僧辯帥衆屯巴

陵甲子景進寇巴陵五月癸未世祖遣游擊將軍胡僧祐信州刺史陸法和帥衆下援巴陵任約敗景遂遁走以王僧辯爲征東將軍開府儀同三司尚書令胡僧祐爲領軍將軍陸法和爲護軍將軍仍令僧辯率衆軍追景所至皆捷八月甲辰僧辯下次湓城辛亥以鎮南將軍湘州刺史蕭方矩爲中衛將軍司空征南將軍南平王恪進號征南大將軍湘州刺史餘如故九月己亥以征東將軍開府儀同三司尚書令王僧辯爲江州刺史餘如故盤盤國獻馴象冬十月辛丑朔有紫雲如車蓋臨江陵城是月太宗崩侍中征東將軍開府儀同三司江州刺史尚書令長寧縣侯王僧辯奉表曰衆軍薄伐塗次九水即日獲臨城縣使人報稱侯景弑逆皇帝賊害太子宗室在寇庭者並罹禍酷六軍慟哭三辰改曜哀我皇極四海崩心我大梁纂堯構緒基商啓祚太祖文皇帝徇齊作聖肇有六州高祖武皇帝聰明神武奄龕天下依日月而和四時履至尊而制六合麗正居貞大橫固祉四葉相係三聖同基蠹爾凶渠遂憑天邑閶闔受白登之辱象魏致堯城之疑雲扆承華一朝俱酷金楨玉幹莫不同寃悠悠彼蒼

何其罔極臣聞喪君有君春秋之茂典以德以長先王之通訓少康則牧衆撫
職祀夏所以配天平王則居正東遷宗周所以卜世漢光以能捕不道故景曆
重昌中宗以不違羣議故江東可立儔今考古更無二謀伏惟陛下至孝通幽
英武靈斷當七九之厄而應千載之期啓殷憂之明而居百王之會取威定霸
嶮阻艱難建社治兵載循古道家國之事一至於斯天祚大梁必將有主軒轅
得姓存者二人高祖五王代實居長乘屈完而陳諸侯拜子武而服大輅功齊
九有道濟生民非奉聖明誰嗣下武臣聞日月貞明太陽不可以闕照天地貞
觀乾道不可以久愓黄屋左纛本爲億兆而尊鑾輅龍章蓋以郊禋而貴寶器
存乎至重介石慎於易差黔首豈可少選無君宗祏豈可一日無主伏願陛下
掃地升中柴天改物事迫凶危運鍾擾攘蓋不勞宗正奉詔博士擇時南面即
可居尊西向無所讓德四方既知有奉八百始可同期殘寇潛居器藏社處乾
象既傾坤儀已覆斬莽覥車燒卓照市廓清函夏正爲塋陵開雪宮闈庶存鍾
鼎彼黍離離伊何可言陛下繼明闡祚即宮舊楚左廟右社之制可以權宜五

禮六樂之容歲時取備金芝九莖瓊茅三脊要衞率職尉候相望坐廟堂以朝四夷登靈臺而望雲物禪梁甫而封泰山臨東濱而禮日觀然後與三事大夫更謀都鄙左瀍右澗夾雒可以爲居抗殿疏龍惟王可以在鎬何必勤勤建業也哉臣等不勝控款之至謹拜表以聞世祖奉諱大臨三日百官縞素乃答曰孤以不德天降之災枕戈飲膽扣心泣血風樹之酷萬始不追霜露之哀百憂總萃甫聞伯升之禍彌切仲謀之悲若封豕既殲長虵即戮方欲追延陵之逸軌繼子臧之高讓豈資秋亭之壇安事繁陽之石侯景項籍也蕭棟殷辛也赤泉未賞劉邦尚曰漢王白旗弗懸周發猶稱太子飛龍之位孰謂可躋附鳳之徒既聞來議羣公卿士其諭孤之志無忽司空南平王恪率宗室五千餘人領軍將軍胡僧祐率羣僚二百餘人江州別駕張佚率吏民三百餘人並奉牋勸進世祖固讓十一月乙亥王僧辯又奉表曰紫宸曠位赤縣無主百靈聳動萬國回皇雖醉醒相扶同歸景亳式歌且誦總赴唐郊猶懼陛下俛首濟然讓德不嗣傳車在道方慎宋昌之謀法駕已陳尚杜耿純之勸岳牧翹首天民累息

臣聞星回日薄擊雷鞭電者之謂天岳立川流吐霧蒸雲者之謂地苞天地之
混成洞陰陽之不測而以裁成萬物者其在聖人乎故云天地之大德曰生聖
人之大寶曰位黃屋廟堂之下本非獲已而居明鏡四衢之罇蓋由應物取訓
伏惟陛下稽古文思英雄特達比以周旦則文王之子方之放勛則帝摯之季
千年旦暮可不在斯庭闕湮亡鍾鼎淪覆嗣膺景曆非陛下而誰豈可使赤眉
更立盆子隗囂託置高廟陛下方復從容高讓用執謙光展其矯行僞書誣罔
正朔見機而作斷可識矣匪疑何卜無待蓍龜日者公卿失馭禍纏霄極侯景
憑陵姦臣互起率戎伐頼無處不然勸明誅晉側足皆爾刁斗夜鳴烽火相照
中朝人士相顧銜悲涼州義徒東望殞涕惵惵黔首將欲安歸陛下英略緯天
沉明內斷橫劍泣血枕戈嘗膽農山圮下之策金匱玉鼎之謀莫不定算扆帷
決勝千里擊靈鼉之鼓而建翠華之旗驅六州之兵而總九伯之伐四方雖虞
一戰以霸斬其鯨鯢既章大戮荷校滅耳莫匪姦回史不絕書府無虛月自洞
庭安波彭蠡底定文昭武穆芳若椒蘭敵國降城和如親戚九服同謀百道俱

進國恥家怨計期就雪社稷不墜繫在聖明今也何時而申帝啓之避凶危若此方陳泰伯之辭國有具臣誰敢奉詔天下者高祖之天下陛下者萬國之歡心萬國豈可無君高祖豈可廢祀卽日五星夜聚八風通吹雲烟紛郁日月光華百官象物而動軍政不戒而備飛艫巨艦竟水浮川鐵馬銀鞍陵山跨谷英傑接踵忠勇相顧湛宗族以酬恩焚妻子以報主莫不覆楯銜威提斧擊衆風飛電耀志滅凶醜所待陛下昭告后土虔奉上帝廣發明詔師出以名五行夕返六軍曉進便當盡司寇之威窮蚩尤之伐執石趙而求璽斬秦姚而取鍾脩掃塋陵奉近宗廟陛下豈得不仰存國計俯從民請漢宣嗣位之後卽遣蒲類之軍光武登極既竟始有長安之捷由此言之不無前准臣等或世受朝恩或身荷重遇同休等戚自國刑家苟有腹心敢以死奪不任慺慺之至謹重奉表以聞世祖答曰省示復具一二孤聞天生蒸民而樹之以君所以對揚天休司牧黔首攝提合雒以前栗陸驪連之外書契不傳無得稱也自阪泉彰其武功丹陵表其文德有人民焉有社稷焉或歌謠所歸或惟天所相孤遭家多難大

恥未雪國賊則蚩尤弗翦同姓則有扈不賓臥而思之坐以待旦何以應寶曆
何以嗣龍圖庶一戎既定罪人斯得祀夏配天方申來議也是時巨寇尚存未
欲即位而四方表勸前後相屬乃下令曰大壯乘乾明夷垂翼璿度亟移玉律
屢徙四岳頻遣勸進九棘比者表聞譙沛未復塋陵永遠于居于處寤寐疚懷
何心何顏撫茲歸運自今表奏所由並斷若有啓疏可寫此令施行是日賊司
空東南道大行臺劉神茂率儀同劉歸義留異赴義奉表請降
大寶三年世祖猶稱太清六年正月甲戌世祖下令曰軍國多虞戎旃未靜青
領雖熾黔首宜安時惟星鳥表年祥於東秩春紀宿龍歌歲取於南畯況三農
務業尚看天桃敷水四人有令猶及落杏飛花化俗移風常在所急勸耕且戰
彌須自許豈直燕垂寒谷積黍自溫寧可墮此玄苗坐飡紅粒不植鷰頷空候
蟬鳴可悉深耕溉種安堵復業無棄民力並分地利班勒州郡咸使遵承以智
武將軍南平內史王褒爲吏部尚書二月王僧辯衆軍發自尋陽世祖馳檄告
四方曰夫剝極生災乃及龍戰師貞終吉方制猾豕豈不以侵陽蕩薄源之者

亂階定龕艱難成之者忠義故羿澆滅於前莽卓誅於後是故使桓文之勳復興於周代温陶之績彌盛於金行粤若梁興五十餘載平壹寓內德惠悠長仁育蒼生義征不服左伊右瀍咸皆仰化濁涇清渭靡不向風建翠鳳之旗則六龍驤首擊靈鼉之鼓則百神警肅風牧方邵之賢衞霍辛趙之將羽林黃頭之士虎賁緹騎之夫叱吒則風雲與起鼓動則嵩華倒拔自桐柏以北孤竹以南碣石之前流沙之後延頸舉踵交臂屈膝胡人不敢牧馬秦士不敢彎弓叶和萬邦平章百姓十堯九舜曷足云也賊臣侯景匈奴叛臣鳴鏑餘噍懸瓠空城本非國寶壽春譏要賞不踰月開海陵之倉賑常平之米儆九府之費錫三官之錢冒干貨賄不知紀極敢與逆亂梗我王畿賊臣正德阻兵安忍日者結怨江芉遠適單于餝牘屢彰彭生之魂未弭聚斂無度景卿之誚已及爲虎傅翼遠相招致虔劉我生民離散我兄弟我是以董率皐貔躬擐甲胄霜戈照日則晨離奪暉龍騎蔽野則平原掩色信與江水同流氣與寒風俱憤凶醜畏威委命下吏乞活淮肥苟存徐兗渙汗既行絲綸爰被我是以班師凱歸休牛息馬

賊猶不悛遂復矢流王屋兵躔象魏總章之觀非復聽訟之堂甘泉之宮永乖
避暑之地坐召憲司臥制朝宰矯託天命僞作符書重增賦斂肆意裒剝生者
逃竄死者暴尸道路以目庶僚鉗口刑戮失衷爵賞由心老弱波流士女塗炭
臧獲之人五宗及賞搢紳之士三族見誅轂粟騰踴自相吞噬惵惵黔首路有
銜索之哀蠢蠢黎民家有隕山之泣偃師南望無復儲胥露寒河陽北臨或有
穹廬氈帳南山之竹未足言其愆西山之兔不足書其罪外監陳瑩之至伏承
先帝登遐宮車晏駕奉諱驚號五內摧裂州寃本毒無地容身景阻饑既甚民
且狼顧遂侵軼我彭蠡憑淩我郢邑竊據我江夏掩襲我巴丘我是以義勇爭
先忠貞盡力斬馘凶渠不可稱算沙同赤岸水若絳河任約泥首於安南北仁
面縛於漢口子仙乞活於鄢郢希榮敗績於柴桑侯景奔竄十鼠爭穴郭默清
夷晉熙附義計窮力屈反殺後主畢原酆郇並離禍患凡蔣邢茅皆伏鈇鑕是
可忍也孰不可容莫府據有上流實惟分陝投袂荷戈志在畢命昔周依晉鄭
漢有虛牟彼惟末屬猶能如此況聯華日月天下不賤爲臣爲子兼國兼家者

哉咸以義旗既建宜須總一共推莫府實用主盟粤以不佞謬董連率遠惟國難不遑寧處中權後勁龔行天罰提戈蒙險隕越以之天馬千羣長戟百萬驅賁獲之士資智勇之力大楚踰荊山淺源度彭蠡舳艫汎水以掎其南輜軿委輸以衝其北華夷百濮嬴糧影從雷震風駭直指建業按劍而叱江水爲之倒流抽戈而揮皎日爲之退舍方駕長驅百道俱入夷山殄谷充原蔽野挾輈曳牛之侶拔距礫石之夫騎則逐日追風弓則吟猿落鴈捧崐崙而壓卵傾渤海而灌熒如駟馬之載鴻毛若奔牛之觸魯縞以此衆戰誰能禦之脫復蜂蠆若毒獸窮則鬬謂山蓋高則四郊多壘謂地蓋遠則三千弗違如彼怒蛙譬諸鼷鼠豈費萬鈞無勞百溢加以日臨黃道兵起絳宮三門既啓五將咸發舉整整之旗掃亭亭之氣故以臨機密運非賊所解奉義而誅何罪不服今遣使持節大都督征東將軍開府儀同三司江州刺史尚書令長寧縣開國侯王僧辯率衆十萬直掃金陵鳴鼓聒天摐金振地朱旗夕建如赤城之霞起戈船夜動若滄海之奔流計其同惡不盈一旅君子在野小人比周荷校滅耳匪朝伊夕春

長狄之喉繫郅支之頸今司寇明罰質鈇所誅止侯景而已黎元何辜一無所
問諸君或世樹忠貞身荷寵爵羽儀鼎族書勳王府俛眉猾竪無由自效豈不
下慚泉壤上愧皇天失忠與義難以自立想誠南風迺睠西顧因變立功轉禍
爲福有能縛侯景及送首者封萬戸開國公絹布五萬匹有能率動義衆以應
官軍保全城邑不爲賊用上賞方伯下賞剖符並裂山河以紆青紫昔由余入
秦禮同卿佐日磾降漢且珥金貂必有其才何卹無位若執迷不反拒逆王師
大軍一臨刑茲罔赦孟諸焚燎芝艾俱盡宣房河決玉石同沉信賞之科有如
皎日黜陟之制事均白水檄布遠近咸使知聞三月王僧辯等平侯景傳其首
於江陵戊子以賊平告明堂大社己丑王僧辯等又奉表曰衆軍以今月戊子
總集建康賊景烏伏獸窮頻擊頻挫姦竭詐盡深溝自固臣等分勒武旅百道
同趣突騎短兵犀函鐵楯結隊千羣持戟百萬止紂七步圍項三重轟然大潰
羣凶四滅京師少長俱稱萬歲長安酒食於此價高九縣雲開六合清朗矧伊
黔首誰不載躍伏惟陛下咀痛茹哀嬰憤忍酷自紫庭絳闕胡塵四起壖垣好

時冀馬雲屯泣血治兵嘗膽誓衆而吳楚一家方與七國俱反管蔡流言又以三監作亂西涼義衆阻強秦而不通幷州遺民跨飛狐而見泯豺狼當路非止一人鯨鯢不梟條焉五載英武克振怨耻並雪永尋霜露如何可言臣等輒依故實奉脩社廟使者持節分告塋陵嗣后升遐龍輴未殯承華掩曜梓宮莫測並即隨由備辦禮具凶荒四海同哀六軍袒哭聖情孝友理當感慟日者百司岳牧祈仰宸鑒以錫珪之功既歸有道當璧之禮允屬聖明而優詔謙沖窅然凝邈飛龍可躋而乾爻在四帝閽云叫而閶闔未開謳歌再馳是用翹首所以越人固執熏丹穴以求君周民樂推踰岐山而事主漢王不即位無以貴功臣光武不止戈豈謂紹宗廟黄帝遊於襄城尚訪治民之道放勛入於姑射猶使罇俎有歸伊此儻來豈聖人所欲帝王所應不獲已而然伏讀璽書尋諷制旨顧懷物外未奉慈衷陛下日角龍顏之姿表於徇齊之日彤雲素氣之瑞基於應物之初博覽則大哉無所與名深言則曄乎昭章之觀忠爲令德孝實動天加以英威茂略雄圖武算指麾則丹浦不戰顧眄則阪泉自蕩地維絶而重紐

天柱傾而更植鑿河津於孟門百川復啓補穹儀以五石萬物再生縱陛下拂袗衣而遊廣成登崆山而去東土羣臣安得仰訴兆庶何所歸仁況郊祀配天罍篚禮曠齋宮清廟匏竹不陳仰望鑾輿匪朝伊夕瞻言法駕載渴且飢豈可久稽衆議有曠彝則舊郊既復函雒已平高奴櫟陽宮館雖毀濁河清渭佳氣猶存皐門有伉甘泉四敞土圭測景仙人承露斯蓋九州之赤縣六合之樞機博士捧圖書而稍還太常定禮儀而已列豈得不揚清蹕而赴名都具玉鑾而遊正寢昔東周既遷鎬京遂其不復長安一亂郊洛永以爲居夏后以萬國朝諸侯文王以六州匡天下跡基百里劒杖三尺以殘楚之地抗拒九戎一旅之師翦滅三叛坦然大定御輦東歸解五牛於冀州秣六馬於譙郡緬求前古其可得歟對揚天命何所讓德有理存焉敢重所奏相國答曰省表復具一二羣公卿士億兆夷人咸以皇天睠命歸運所屬用集寶位于予一人文叔金吾之官事均往願孟德征西之位且符前說今淮海長鯨雖云授首襄陽短狐未全革面太平玉燭爾乃議之辛卯宣猛將軍朱買臣密害豫章嗣王棟及其二弟

橋樛世祖志也四月乙巳益州刺史新除假黃鉞太尉武陵王紀竊位於蜀改號天正元年世祖遣兼司空蕭太祠部尚書樂子雲拜謁塋陵脩復社廟丁巳世祖令曰軍容不入國國容不入軍雖子產獻捷戎服從事亞夫弗拜義止將兵今凶醜殲夷逆徒殄潰九有既截四海乂安漢官威儀方陳盛禮衞多君子寄是式瞻便可解嚴以時宣勒是月以東陽太守張彪爲安東將軍五月庚午司空南平王恪及宗室王侯大都督王僧辯等復拜表上尊號世祖猶固讓不受庚辰以征南將軍湘州刺史司空南平嗣王恪爲鎮東將軍揚州刺史餘如故甲申以尚書令征東將軍開府儀同三司江州刺史王僧辯爲司徒鎮衞將軍乙酉斬賊左僕射王偉尚書呂季略少卿周石珍舍人嚴亶於江陵市是日世祖令曰君子赦過著在周經聖人解網聞之湯令自獫狁孔熾長蛇薦食赤縣阽危黔黎塗炭終宵不寐志在雪恥元惡稽誅本屬侯景王偉是其心膂周石珍負背恩義今並烹諸鼎鑊肆之市朝但比屯邅寇擾爲歲已積衣冠舊貴被逼偷生猛士勳豪和光苟免凡諸惡侶諒非一族今特闡以王澤削以刑書

自太淸六年五月二十日昧爽以前咸使惟新是月魏遣太師潘洛辛術等寇秦郡王僧辯遣杜崱帥衆拒之以陳霸先爲征北大將軍開府儀同三司南徐州刺史是月魏遣使賀平侯景八月蕭紀率巴蜀大衆連舟東下遣護軍陸法和屯巴峽以拒之兼通直散騎常侍聘魏使徐陵於鄴奉表曰臣聞封唐有聖還承帝嚳之家居代惟賢終纂高皇之祚無爲稱於革舃至治表於垂衣而撥亂反正非閎前古至如金行重作源出東莞炎運猶昌枝分南頓豈得掩顯姓於軒轅非才子於顓頊莫不時因多難俱繼神宗者也伏惟陛下出震等於勛華明讓同於旦奭握圖執鉞將在御天玉縢珠衡先彰元后神祇所命非惟太室之祥圖畫斯歸何止堯門之瑞若夫大孝聖人之心中庸君子之德固以作訓生民貽風多士一日二日研覽萬機允文允武包羅羣藝擬玆三大賓是四門歷試諸難咸熙庶績斯無得而稱也自無妄與暴皇祚寖微封豨脩蛇行災中國靈心所宅下武其興望紫極而長號瞻丹陵而殞慟家冤將報天賜黃鳥之旗國害宜誅神奉玄狐之籙滕公擁樹雄氣方嚴張繡交兵風神彌勇忠誠

冠於日月孝義感於冰霜如霆如雷如貔如虎前驅効命元惡斯殲既挂膽於西州方燃臍於東市蚩尤三冢寧謂嚴誅王莽千剸非云明罰青羌赤狄同畀豺狼胡服夷言咸爲京觀邦畿濟濟還見隆平宗廟愔愔方承多福自氤氳渾沌之世驪連栗陸之君封起龍圖文因鳥跡雲師火帝非無戰陣之風堯誓湯征咸用干戈之道星躔東井時破嶠潼雷震南陽初平尋邑未有援三靈之已墜救四海之羣飛赫赫明明龔行天罰如當今之盛者也於是卿雲似蓋晨映姚鄉甘露如珠朝華景寢芝房感德咸出銅池蓂莢伺辰無勞銀箭重以東漸玄菟西踰白狼高柳生風扶桑盛日莫不編名屬國歸質鴻臚荒服來賓遐邇同福其文昭武穆跗蕚也如彼天平地成功業也如此久應旁求掌固諮詢天官斟酌繁昌經營高邑宋王啓霸非勞陽武之侯清蹕無虞何事長安之邸正應揚鑾旂以饗帝仰鳳扆以承天曆數在躬疇與爲讓去月二十日兼散騎常侍柳暉等至鄴伏承聖旨謙沖爲而弗宰或云涇陽未復函谷無泥旋駕金陵方膺天睠愚謂大庭少昊非有定居漢祖殷宗皆無恆宅登封岱岳猶置明堂

巡狩章陵時行司隸何必西瞻虎據乃建王宮南望牛頭方稱天闕抑又聞之
玄圭既錫蒼玉無陳乃棫樸之愆期非苞茅之不貢雲和之瑟久廢甘泉孤竹
之管無聞方澤豈不懼歟伏願陛下因百姓之心拯萬邦之命豈可逡巡固讓
方求石戶之農高謝君臨徒引箕山之客未知上德之不德惟見聖人之不仁
率土翹翹蒼生何望昔蘇季張儀違鄉負俗尚復招三方以事趙請六國以尊
秦況臣等顯奉皇華親承朝命珪璋特達通聘河陽貂珥雍容尋盟漳水加牢
貶館隨勢汙隆瞻望鄉關誠均休戚但輕生不造命與時乖忝一介之行人同
三危之遠擯承閑內殿事絕耿弇之恩封奏邊城私等劉琨之哭不勝區區之
至謹拜表以聞九月甲戌司空鎮東將軍揚州刺史南平王恪薨冬十月乙未
前梁州刺史蕭循自魏至于江陵以循爲平北將軍開府儀同三司戊申執湘
州刺史王琳於殿內琳副將殷晏下獄死辛酉以子方略爲湘州刺史庚戌琳
州長史陸納及其將潘烏累等舉兵反襲陷湘州是月四方征鎮王公卿士復
勸世祖即尊號猶謙讓未許表三上乃從之

承聖元年冬十一月丙子世祖卽皇帝位於江陵詔曰夫樹之以君司牧黔首帝堯之心豈貴黃屋誠弗獲已而臨莅之朕皇祖太祖文皇帝積德岐梁化行江漢道映在田具瞻斯屬皇考高祖武皇帝明並日月功格區宇應天從民惟睿作聖太宗簡文皇帝地侔啓誦方符文景羯寇憑凌時難孔棘朕大拯橫流克復宗社羣公卿士百辟庶僚咸以皇靈眷命歸運斯及天命不可以久淹宸極不可以久曠粵若前載憲章令範畏天之威算隆寶曆用集神器于予一人昔虞夏商周年無嘉號漢魏晉宋因循以久朕雖云撥亂且非創業思得上繫宗祧下惠億兆可改太清六年爲承聖元年逋租宿責並許弘貸孝子義孫可悉賜爵長徒鏁士特加原宥禁錮奪勞一皆曠蕩是日世祖不升正殿公卿陪列而已丁丑以平北將軍開府儀同三司蕭循爲驃騎將軍湘州刺史餘如故己卯立王太子方矩爲皇太子改名元良立皇子方智爲晉安郡王方略爲始安郡王追尊所生妣阮脩容爲文宣太后是月陸納遣將潘烏累等攻破衡州刺史丁道貴於淥口道貴走零陵十二月壬子陸納分兵襲巴陵湘州刺史蕭

循擊破之是月營州刺史李洪雅自零陵率衆出空雲灘將下討納納遣將吳藏等襲破洪雅洪雅退守空雲城

二年春正月乙丑詔王僧辯率衆軍士討陸納戊寅以吏部尚書王褒爲尚書左僕射劉瑴爲吏部尚書西魏遣大將尉遲迥襲益州二月庚午詔曰食乃民天農爲治本垂之千載貽諸百王莫不敬授民時躬耕帝籍是以稼穡爲寶周頌嘉其樂章禾麥不成魯史書其方冊奏人有農力之科漢氏開屯田之利頃歲屯否多難薦臻干戈不戢我則未暇廣田之令無聞於郡國載師之職有陋於官方今元惡殄殲海內方一其大庇黔首庶拯橫流一廛曠務勞心日仄一夫廢業爲齒無遺國富刑淸家給民足其力田之身在所蠲免外郎宣勒稱朕意焉辛未李洪雅以空雲城降賊賊執之而歸初丁道貴走零陵投洪雅洪雅使收餘衆與之俱降洪雅既降賊賊乃害道貴丙子賊將吳藏等帥兵據車輪庚寅有兩龍見湘州西江夏四月丙申僧辯軍次車輪五月甲子衆軍攻賊大破之乙丑僧辯軍至長沙甲戌尉遲迥進逼巴西潼州刺史楊虔運以城降納

迥己丑蕭紀軍至西陵六月乙酉湘州平是月尉遲迥圍益州秋七月辛未巴人苻昇徐子初斬賊城主公孫晃舉城來降紀衆大潰遇兵死乙未王僧辯班師江陵詔諸軍各還所鎮八月戊戌尉遲迥陷益州庚子詔曰夫爰始居亳不廢先王之都受命于周無改舊邦之頌頃戎旃既息關柝無警去魯興歎有感宵分過沛殞涕實勞夕寐仍以瀟湘作亂庸蜀阻兵命將授律指期克定今八表乂清四郊無壘宜從青蓋之典言歸白水之鄉江湘委輸方船連舳巴峽舟艦精甲百萬先次建業行實京師然後六軍遄征九旂揚旆拜謁塋陵脩復宗社主者詳依舊典以時宣勒九月庚午司徒王僧辯旋鎮丙子以護軍將軍陸法和爲郢州刺史乙酉以晉安王方智爲江州刺史是月魏遣郭元建治舟師於合肥又遣大將邢杲遠步六汗薩東方老率衆會之冬十一月辛酉僧辯次于姑孰卽留鎮焉遣豫州刺史侯瑱據東關壘徵吳興太守裴之横帥衆繼之戊戌以尙書右僕射王褒爲尙書左僕射湘東太守張綰爲尙書右僕射十二月宿預土民東方光據城歸化魏江西州郡皆起兵應之

三年春正月甲午加南豫州刺史侯瑱征北將軍安東開府儀同三司陳霸先帥衆攻廣陵城秦州刺史嚴超達自秦郡圍涇州侯瑱張彪出石梁爲其聲援辛丑陳霸先遣晉陵太守杜僧明率衆助東方光三月甲辰以司徒王僧辯爲太尉車騎將軍丁未魏遣將王球率衆七百攻宿預杜僧明逆擊大破之戊申以護軍將軍郢州刺史陸法和爲司徒夏四月癸酉以征北大將軍開府儀同三司陳霸先爲司空六月壬午魏復遣將步六汗薩率衆救涇州癸未有黑氣如龍見于殿內秋七月甲辰以都官尚書宗懍爲吏部尚書九月辛卯世祖於龍光殿述老子義尚書左僕射王褒爲執經乙巳魏遣其柱國萬紐于謹率大衆來寇冬十月丙寅魏軍至于襄陽蕭詧率衆會之丁卯停講內外戒嚴輿駕出行都柵是日大風拔木丙子徵王僧辯等軍十一月以領軍胡僧祐都督城東城北諸軍事右僕射張綰爲副左僕射王褒都督城西城南諸軍事直殿省元景亮爲副王公卿士各有守備丙戌世祖遍行都柵皇太子巡行城樓使居民助運水石諸要害所並增兵備丁卯魏軍至柵下丙申徵廣州刺史王琳入

援丁酉大風城內火以胡僧祐爲開府儀同三司雟州刺史裴畿爲領軍將軍庚子信州刺史徐世譜晉安王司馬任約軍次馬頭岸戊申胡僧祐朱買臣等率兵出戰買臣敗績己酉降左僕射王褒爲護軍將軍辛卯魏軍大攻世祖出枇杷門親臨陣督戰胡僧祐中流矢薨六軍敗績反者斬西門關以納魏師城陷于西魏世祖見執如蕭詧營又遷還城內十二月丙辰徐世譜任約退戍巴陵辛未西魏害世祖遂崩焉時年四十七太子元良始安王方略皆見害乃選百姓男女數萬口分爲奴婢驅入長安小弱者皆殺之明年四月追尊爲孝元皇帝廟曰世祖世祖聰悟俊朗天才英發年五歲高祖問汝讀何書對曰能誦曲禮高祖曰汝試言之卽誦上篇左右莫不驚歎初生患眼高祖自下意治之遂盲一目彌加愍愛旣長好學博綜羣書下筆成章出言爲論才辯敏速冠絕一時高祖嘗問曰孫策昔在江東于時年幾答曰十七高祖曰正是汝年賀革爲府諮議敕革講三禮世祖性不好聲色頗有高名與裴子野劉顯蕭子雲張纘及當時才秀爲布衣之交著述辭章多行於世在尋陽夢人曰天下將亂王

必維之又背生黑子巫媪見曰此大貴兆當不可言初賀革西上意甚不悅過別御史中丞江革以情告之革曰吾嘗夢主上遍見諸子至湘東王手脫帽授之此人後必當璧卿其行乎革從之及太清之難乃能克復故遐邇樂推遂膺寶命矣所著孝德傳三十卷忠臣傳三十卷丹陽尹傳十卷注漢書一百一十五卷周易講疏十卷內典博要一百卷連山三十卷洞林三卷玉韜十卷補闕子十卷老子講疏四卷全德志懷舊志荊南志江州記貢職圖古今同姓名錄一卷筮經十二卷式贊三卷文集五十卷

史臣曰梁季之禍巨寇憑壘世祖時位長連率有全楚之資應身率羣后枕戈先路虛張外援事異勤王在於行師曾非百舍後方殲夷大憝用寧宗社握圖南面光啓中興亦世祖雄才英略紹茲寶運者也而禀性猜忌不隔疏近御下無術履冰弗懼故鳳闕伺晨之功火無內照之美以世祖之神睿特達留情政道不怵邪說徙蹕金陵左隣彊寇將何以作是以天未悔禍蕩覆斯生悲夫

梁書卷五

梁書卷五考證

文帝紀蠢蠢黎民家有隕山之泣○南本作家隕缺山之泣

水若絳河○若南本注缺

是月魏遣太師潘洛辛術等寇秦郡○魏南史作齊

十二月宿預土民東方光據城歸化魏江西州郡皆起兵應之○南史化作北魏作齊

文集五十卷○臣人龍按南史紀所著書尚有金樓子十卷此不載

梁書卷五考證

梁書卷六

唐　散　騎　常　侍　姚　思　廉　撰

本紀第六

敬帝

敬皇帝諱方智字慧相小字法真世祖第九子也太清三年封興梁侯承聖元年封晉安王邑二千戶二年出爲平南將軍江州刺史三年十一月江陵陷太尉揚州刺史王僧辯司空南徐州刺史陳霸先定議以帝爲太宰承制奉迎還京師四年二月癸丑至自尋陽入居朝堂以太尉王僧辯爲中書監錄尚書驃騎將軍都督中外諸軍事加司空陳霸先班劍三十人以豫州刺史侯瑱爲江州刺史儀同三司湘州刺史蕭循爲太尉儀同三司廣州刺史蕭勃爲司徒鎮東將軍張彪爲郢州刺史三月齊遣其上黨王高渙送貞陽侯蕭淵明來主梁嗣至東關遣吳興太守裴之橫與戰敗績之橫死太尉王僧辯率衆出屯姑孰四月司徒陸法和以郢州附于齊遣江州刺史侯瑱討之七月辛丑王僧辯納

貞陽侯蕭淵明自采石濟江甲辰入于京師以帝爲皇太子九月甲辰司空陳霸先舉義襲殺王僧辯黜蕭淵明丙午帝即皇帝位

紹泰元年冬十月己巳詔曰王室不造嬰罹禍釁西都失守朝廷淪覆先帝梓宮播越非所王基傾弛率土罔戴朕以荒幼仍屬艱難泣血枕戈志復讎逆大恥未雪夙宵鯁憤羣公卿尹勉以大義越登寡闇嗣奉洪業顧惟夙心念不至此庶仰憑元靈傍資將相克清元惡謝冤陵寢今墜命載新宗祊更祀慶流億兆豈予一人可改承聖四年爲紹泰元年大赦天下內外文武賜位一等以貞陽侯淵明爲司徒封建安郡公食邑三千戶壬子以司空陳霸先爲尚書令都督中外諸軍事車騎將軍揚南徐二州刺史司空如故震州刺史杜龕舉兵攻信武將軍陳蒨於長城義興太守韋載據郡以應之癸丑進太尉蕭循爲太保新除司徒建安公淵明爲太傅司徒蕭勃爲太尉以鎮南將軍王琳爲車騎將軍開府儀同三司戊午尊所生夏貴妃爲皇太后立妃王氏爲皇后鎮東將軍揚州刺史張彪進號征東大將軍鎮北將軍譙秦二州刺史徐嗣徽進號征北

大將軍征南將軍南豫州刺史任約進號征南大將軍辛未詔司空陳霸先東討韋載丙子任約徐嗣徽舉兵反乘京師無備竊據石頭丁丑韋載降義興平遣晉陵太守周文育率軍援長城十一月庚辰齊安州刺史翟子崇楚州刺史劉仕榮淮州刺史柳達摩率衆赴任約入于石頭庚寅司空陳霸先旋于京師十二月庚戌徐嗣徽任約又相率至采石迎齊援丙辰遣猛烈將軍侯安都水軍於江寧邀之賊衆大潰嗣徽約等奔于江西庚申翟子崇等請降並放還北

太平元年春正月戊寅大赦天下其與任約徐嗣徽叶契同謀一無所問追贈簡文皇帝諸子以故永安侯確子後襲封邵陵王奉攜王後癸未鎮東將軍震州刺史杜龕降詔賜死曲赦吳興郡己亥以太保宜豐侯蕭循襲封鄱陽王東揚州刺史張彪圍臨海太守王懷振於剡巖二月庚戌遣周文育陳蒨襲會稽討彪癸丑彪長史謝岐司馬沈泰軍主吳寶真等舉城降彪敗走以中衛將軍臨川王大款即本號開府儀同三司中護軍桂陽王大成爲護軍將軍丙辰若耶村人斬張彪傳首京師曲赦東揚州己未罷震州還復吳興郡癸亥賊徐嗣

徵任約襲采石戍執戍主明州刺史張懷鈞入于齊甲子以東土經杜龕張彪
抄暴遣大使巡省三月丙子罷東揚州還復會稽郡壬午班下遠近並雜用古
今錢戊戌齊遣大將蕭軌出柵口向梁山司空陳霸先軍主黃叢逆擊大破之
軌退保蕪湖遣周文育侯安都衆軍據梁山拒之夏四月丁巳司空陳霸先表
詣梁山撫巡將帥壬午侯安都輕兵襲齊行臺司馬恭於歷陽大破之俘獲萬
計五月癸未太傅建安公淵明薨庚寅齊軍水步入丹陽縣丙申至秣陵故治
敕周文育還頓方丘徐度頓馬牧杜稜頓大桁癸卯齊軍進據兒塘輿駕出頓
趙建故籬門內外纂嚴六月甲辰齊潛軍至蔣山龍尾斜趨莫府山北至玄武
廟西北乙卯司空陳霸先授衆軍節度與齊軍交戰大破之斬齊北兗州刺史
杜方慶及徐嗣徽弟嗣宗生擒徐嗣產蕭軌東方老王敬寶李希光裴英起劉
歸義等皆誅之戊午大赦天下軍士身殞戰場悉遣斂祭其無家屬即爲瘞埋
辛酉解嚴秋七月丙子車騎將軍司空陳霸先進位司徒加中書監餘如故丁
亥以開府儀同三司侯瑱爲司空八月己酉太保鄱陽王循薨九月壬寅改元

大赦孝悌力田賜爵一級殊才異行所在奏聞饑難流移勒歸本土進新除司徒陳霸先爲丞相錄尚書事鎮衞大將軍揚州牧封義興郡公中權將軍王沖即本號開府儀同三司吏部尚書王通爲尚書右僕射丁巳以郢州刺史徐度爲領軍將軍冬十一月乙卯起雲龍神虎門十二月壬申進太尉鎮南將軍蕭勃爲太保驃騎將軍以新除左衞將軍歐陽頠爲安南將軍衡州刺史壬午平南將軍劉法瑜進號安南將軍甲午以前壽昌令劉叡爲汝陰王前鎮西法曹行參軍蕭統爲巴陵王奉宋齊二代後

二年春正月壬寅詔曰夫子降靈體喆經仁緯義允光素王載闡玄功仰之者彌高誨之者不倦立忠立孝德被蒸民制禮作樂道冠羣后雖泰山頹峻一簣不遺而泗水餘瀾千載猶在自皇圖屯阻祀薦不修奉聖之門胤嗣殲滅敬神之寢簠簋寂寥永言聲烈寔兼欽愴外可搜舉魯國之族以爲奉聖後并繕廟堂供備祀典四時薦秩一皆遵舊是日又詔諸州各置中正依舊訪舉不得輒承單狀序官皆須中正押上然後量授詳依品制務使精實其荊雍青兗雖暫

爲隔閡衣冠多寓淮海猶宜不廢司存會計罷州尙爲大郡人士殷曠可別置
邑居至如分割郡縣新號州牧並係本邑不勞兼置其選中正每求耆德該悉
以他官領之以車騎將軍開府儀同三司王琳爲司空驃騎大將軍分尋陽太
原齊昌高唐新蔡五郡置西江州卽於尋陽仍充州鎮又詔宗室在朝開國承
家者今猶稱世子可悉聽襲本爵以尙書右僕射王通爲尙書左僕射丁巳鎮
西將軍益州刺史長沙王韶進號征南將軍二月庚午領軍將軍徐度入東關
太保廣州刺史蕭勃舉兵反遣僞帥歐陽頠傅泰勃從子孜爲前軍南江州刺
史余孝頃以兵會之詔平西將軍周文育平南將軍侯安都等率衆軍南討戊
子徐度至合肥燒齊船三千艘癸巳周文育軍於巴山生獲歐陽頠三月庚子
文育前軍丁法洪於蹠口生俘傅泰蕭孜余孝頃軍退走甲辰以新除司空王
琳爲湘郢二州刺史甲寅德州刺史陳法武前衡州刺史譚世遠於始與攻殺
蕭勃夏四月癸酉曲赦江廣衡三州幷督內爲賊所居逼者並皆不問己卯鑄
四柱錢一准二十齊遣使請和壬辰改四柱錢一准十丙申復閉細錢蕭勃故

主帥前直閤蘭𡔷襲殺譚世遠𡔷仍爲亡命夏侯明徹所殺勑故記室李寶藏奉懷安侯蕭任據廣州作亂戊戌侯安都進軍余孝頃棄軍走蕭孜請降豫章平五月乙巳平西將軍周文育進號鎮南將軍侯安都進號鎮北將軍並以本號開府儀同三司丙午以鎮軍將軍徐度爲南豫州刺史戊辰余孝頃遣使詣丞相府乞降秋八月甲午加丞相陳霸先黃鉞領太傅劍履上殿入朝不趨贊拜不名給羽葆鼓吹九月辛丑崇丞相爲相國總百揆封十郡爲陳公備九錫之禮加璽紱遠遊冠位在王公上加相國綠綟綬置陳國百司冬十月戊辰進陳公爵爲王增封十郡幷前爲二十郡命陳王冕十有二旒建天子旌旂出警入蹕乘金根車駕六馬備五時副車置旄頭雲罕樂儛八佾設鍾虡宮縣王后王子女爵命之典一依舊儀辛未詔曰五運更始三正迭代司牧黎庶是屬聖賢用能經緯乾坤彌綸區宇大庇黔首闡揚洪烈革晦以明積代同軌百王踵武咸此由則梁德湮微禍難荐發太清云始用困長蛇承聖之年又罹封豕爰至天成重竊神器三光亟改七廟乏祀含生已泯鼎命斯墜我皇之祚眇若綴

旒靜惟屯剝夕惕載懷相國陳王有縱自天降神惟嶽天地合德晷曜齊明拯社稷之横流提億兆之塗炭東誅叛逆北殲獯醜威加四海仁漸萬國復張崩樂重紀絶禮儒館聿修戎亭虛候雖大功在舜盛績維禹巍巍蕩蕩無得而稱來獻白環豈直皇虞之世入貢素雉非止隆周之日故効珍川陸表瑞煙雲玉露醴泉旦夕凝涌嘉禾瑞草孳植郊甸道昭於悠代勳格於皇穹明明上天光華日月革故著於玄象代德彰於讖圖獄訟有違謳歌爰適天之曆數實有攸在朕雖庸藐闇於古昔永稽崇替爲日已久敢忘烈代之至願乎今便遜位别宮敬禪于陳一依唐虞宋齊故事陳王踐阼奉帝爲江陰王薨于外邸時年十六追謚敬皇帝

史臣曰梁季横潰喪亂屢臻當此之時天曆去矣敬皇高讓將同釋負焉

史臣侍中鄭國公魏徵曰高祖固天攸縱聰明稽古道亞生知學爲博物允文允武多藝多才爰自諸生有不羈之度屬昏凶肆虐天倫及禍收合義旅將雪家冤曰紂可伐不期而會龍躍樊漢電擊湘郢翦離德如振槁取獨夫如拾遺

其雄才大略固無得而稱矣旣懸白旗之首方應皇天之睠布德施惠悅近來遠開蕩蕩之王道革靡靡之商俗大脩文教盛飾禮容鼓扇玄風闡揚儒業介冑仁義折衝罇俎聲振寰宇澤流遐裔干戈載戢凡數十年濟濟焉洋洋焉魏晉已來未有若斯之盛然不能息末敦本斲彫爲樸慕名好事崇尙浮華抑揚孔墨流連釋老或經夜不寢或終日不食非弘道以利物惟飾智以驚愚且心未遺榮虛厠蒼頭之伍高談脫屣終戀黃屋之尊夫人之大欲在乎飮食男女至於軒冕殿堂非有切身之急高祖屛除嗜慾眷戀軒冕得其所難而滯於所易可謂神有所不達智有所不通矣逮夫精華稍竭鳳德已衰惑於聽受權在姦佞儲后百辟莫得盡言險躁之心暮年愈甚見利而動愎諫違卜開門揖盜棄好卽讎釁起蕭墻禍成戎羯身殞非命災被億兆衣冠斃鋒鏑之下老幼粉戎馬之足瞻彼黍離痛深周廟永言麥秀悲甚殷墟自古以安爲危旣成而敗顚覆之速書契所未聞也易曰天之所助者信人之所助者順高祖之遇斯屯剝不得其死蓋動而之險不由信順失天人之所助其能免於此乎太宗聰睿

過人神彩秀發多聞博達富贍詞藻然文豔用寡華而不實體窮淫麗義罕疏通哀思之音遂移風俗以此而貞萬國異乎周誦漢莊矣我生不辰載離多難桀逆搆扇巨猾滔天始自牖里之拘終類望夷之禍悠悠蒼天其可問哉昔國步初屯兵纏魏闕羣后釋位投袂勤王元帝以磐石之宗受分陝之任屬君親之難居連率之長不能撫劍嘗膽枕戈泣血躬先士卒致命前驅遂乃擁衆逡巡內懷觖望坐觀時變以爲身幸不急莽卓之誅先行昆弟之戮又沉猜忌酷多行無禮騁智辯以飾非肆忿戾以害物爪牙重將心膂謀臣或顧眄以就拘囚或一言而及葅醢朝之君子相顧懍然自謂安若太山舉無遺策怵於邪說卽安荊楚雖元惡克翦社稷未寧而西鄰責言禍敗旋及上天降鑒此焉假手天道人事其可誣乎其篤志藝文採浮淫而棄忠信戎昭果毅先骨肉而後寇讐雖口誦六經心通百氏有仲尼之學有公旦之才適足以益其驕矜增其禍患何補金陵之覆沒何救江陵之滅亡哉敬帝遭家不造紹茲屯運征伐有所自出政刑不由於己時無伊霍之輔焉得不爲高讓歟

梁書卷六

梁書卷六考證

敬帝紀北至元武廟西北○廟陳書南史俱作湖

甲午以前壽昌令劉叡爲汝陰王○監本脫壽字今從南史增入

前鎭西法曹行參軍蕭紞爲巴陵王○紞南史作沇

夏四月癸酉曲赦江廣衡三州幷督內爲賊所居逼者並皆不問○居南史作拘

梁書卷六考證

梁書卷七

唐 散騎常侍姚思廉撰

列傳第一

太祖張皇后　高祖郗皇后　太宗王皇后　高祖丁貴嬪
高祖阮脩容　世祖徐妃

易曰有天地然後有萬物有萬物然後有男女有男女然後有夫婦夫婦之義尙矣哉周禮王者立后六宮三夫人九嬪二十七世婦八十一御妻以聽天下之內治故昏義云天子之與后猶日之與月陰之與陽相須而成者也漢初因秦稱號帝母稱皇太后后稱皇后而加以美人良人八子七子之屬至孝武制婕妤之徒凡十四等降及魏晉母后之號皆因漢法自夫人以下世有增損焉高祖撥亂反正深鑒奢逸惡衣菲食務先節儉配德早終長秋曠位嬪嬙之數無所改作太宗世祖出自儲藩而妃並先殂又不建椒闈今之撰錄止備闕云

太祖獻皇后張氏諱尙柔范陽方城人也祖次惠宋濮陽太守后母蕭氏卽文

帝從姑后宋元嘉中嬪於文帝生長沙宣武王懿永陽昭王敷次生高祖初后嘗於室內忽見庭前昌蒲生花光彩照灼非世中所有后驚視謂侍者曰汝見不對曰不見后曰嘗聞見者當富貴因遽取吞之是月產高祖將產之夜后見庭內若有衣冠陪列焉次生衡陽宣王暢義興昭長公主令嫕宋泰始七年殂于秣陵縣因夏里舍葬武進縣東城里山天監元年五月甲辰追上尊號爲皇后謚曰獻父穆之字思靜晉司空華六世孫曾祖輿坐華誅徙興古未至召還及過江爲丞相掾太子舍人穆之少方雅有識鑒宋元嘉中爲員外散騎侍郎與吏部尚書江湛太子左率袁淑善淑薦之於始興王濬濬深引納焉穆之鑒其禍萌思違其難言於湛求外出湛將用爲東縣固乞遠郡久之得爲寧遠將軍交阯太守治有異績會刺史死交土大亂穆之威懷循拊境內以寧宋文帝聞之嘉焉將以爲交州刺史會病卒子弘籍字真藝齊初爲鎮西參軍卒於官高祖踐阼追贈穆之光祿大夫加金章又詔曰亡舅齊鎮西參軍素風雅猷夙肩名輩降年不永早世潛輝朕少離苦辛情地彌切雖宅相克成輅車靡贈與

言永往觸目慟心可追贈廷尉卿弘籍無子從父弟弘策以第三子纘爲嗣別有傳

高祖德皇后郗氏諱徽高平金鄉人也祖紹國子祭酒領東海王師父燁太子舍人早卒初后母尋陽公主方娠夢當生貴子及生后有赤光照于室內器物盡明家人皆怪之巫言此女光采異常將有所妨乃於水濱祓除之后幼而明慧善隸書讀史傳女工之事無不閑習宋後廢帝將納爲后齊初安陸王緬又欲婚郗氏並辭以女疾乃止建元末高祖始娉焉生永興公主玉姚永世公主玉婉永康公主玉嬛建武五年高祖爲雍州刺史先之鎮後乃迎后至州未幾永元元年八月殂于襄陽官舍時年三十二其年歸葬南徐州南東海武進縣東城里山中興二年齊朝進高祖位相國封十郡梁公詔贈后爲梁公妃高祖踐阼追崇爲皇后有司議謚吏部尚書兼右僕射臣約議曰表號垂名義昭不朽先皇后應祥月德比載坤靈柔範陰化儀形自遠俔天作合義先造舟而神猷夙掩所隔升運宜式遵景行用昭大典謹按謚法忠和純備曰德貴而好禮

曰德宜崇曰德皇后詔從之陵曰脩陵后父爗詔贈金紫光祿大夫爗尚宋文
帝女尋陽公主齊初降封松滋縣君爗子泛中軍臨川王記室參軍
太宗簡皇后王氏諱靈賓琅邪臨沂人也祖儉太尉南昌文憲公后幼而柔明
淑德叔父暕見之曰吾家女師也天監十一年拜晉安王妃生哀太子大器南
郡王大連長山公主妙䂮大通三年十月拜皇太子妃太清三年三月薨于永
福省時年四十五其年太宗即位追崇爲皇后謚曰簡大寶元年九月葬莊陵
先是詔曰簡皇后窀穸有期昔西京霸陵因山爲藏東漢壽陵流水而已朕屬
值時艱歲饑民弊方欲以身率下永示敦朴今所營莊陵務存約儉又詔金紫
光祿大夫蕭子範爲哀策文父騫字思寂本名玄成與齊高帝偏諱同故改焉
以公子起家員外郎遷太子洗馬襲封南昌縣公出爲義興太守還爲驃騎諮
議累遷黃門郎司徒右長史性凝簡不狎當世嘗從容謂諸子曰吾家門戶所
謂素族自可隨流平進不須苟求也永元末遷侍中不拜高祖霸府建引爲大
司馬諮議參軍俄遷侍中領越騎校尉高祖受禪詔曰庭堅世祀靡輟於宗周

樂毅錫壤乃昭於洪漢齊故太尉南昌公含章履道草昧興齊謨明翊贊同符
在昔雖子房之蔚爲帝師文若之隆比王佐無以尚也朕膺曆受圖惟新寶命
苹苹玉帛升降有典永言前代敬惟徽烈匪直懋勳義兼懷樹可降封南昌縣
公爲侯食邑千戶騫襲爵遷度支尚書天監四年出爲東陽太守尋徙吳郡八
年入爲太府卿領後軍將軍遷太常卿十一年遷中書令加員外散騎常侍時
高祖於鍾山造大愛敬寺騫舊墅在寺側有良田八十餘頃即晉丞相王導賜
田也高祖遣主書宣旨就騫求市欲以施寺騫答旨云此田不賣若是敕取所
不敢言酬對又脫略高祖怒遂付市評田價以直逼還之由是忤旨出爲吳興
太守在郡臥疾不視事徵還復爲度支尚書加給事中領射聲校尉以母憂去
職普通三年十月卒時年四十九詔贈侍中金紫光祿大夫謚曰安子規襲爵
別有傳

高祖丁貴嬪諱令光譙國人也世居襄陽貴嬪生于樊城有神光之異紫煙滿
室故以光爲名相者云此女當大貴高祖臨州丁氏因人以聞貴嬪時年十四

高祖納焉初貴嬪生而有赤痣在左臂治之不滅至是無何忽失所在事德皇后小心祗敬嘗於供養經案之側髣髴若見神人心獨異之高祖義師起昭明太子始誕育貴嬪與太子留在州城京邑平乃還京都天監元年五月有司奏爲貴人未拜其年八月又爲貴嬪位在三夫人上居于顯陽殿及太子定位有司奏曰禮母以子貴皇儲所生不容無敬宋泰豫元年六月議百官以吏敬敬帝所生陳太妃則宋明帝在時百官未有敬臣竊謂母以子貴義著春秋皇太子副貳宸極率土咸執吏禮既盡禮皇儲則所生不容無敬但帝王妃嬪義與外隔以理以例無致敬之道也今皇太子聖睿在躬儲禮夙備子貴之道抑有舊章王侯妃主常得通信問者及六宮三夫人雖與貴嬪同列並應以敬皇太子之禮敬貴嬪宋元嘉中始與武陵國臣並以吏敬敬所生潘淑妃路淑媛貴嬪於宮臣雖非小君其義不異與宋泰豫朝議百官以吏敬敬帝所生事義正同謂宮闈施敬宜同吏禮詣神虎門奉牋致謁年節稱慶亦同如此婦人無閫外之事賀及問訊牋什所由官報聞而已夫婦人之道義無自專若不仰繫於

夫則當俯繫於子榮親之道應極其所榮未有子所行而所從不足者也故春秋凡王命爲夫人則禮秩與子等列國雖異於儲貳而從尊之義不殊前代依准布在舊事貴嬪載誕元良克固大業禮同儲君實惟舊典尋前代始置貴嬪位次皇后爵無所視其次職者位視相國爵比諸侯王此貴嬪之禮已高朝列況母儀春宮義絕常算且儲妃作配率由盛則以婦踰姑彌乖從序謂貴嬪典章太子不異於是貴嬪備典章禮數同于太子言則稱令貴嬪性仁恕及居宮內接馭自下皆得其歡心不好華飾器服無珍麗未嘗爲親戚私謁及高祖弘佛教貴嬪奉而行之屏絕滋腴長進蔬膳受戒日甘露降于殿前方一丈五尺高祖所立經義皆得其指歸尤精淨名經所受供賜悉以充法事普通七年十月庚辰薨殯于東宮臨雲殿年四十二詔吏部郎張纘爲哀策文曰菆塗既啓桂鐏虛凝龍帷已薦象服將升皇帝傷璧臺之永閟悼曾城之不踐罷鄉歌乎燕樂廢徹齊於祀典風有采蘩化行南國爰命史臣俾流嬪德其辭曰軒緯之精江漢之英歸于君袂生此離明誕自厥初時維載育樞電繞郊神光照屋爰

及待年含章早穆聲被洽陽譽宣中谷龍德在田聿恭兹祀陰化代終王風攸
始動容諮式出言顧史宜其家人刑于國紀膺斯眷命從此宅心狄綴采珩珮
動雅音日中思戒月滿懷箴如何不跼天高照臨玄紞莫脩禕章早缺成物誰
能芳猷有烈素魄貞明紫宮炤晰逮下靡傷思賢罔蔽躬儉則節昭事惟虔金
玉無玩筐筥不捐祥流德化慶表親賢甄昌軼啓孕魯陶燕方論婦教明章閫
席玄池早扃湘沅已穸展衣委華朱幘寢迹慕結儲闈哀深蕃辟嗚呼哀哉令
龜兆良葆引遷祖具僚次列承華接武日杳杳以霾春風淒淒而結緒去曾掖
以依遲飾新宮而延佇嗚呼哀哉啓丹旗之星旆振容車之黼裳擬靈金而鬱
楚泛悽管而凝傷遺備物乎營寢掩重闈於窆皇椒風暖兮猶昔蘭殿幽而不
陽嗚呼哀哉側闈高義彤管有懌道變虞風功參唐跡婉如之人休光赤舄施
諸天地而無朝夕嗚呼哀哉有司奏謚曰穆太宗即位追崇曰穆太后太后父
仲遷天監初官至兗州刺史
高祖阮脩容諱令嬴本姓石會稽餘姚人也齊始安王遙光納焉遙光敗入東

昏宮建康城平高祖納爲綵女天監六年八月生世祖尋拜爲脩容常隨世祖出蕃大同六年六月薨于江州內寢時年六十七其年十一月歸葬江寧縣通望山謚曰宣世祖卽位有司奏追崇爲文宣太后承聖二年追贈太后父齊故奉朝請靈寶散騎常侍左衞將軍封武康縣侯邑五百戶母陳氏武康侯夫人

世祖徐妃諱昭佩東海郯人也祖孝嗣太尉枝江文忠公父緄侍中信武將軍天監十六年十二月拜湘東王妃生世子方等益昌公主含貞太清三年五月被譴死葬江陵瓦官寺

史臣曰后妃道贊皇風化行天下蓋取葛覃關雎之義焉至於穆貴嬪徽華早著誕育元良德懋六宮美矣世祖徐妃之無行自致殲滅宜哉

梁書卷七

梁書卷七考證

太祖獻皇后張氏傳宋泰始七年殂于秣陵縣同夏里舍○同閣本作因

從父弟弘策○從字下監本脫父字今從閣本

高祖丁貴嬪傳既盡禮皇儲則所生不容無敬○儲監本作儀今從閣本

梁書卷七考證

梁書卷八

唐 散騎常侍姚思廉撰

列傳第二

昭明太子 哀太子 愍懷太子

昭明太子統字德施高祖長子也母曰丁貴嬪初高祖未有男義師起太子以齊中興元年九月生于襄陽高祖既受禪有司奏立儲副高祖以天下始定百度多闕未之許也羣臣固請天監元年十一月立爲皇太子時太子年幼依舊居於內拜東宮官屬文武皆入直永福省太子生而聰叡三歲受孝經論語五歲遍讀五經悉能諷誦五年五月庚戌始出居東宮太子性仁孝自出宮恆思戀不樂高祖知之每五日一朝多便留永福省或五日三日乃還宮八年九月於壽安殿講孝經盡通大義講畢親臨釋奠于國學十四年正月朔旦高祖臨軒冠太子於太極殿舊制太子著遠遊冠金蟬翠緌纓至是加金博山太子美姿貌善舉止讀書數行並下過目皆憶每遊宴祖道賦詩至十數韻或命作劇

韻賦之皆屬思便成無所點易高祖大弘佛教親自講說太子亦崇信三寶遍
覽衆經乃於宮內別立慧義殿專爲法集之所招引名僧談論不絕太子自立
三諦法身義並有新意普通元年四月甘露降于慧義殿咸以爲至德所感焉
三年十一月始興王憺薨舊事以東宮禮絕傍親書翰並依常儀太子意以爲
疑命僕射劉孝綽議其事孝綽議曰案張鏡撰東宮儀記稱三朝發哀者踰月
不舉樂鼓吹寢奏服限亦然尋傍絕之義義在去服服雖可奪情豈無悲鐃歌
輟奏良亦爲此既有悲情宜稱兼慕卒哭之後依常舉樂稱悲竟此理例相符
謂猶應兼慕請至卒哭僕射徐勉左率周捨家令陸襄並同孝綽議太子令曰
張鏡儀記云依士禮終服月稱慕悼又云凡三朝發哀者踰月不舉樂劉僕射
議云傍絕之義義在去服服雖可奪情豈無悲卒哭之後依常舉樂稱悲竟此
理例相符尋情悲之說非止卒哭之後緣情爲論此自難一也用張鏡之舉樂
棄張鏡之稱悲一鏡之言取捨有異此自難二也陸家令止云多歷年所恐非
事證雖復累稔所用意常未安近亦常經以此問外由來立意謂猶應有慕悼

之言張豈不知舉樂爲大稱悲事小所以用小而忽大良亦有以至如元正六佾事爲國章雖情或未安而禮不可廢鐃吹軍樂比之亦然書疏方之事則成小差可緣心聲樂自外書疏自內樂自他書自己劉僕射之議卽情未安可令諸賢更共詳衷司農卿明山賓步兵校尉朱异議稱慕悼之解宜終服月於是令付典書遵用以爲永準七年十一月貴嬪有疾太子還永福省朝夕侍疾衣不解帶及薨步從喪還宮至殯水漿不入口每哭輒慟絶高祖遣中書舍人顧協宣旨曰毀不滅性聖人之制禮不勝喪比於不孝有我在那得自毀如此可卽彊進飲食太子奉勅乃進數合自是至葬日進麥粥一升高祖又勅曰聞汝所進過少轉就羸瘵我比更無餘病正爲汝如此胸中亦圮塞成疾故應強加饘粥不使我恆爾懸心雖屢奉勅勸逼日止一溢不嘗菜果之味體素壯腰帶十圍至是減削過半每入朝士庶見者莫不下泣太子自加元服高祖便使省萬機內外百司奏事者塡塞於前太子明於庶事纖毫必曉每所奏有謬誤及巧妄皆卽就辯析示其可否徐令改正未嘗彈糾一人平斷法獄多所全宥天

下皆稱仁性寬和容衆喜慍不形於色引納才學之士賞愛無倦恆自討論篇籍或與學士商確古今閑則繼以文章著述率以爲常于時東宮有書幾三萬卷名才並集文學之盛晉宋以來未之有也性愛山水於玄圃穿築更立亭館與朝士名素者遊其中嘗泛舟後池番禺侯軌盛稱此中宜奏女樂太子不答詠左思招隱詩曰何必絲與竹山水有清音侯慙而止出宮二十餘年不畜聲樂少時勑賜大樂女妓一部略非所好普通中大軍北討京師穀貴太子因命非衣減膳改常饌爲小食每霖雨積雪遣腹心左右周行閭巷視貧困家有流離道路密加振賜又出主衣綿帛多作襦袴冬月以施貧凍若死亡無可以斂者爲備棺槥每聞遠近百姓賦役勤苦輒斂容色常以戶口未實重於勞擾吳興郡屢以水災失收有上言當漕大瀆以瀉浙江中大通二年春詔遣前交州刺史王弁假節發吳郡吳興義興三郡民丁就役太子上疏曰伏聞當發王弁等上東三郡民丁開漕溝渠導泄震澤使吳興一境無復水災誠矜恤之至仁經略之遠旨暫勞永逸必獲後利未萌難覩竊有愚懷所聞吳興累年失收民

頗流移吳郡十城亦不全熟唯義興去秋有稔復非常役之民即日東境穀稼猶貴劫盜屢起在所有司不皆聞奏今征戍未歸彊丁疎少此雖小舉竊恐難合吏一呼門動爲民蠹又出丁之處遠近不一比得齊集已妨蠶農去年稱爲豐歲公私未能足食如復今茲失業慮恐爲弊更深且草竊多伺候民間虛實若善人從役則抄盜彌增吳興未受其益內地已罹其弊不審可得權停此功待優實以不聖心垂矜黎庶神量久已有在臣意見庸淺不識事宜苟有愚心願得上啓高祖優詔以喻焉太子孝謹天至每入朝未五鼓便守城門開東宮雖燕居內殿一坐一起恆向西南面臺宿被召當入危坐達旦三年三月寢疾恐貽高祖憂敕參問輒自力手書啓及稍篤左右欲啓聞猶不許曰云何令至尊知我如此惡因便嗚咽四月乙巳薨時年三十一高祖幸東宮臨哭盡哀詔斂以袞冕謚曰昭明五月庚寅葬安寧陵詔司徒左長史王筠爲哀冊文曰蜃輅俄軒龍驂躊步羽翿前驅雲旂北御皇帝哀繼明之寢耀痛嗣德之殂芳御武帳而悽慟臨甲觀而增傷式稽令典載揚鴻烈詔撰德於旌旒永傳徽於舞

綴其辭曰式載明兩實惟少陽既稱上嗣且曰元良儀天比峻儷景騰光奉祀
延福守器傳芳睿哲膺期旦暮斯在外弘莊肅內含和愷識洞機深量苞瀛海
立德不器至功弗宰寬綽居心溫恭成性循時孝友率由嚴敬咸有種德惠和
齊聖三善遞宣萬國同慶軒緯掩精陰羲弛極纏哀在疚殷憂銜恤孺泣無時
蔬饘不溢禫遵踰月哀號未畢實惟監撫亦嗣郊禋問安肅肅視膳怡怡金華
玉璪玄駟班輪隆家幹國主祭安民光奉成務萬機是理矜慎庶獄勤恤關市
誠存隱惻容無愠喜殷勤博施綢繆恩紀爰初敬業離經斷句奠爵崇師卑躬
待傅寧資導習匪勞審諭博約是司時敏斯務辯究空微思探幾賾馳神圖緯
研精爻畫沉吟典禮優遊方冊饜飫膏腴含咀肴核括囊流略包舉藝文遍該
緗素殫極丘墳勝帙充積儒墨區分瞻河闡訓望魯揚芬吟詠性靈豈惟薄伎
屬詞婉約緣情綺靡字無點竄筆不停紙壯思泉流清章雲委總覽時才網羅
英茂學窮優洽辭歸繁富或擅談叢或稱文囿四友推德七子慙秀望苑招賢
華池愛客託乘同舟連輿接席摛文掞藻飛觴汎醳恩隆置醴賞逾賜璧徽風

遐被威業日新仁器非重德輶易遵澤流兆庶福降百神四方慕義天下歸仁雲物告徵祲沴褰象星霾恆耀山頹朽壞靈儀上賓德音長往具僚無蔭諮承安仰嗚呼哀哉皇情悼愍切心纏痛胤嗣長號跗萼增慟慕結親遊悲動氓衆憂若殄邦懼同折棟嗚呼哀哉首夏司開麥秋紀節容衞徒警菁華委絕書幌空張談筵罷設虛饋饛饛孤燈翳翳嗚呼哀哉簡辰請日筮合龜貞幽埏夙啓玄宮獻成武校齊列文物增明昔遊漳滏賓從無聲今歸郊郭徒御相驚嗚呼哀哉背絳闕以遠徂轥青門而徐轉指馳道而詎前望國都而不踐陵脩阪之威夷遡平原之悠緬驥蹀足以酸嘶挽悽鏘而流泫嗚呼哀哉混哀音於簫籟變愁容於天日雖夏木之森陰返寒林之蕭瑟既將反而復疑如有求而遂失謂天地其無心遽永潛於容質嗚呼哀哉卽玄宮之冥漠安神寢之清閟傳聲華於懋典觀德業於徽諡懸忠貞於日月播鴻名於天地惟小臣之紀言實含毫而無媿嗚呼哀哉太子仁德素著及薨朝野惋愕京師男女奔走宮門號泣滿路四方氓庶及疆徼之民聞喪皆慟哭所著文集二十卷又撰古今典誥文

言爲正序十卷五言詩之善者爲文章英華二十卷文選三十卷

哀太子大器字仁宗太宗嫡長子也普通四年五月丁酉生中大通三年封宣城郡王食邑二千戸尋爲侍中中衞將軍給鼓吹一部大同四年授使持節都督揚徐二州諸軍事中軍大將軍揚州刺史侍中如故太清二年十月侯景寇京邑敕太子爲臺內大都督三年五月太宗卽位六月癸酉立爲皇太子大寶二年八月賊景廢太宗將害太子時賊黨稱景命召太子太子方講老子將欲下牀而刑人掩至太子顏色不變徐曰久知此事嗟其晚耳刑者欲以衣帶絞之太子曰此不能見殺乃指繫帳竿下繩命取絞之而絕時年二十八太子性寬和兼神用端嶷在于賊手每不屈意初侯景西上攜太子同行及其敗歸部伍不復整肅太子所乘船居後不及賊衆左右心腹並勸因此入北太子曰家國喪敗志不圖生主上蒙塵寧忍違離吾今逃匿乃是叛父非謂避賊便涕泗嗚咽令卽前進賊以太子有器度每常憚之恐爲後患故先及禍承聖元年四月追謚哀太子

愍懷太子方矩字德規世祖第四子也初封南安縣侯隨世祖在荆鎮太清初爲使持節督湘郢桂寧成合羅七州諸軍事鎮南將軍湘州刺史尋徵爲侍中中衞將軍給鼓吹一部世祖承制拜王太子改名元良承聖元年十一月丙子立爲皇太子及西魏師陷荆城太子與世祖同爲魏人所害太子聰穎頗有世祖風而凶暴猜忌敬帝承制追謚愍懷太子

陳吏部尚書姚察曰孟軻有言雞鳴而起孳孳爲善者舜之徒也若乃布衣韋帶之士在於畎畝之中終日爲之其利亦已博矣況乎處重明之位居正體之尊克念無怠烝烝以孝大舜之德其何遠之有哉

梁書卷八

梁書考八考證

昭明太子傳爲文章英華二十卷○監本脫文章二字又二十卷上衍集字今從南本

梁書卷八考證

梁書卷九

唐 散騎常侍姚思廉撰

列傳第三

王茂 曹景宗 柳慶遠

王茂字休遠，太原祁人也。祖深，北中郎司馬。父天生，宋末爲列將，於石頭克司徒袁粲，以勳至巴西、梓潼二郡太守。上黄縣男茂年數歲，爲大父深所異，常謂親識曰：「此吾家之千里駒，成門戶者必此兒也。」及長，好讀兵書，駮略究其大旨。性沉隱，不妄交遊，身長八尺，潔白美容觀。齊武帝布衣時，見之，歎曰：「王茂年少，堂堂如此，必爲公輔之器。」宋昇明末，起家奉朝請，歷後軍行參軍、司空騎兵、太尉中兵參軍。魏將李烏奴寇漢中，茂受詔西討，魏軍退，還爲鎮南司馬，帶臨湘令。入爲越騎校尉。魏寇兗州，茂時以寧朔將軍長史鎮援北境，入爲前軍將軍、江夏王司馬，又遷寧朔將軍、江夏內史。建武初，魏圍司州，茂以郢州之師救焉。高祖率衆先登賢首山，魏將王肅、劉昶來戰，茂從高祖拒之，大破肅等。魏軍退茂還郢仍遷輔國長史襄陽太守高祖義師起茂私與張弘策勸高祖迎和帝高祖以爲不然語在高祖紀高祖發雍部每遣茂爲前驅師次郢城茂進平加湖破光子衿吳子陽等斬馘萬計還獻捷于漢川郢魯既平從高祖東下復爲軍鋒師次秣陵東昏遣大將王珍國盛兵朱雀門衆號二十萬度航請戰茂與曹景宗等會擊大破之縱兵追奔積屍與航欄等其赴淮死者不可勝算長驅至宣陽門建康城平以茂爲護軍將軍俄遷侍中領軍將軍羣盜之燒神虎門也茂率所領到東掖門應赴爲盜所射茂躍馬而進羣盜反走茂以不能式遏姦盜自表解職優詔不許加鎮軍將軍封望蔡縣公邑二千三百戶是歲江州刺史陳伯之舉兵叛茂出爲使持節散騎常侍都督江州諸軍事征南將軍江州刺史給鼓吹一部南討伯之伯之奔於魏時九江新離軍寇民思反業茂務農省役百姓安之四年魏侵漢中茂受詔西討魏乃班師六年遷尚書右僕射常侍如故固辭不拜改授侍中中衛將軍領太子詹事七年拜車騎將軍太子詹事如故八年以本號開府儀同三司丹陽尹侍中如故時天下無事高祖方

信仗文雅茂心頗怏怏侍宴醉後每見言色高祖常宥而不之責也十一年進位司空侍中尹如故茂辭京尹改領中權將軍茂性寬厚居官雖無譽亦爲吏民所安居處方正在一室衣冠儼然雖僕妾莫見其惰容姿表瓌麗須眉如畫出入朝會每爲衆所瞻望明年出爲使持節散騎常侍驃騎將軍開府同三司之儀都督江州諸軍事江州刺史視事三年薨于州時年六十高祖甚悼惜之賻錢三十萬布三百匹詔曰旌德紀勳哲王令軌念終追遠前典明誥故使持節散騎常侍驃騎將軍開府儀同三司江州刺史茂識度淹廣器宇凝正爰初草昧盡誠宣力綢繆休戚契闊屯夷方賴謀猷永隆朝寄奄至薨殞朕用慟于厥心宜增禮數式昭盛烈可贈侍中太尉加班劍二十人鼓吹一部謚曰忠烈初茂以元勳高祖賜以鍾磬之樂茂在江州夢鍾磬在格無故自墮心惡之及覺命奏樂既成列鍾磬在格果無故編皆絕墮地茂謂長史江詮曰此樂天子所以惠勞臣也樂既極矣能無憂乎俄而病少日卒子貞秀嗣以居喪無禮爲有司奏徙越州後有詔留廣州乃潛結仁威府中兵參軍杜景欲襲州城長史

蕭昂討之景魏降人與貞秀同戮

曹景宗字子震新野人也父欣之爲宋將位至征虜將軍徐州刺史景宗幼善騎射好畋獵常與少年數十人澤中逐麞鹿每衆騎赴鹿鹿馬相亂景宗於衆中射之人皆懼中馬足鹿應弦輒斃以此爲樂未弱冠欣之於新野遣出州以匹馬將數人於中路卒逢蠻賊數百圍之景宗帶百餘箭乃馳騎四射每箭殺一蠻蠻遂散走因是以膽勇知名頗愛史書每讀穰苴樂毅傳輒放卷歎息曰丈夫當如是辟西曹不就宋元徽中隨父出京師爲奉朝請員外遷尚書左民郎尋以父憂去職還鄉里服闋刺史蕭赤斧板爲冠軍中兵參軍領天水太守時建元初蠻寇羣動景宗東西討擊多所擒破齊鄱陽王鏘爲雍州復以爲征虜中兵參軍帶馮翊太守督峴南諸軍事除屯騎校尉少守督峴南與州里張道門厚善道門齊車騎將軍敬兒少子也爲武陵太守敬兒誅道門於郡伏法親屬故吏莫敢收景宗自襄陽遣人船到武陵收其屍骸迎還殯葬鄉里以此義之建武二年魏主托跋宏寇赭陽景宗爲偏將每衝堅陷陣輒有斬獲以勳

除遊擊將軍四年太尉陳顯達督衆軍北圍馬圈景宗從之以甲士二千設伏破魏援托跋英四萬人及剋馬圈顯達論功以景宗爲後景宗退無怨言魏主率衆大至顯達宵奔景宗導入山道故顯達父子獲全五年高祖爲雍州刺史景宗深自結附數請高祖臨其宅時天下方亂高祖亦厚加意焉永元初表爲冠軍將軍竟陵太守及義師起景宗聚衆遣親人杜思沖勸先迎南康王於襄陽即帝位然後出師爲萬全計高祖不從語在高祖紀高祖至竟陵以景宗與冠軍將軍王茂濟江圍郢城自二月至于七月城乃降復帥衆前驅至南州領馬步軍取建康道次江寧東昏將李居士以重兵屯新亭是日選精騎一千至江寧行頓景宗始至安營未立且師行日久器甲穿弊居士望而輕之因鼓譟前薄景宗景宗被甲馳戰短兵裁接居士棄甲奔走景宗皆獲之因鼓而前徑至皁莢橋築壘景宗又與王茂呂僧珍掎角破王珍國於大航茂衝其中堅應時而陷景宗縱兵乘之景宗軍士皆桀黠無賴御道左右莫非富室抄掠財物略奪子女景宗不能禁及高祖入頓新城嚴申號令然後稍息復與衆軍長圍

六門城平拜散騎常侍右衞將軍封湘西縣侯食邑一千六百戸仍遷持節都
督郢司二州諸軍事左將軍郢州刺史天監元年進號平西將軍改封竟陵縣
侯景宗在州鬻貨聚斂於城南起宅長堤以東夏口以北開街列門東西數里
而部曲殘横民頗厭之二年十月魏寇司州圍刺史蔡道恭時魏攻日苦城中
負板而汲景宗望門不出但耀軍遊獵而已及司州城陷爲御史中丞任昉所
奏高祖以功臣寢而不治徵爲護軍既至復拜散騎常侍右衞將軍五年魏托
跋英寇鍾離圍徐州刺史昌義之高祖詔景宗督衆軍援義之豫州刺史韋叡
亦預焉而受景宗節度詔景宗頓道人洲待衆軍齊集俱進景宗固啓求先據
邵陽洲尾高祖不聽景宗欲專其功乃違詔而進值暴風卒起頗有湔溺復還
守先頓高祖聞之曰此所以破賊也景宗不進蓋天意乎若孤軍獨往城不時
立必見狼狽今得待衆軍同進始大捷矣及韋叡至與景宗進頓邵陽洲立壘
去魏城百餘步魏連戰不能却殺傷者十二三自是魏軍不敢逼景宗等器甲
精新軍儀甚盛魏人望之奪氣魏大將楊大眼對橋北岸立城以通糧運每牧

人過岸伐芻蕘皆爲大眼所略景宗乃募勇敢士千餘人徑渡大眼城南數里築壘親自舉築大眼率衆來攻景宗與戰破之因得壘成使別將趙草守之因謂爲趙草城是後恣芻牧焉大眼時遣抄掠輒反爲趙草所獲先是高祖詔景宗等逆裝高艦使與魏橋等爲火攻計令景宗與叡各攻一橋叡攻其南景宗攻其北六年三月春水生淮水暴長六七尺叡遣所督將馮道根李文釗裴邃韋寂等乘艦登岸擊魏洲上軍盡殪景宗因使衆軍皆鼓譟亂登諸城呼聲震天地大眼於西岸燒營英自東岸棄城走諸壘相次土崩悉棄其器甲爭投水死淮水爲之不流景宗令軍主馬廣躡大眼至濊水上四十餘里伏屍相枕義之出逐英至浴口英以匹馬入梁城緣淮百餘里屍骸枕藉生擒五萬餘人收其軍糧器械積如山岳牛馬驢騾不可勝計景宗乃搜軍所得生口萬餘人馬千匹遣獻捷高祖詔還本軍景宗振旅凱入增封四百并前爲二千戶進爵爲公詔拜侍中領軍將軍給鼓吹一部景宗爲人自恃尚勝每作書字有不解不以問人皆以意造焉雖公卿無所推揖惟韋叡年長且州里勝流特相敬重同

讌御筵亦曲躬謙遜高祖以此嘉之景宗好內妓妾至數百窮極錦繡性躁動
不能沉默出行常欲褰車帷幔左右輒諫以位望隆重人所具瞻不宜然景宗
謂所親曰我昔鄉里騎快馬如龍與年少輩數十騎拓弓弦作霹靂聲箭如餓
鴟叫平澤中逐麞數肋射之渴飲其血飢食其肉甜如甘露漿覺耳後風生鼻
頭出火此樂使人忘死不知老之將至今來揚州作貴人動轉不得路行開車
幔小人輒言不可閉置車中如三日新婦遭此邑邑使人無氣爲人嗜酒好樂
臘月於宅中使作野虖逐除遍往人家乞酒食本以爲戲而部下多剽輕因弄
人婦女奪人財貨高祖頗知之景宗乃止高祖數讌見功臣共道故舊景宗醉
後謬忘或誤稱下官高祖故縱之以爲笑樂七年遷侍中中衞將軍江州刺史
赴任卒於道時年五十二詔賻錢二十萬布三百匹追贈征北將軍雍州刺史
開府儀同三司謚曰壯子皎嗣
柳慶遠字文和河東解人也伯父元景宋太尉慶遠起家郢州主簿齊初爲尙
書都官郎大司馬中兵參軍建武將軍魏興太守郡遭暴水流漂居民吏請徙

民杞城慶遠曰天降雨水豈城之所知吾聞江河長不過三日斯亦何慮命築土而已俄而水過百姓服之入爲長水校尉出爲平北錄事參軍襄陽令高祖之臨雍州問京兆人杜惲求州綱惲舉慶遠高祖曰文和吾已知之所問未知者耳因辟別駕從事史齊方多難慶遠謂所親曰方今天下將亂英雄必起庇民定霸其吾君乎因盡誠協贊及義兵起慶遠常居帷幄爲謀主中興元年西臺選爲黃門郎遷冠軍將軍征東長史從軍東下身先士卒高祖行營壘見慶遠頓舍嚴整每歎曰人人若是吾又何憂建康城平入爲侍中領前軍將軍帶淮陵齊昌二郡太守城內嘗夜失火禁中驚懼高祖時居宮中悉斂諸鑰問柳侍中何在慶遠至悉付之其見任如此霸府建以爲太尉從事中郎高祖受禪遷散騎常侍右衞將軍加征虜將軍封重安侯食邑千戶母憂去職以本官起之固辭不拜天監二年還中領軍改封雲杜侯四年出爲使持節都督雍梁南北秦四州諸軍事征虜將軍寧蠻校尉雍州刺史高祖餞於新亭謂曰卿衣錦還鄉朕無西顧之憂矣七年徵爲護軍將軍領太子庶子未赴職仍遷通直散

騎常侍右衛將軍領右驍騎將軍至京都值魏宿預城請降受詔爲援於是假節守淮陰魏軍退八年還京師遷散騎常侍太子詹事雍州大中正十年遷侍中領軍將軍給扶幷鼓吹一部十二年遷安北將軍寧蠻校尉雍州刺史慶遠重爲本州頗厲清節士庶懷之明年春卒時年五十七詔曰念往篤終前王令則式隆寵數列代恆規使持節都督雍梁南北秦四州郢州之竟陵司州之隨郡諸軍事安北將軍寧蠻校尉雍州刺史雲杜縣開國侯柳慶遠器識淹曠思懷通雅爰初草昧預屬經綸遠自升平契闊禁旅重牧西藩方弘治道奄至殞喪傷慟于懷宜追榮命以彰茂勳可贈侍中中軍將軍開府儀同三司鼓吹侯如故謚曰忠惠賻錢二十萬布二百匹及喪還京師高祖出臨哭子津嗣初慶遠從父兄衛將軍世隆嘗謂慶遠曰吾昔夢太尉以褥席見賜吾遂亞台司適又夢以吾褥席與汝汝必光我公族至是慶遠亦繼世隆焉

陳吏部尚書姚察曰王茂曹景宗柳慶遠雖世爲將家然未顯奇節梁興因日月末光以成所志配迹方邵勒勳鍾鼎偉哉昔漢光武全愛功臣不過朝請特

進寇鄧耿賈咸不盡其器力茂等迭據方岳位終上將君臣之際邁於前代矣

梁書卷九

梁書卷九考證

曹景宗傳澤中逐麞鹿每衆騎赴鹿鹿馬相亂○每衆騎赴鹿各本作無還騎

趂鹿訛

梁書卷九考證

梁書卷十

唐 散 騎 常 侍 姚 思 廉 撰

列傳第四

蕭穎達 夏侯詳 蔡道恭 楊公則 鄧元起

蕭穎達蘭陵蘭陵人齊光祿大夫赤斧第五子也少好勇使氣起家冠軍兄穎胄齊建武末亦爲西中郎外兵參軍俱在西府齊季多難頗不自安會東昏遣輔國將軍劉山陽爲巴西太守道過荆州密敕穎胄襲雍州時高祖已爲備矣仍遣穎胄親人王天虎以書疑之山陽至果不敢入城穎胄計無所出夜遣錢塘人朱景思呼西中郎城局參軍席闡文諮議參軍柳忱閉齋定議闡文曰蕭雍州蓄養士馬非復一日江陵素畏襄陽人人衆又不敵取之必不可制制之歲寒復不爲朝廷所容今若殺山陽與雍州舉事立天子以令諸侯則霸業成矣山陽持疑不進是不信我今斬送天虎則彼疑可釋至而圖之罔不濟矣忱亦勸焉穎達曰善及天明穎胄謂天虎曰卿與劉輔國相識今不得不借卿頭

乃斬天虎以示山陽山陽大喜徑將步騎數百到州闌文勒兵待於門山陽車踰限而門闔因執斬之傳首高祖且以奉南康王之議來告高祖許焉和帝即位以穎冑爲假節侍中尚書令領吏部尚書都督行留諸軍事鎮軍將軍荊州刺史留衛西朝以穎達爲冠軍將軍及楊公則等率師隨高祖高祖圍郢城穎達會軍於漢口與王茂曹景宗等攻郢城陷之隨高祖平江州高祖進江州使與曹景宗先率馬步進趨江寧破東昏將李居士又下東城初義師之起也巴東太守蕭惠訓子璝巴西太守魯休烈弗從舉兵侵荊州敗輔國將軍任議之於硤口破大將軍劉孝慶於上明穎冑遣軍拒之而高祖已平江郢圖建康穎冑自以職居上將不能拒制璝等憂愧不樂發疾數日而卒州中祕之使似其書者假爲教命及璝等聞建康將平衆懼而潰乃始發喪和帝贈穎冑丞相義師初穎達弟穎孚自京師出亡廬陵人循景智潛引與南歸至廬陵景智及宗人靈祐爲起兵得數百人屯西昌藥山湖穎達聞之假穎孚節督廬陵豫章臨川南康安成五郡軍事冠軍將軍廬陵內史穎孚率靈祐等進據西昌東昏遣

安西太守劉希祖自南江入湖拒之穎孚不能自立以其兵由建安復奔長沙希祖追之穎孚緣山踰嶂僅而獲免在道絕糧後因食過飽而卒建康城平高祖以穎達爲前將軍丹陽尹上受禪詔曰念功惟德列代所同追遠懷人彌與事篤齊故侍中丞相尙書令穎胄風格峻遠器寓深邵清猷盛業問望斯歸締構義始肇基王迹契闊屯夷載形心事朕膺大改物光宅區宇望岱觀河永言號慟可封巴東郡開國公食邑三千戶本官如故贈穎孚右衞將軍加穎達散騎常侍以公事免及大論功賞封穎達吳昌縣侯邑千五百戶尋爲侍中改封作唐侯縣邑如故遷征虜將軍太子左衞率御史中丞任昉奏曰臣聞貧觀所取窮視不爲在於布衣窮居介然之行尙可以激貪厲俗惇此薄夫況乎伐冰之家爭雞豚之利衣繡之士受賈人之服風聞征虜將軍臣蕭穎達啓乞魚軍稅輒攝穎達宅督彭難當到臺辨問列稱尋生魚典稅先本是鄧僧琰啓乞限訖今年五月十四日主人穎達于時謂非新立仍啓乞接代僧琰即蒙降許登稅與史法論一年收直五十萬知其列狀則與風聞符同穎達即主臣謹案征

虜將軍太子左衛率作唐縣開國侯臣穎達備位大臣預聞執憲私謁亟陳至公寂寞屠中之志異乎鮑肆之求魚飧之資不俟潛有之數遂復申茲文二追彼十一風體若茲準繩斯在陛下弘惜勳良每爲曲法臣當官執憲敢不直繩臣等參議請以見事免穎達所居官以侯還第有詔原之轉散騎常侍左衛將軍俄復爲侍中衛尉卿出爲信威將軍豫章內史加秩中二千石治任威猛郡人畏之遷使持節都督江州諸軍事江州刺史將軍如故頃之徵爲通直散騎常侍右驍騎將軍既處優閑尤恣聲色飲酒過度頗以此傷生九年遷信威將軍右衛將軍是歲卒年三十四車駕臨哭給東園祕器朝服一具衣一襲錢二十萬布二百匹追贈侍中中衛將軍鼓吹一部謚曰康子敏嗣穎胄子靡襲巴東公位至中書郎早卒

夏侯詳字叔業譙郡人也年十六遭父艱居喪哀毀三年廬于墓嘗有雀三足飛來集其廬戶衆咸異焉服闋刺史殷琰召補主簿宋太始初琰舉豫州叛宋明帝遣輔國將軍劉勔討之攻守連月人情危懼將請救於魏詳說琰曰今日

之舉本効忠節若社稷有奉便歸身朝廷何可屈身北面異域且今魏氏之卒近在淮次一軍未測去就懼有異圖今若遣使歸款必厚相慰納豈止免罪而已若謂不然請充一介琰許之詳見勔曰將軍嚴圍峭壘矢刃如霜城內愚徒實同困獸士庶懼誅咸欲投魏僕所以踰城歸德敢布腹心願將軍弘曠蕩之恩垂霈然之惠解圍退舍則皆相率而至矣勔許之詳曰審爾當如君言而詳請反命勔遣到城下詳呼城中人語以勔辭卽日琰及衆俱出一州以全勔爲刺史又補主簿頃之爲新汲令治有異績刺史段佛榮班下境內爲屬城表轉治中從事史仍遷別駕歷事八將州部稱之齊明帝爲刺史雅相器遇及輔政招令出都將大用之每引詳及鄉人裴叔業日夜與語詳輒末略不酬帝以問叔業叔業告詳詳曰不爲福始不爲禍先由此徵有忤出爲征虜長史義陽太守頃之建安戍爲魏所圍仍以詳爲建安戍主帶邊城新蔡二郡太守弁督光成弋陽汝鄧五郡衆赴之詳至建安魏軍引退先是魏又於淮上置荊亭戍常爲寇掠累攻不能禦詳率銳卒攻之賊衆大潰皆棄城奔走建武末徵爲游擊

將軍出爲南中郎司馬南新蔡太守齊南康王爲荊州遷西中郎司馬新興太守便道先到江陽時始安王遙光稱兵京邑南康王長史蕭穎胄並未至中兵參軍劉山陽先在州山陽副潘紹欲謀作亂詳僞呼紹議事即於城門斬之州府乃安遷司州刺史辭不之職高祖義兵起詳與穎胄同創大舉西臺建以詳爲中領軍加散騎常侍南郡太守凡軍國大事穎胄多決於詳及高祖圍郢城未下穎胄遣衞尉席闡文如高祖軍詳獻議曰窮壁易守攻取勢難頓甲堅城兵家所忌誠宜大弘經略詢納羣言軍主以下至于匹夫皆令獻其所見盡其所懷擇善而從選能而用不以人廢言不以多罔寡又須量我衆力度賊樵糧窺彼人情權其形勢若使賊人衆而食少故宜計日而守之食多而力寡故宜悉衆而攻之若使糧力俱足非攻守所屈便宜散金寶縱反間使彼智者不用愚者懷猜此魏武之所以定大業也若三事未可宜思變通觀於人情計我糧穀若德之所感萬里同符仁之所懷遠邇歸義金帛素積糧運又充乃可以列圍寬守引以歲月此王翦之所以剋楚也若圍之不卒降攻之未可下間道不

能行金粟無人積天下非一家人情難可豫此則宜更思變計矣變計之道實資英斷此之深要難以紙宣輒布言於席衞尉特願垂採高祖嘉納焉頃之穎胄卒時高祖弟始興王憺留守襄陽詳乃遣使迎憺共參軍國和帝加詳禁兵出入殿省固辭不受遷侍中尚書右僕射尋授使持節撫軍將軍荆州刺史詳又固讓于憺天監元年徵爲侍中車騎將軍論功封寧都縣侯邑二千戶詳累辭讓至於懇切乃更授右光祿大夫侍中如故給親信二十人改封豐城縣公邑如故二年抗表致仕詔解侍中進特進三年遷使持節散騎常侍車騎將軍湘州刺史詳善吏事在州四載爲百姓所稱州城南臨水有峻峯舊老相傳云刺史登此山輒被代因是歷政莫敢至詳於其地起臺榭延僚屬以表損挹之志六年徵爲侍中右光祿大夫給親信二十人未至授尚書右僕射金紫光祿大夫侍中如故道病卒時年七十四上爲素服舉哀贈右光祿先是荆府城局參軍吉士瞻役萬人浚仗庫防火池得金革帶鉤隱起雕鏤甚精巧篆文曰錫爾金鉤既公且侯士瞻詳兄女壻也女竊以與詳詳喜佩之期歲而貴矣

蔡道恭字懷儉南陽冠軍人也父郡宋益州刺史道恭少寬厚有大量齊文帝爲雍州召補主簿仍除員外散騎常侍後累有戰功遷越騎校尉後軍將軍建武末出爲輔國司馬汝南令齊南康王爲荆州薦爲西中郎中兵參軍加輔國將軍義兵起蕭穎胄以道恭舊將素著威略專相委任遷冠軍將軍西中郎諮議參軍仍轉司馬中興元年和帝即位遷右衛將軍巴西太守魯休烈等自巴蜀連兵寇上明以道恭持節督西討諸軍事次土臺與賊合戰道恭潛以奇兵出其後一戰大破之休烈等降于軍門以功遷中領軍固辭不受出爲使持節右將軍司州刺史天監初論功封漢壽縣伯邑七百戶進號平北將軍三年魏圍司州時城中衆不滿五千人食裁支半歲魏軍攻之晝夜不息道恭隨方抗禦皆應手摧却魏乃作大車載土四面俱前欲以填壍道恭輒於壍內列艨衝鬬艦以待之魏人不得進又潛作伏道以決壍水道恭載土抵塞之相持百餘日前後斬獲不可勝計魏大造梯衝攻圍日急道恭於城內作土山厚二十餘丈多作大槊長二丈五尺施長刃使壯士刺魏人登城者魏軍甚憚之將退會

道恭疾篤乃呼兄子僧䲧從弟靈恩及諸將帥謂曰吾受國厚恩不能破滅寇賊今所苦轉篤勢不支久汝等當以死固節無令吾沒有遺恨又令取所持節謂僧䲧曰稟命出疆憑此而已卽不得奉以還朝方欲攜之同逝可與棺柩相隨衆皆流涕其年五月卒魏知道恭死攻之轉急先是朝廷遣郢州刺史曹景宗率衆赴援景宗到鑿峴頓兵不前至八月城內糧盡乃陷詔曰持節都督司州諸軍事平北將軍司州刺史漢壽縣開國伯道恭器幹詳審才志通烈王業肇構致力陝西受任邊垂効彰所莅寇賊憑陵竭誠守禦奇謀閒出捷書日至不幸抱疾奄至殞喪遺略所固得移氣朔自非徇國忘己忠果並至何能身沒守存窮而後屈言念傷悼特兼常懷追榮加等抑有恆數可贈鎮西將軍使持節都督刺史伯如故幷尋購喪櫬隨宜資給八年魏許還道恭喪其家以女樂易之葬襄陽子澹嗣卒於河東太守孫固早卒國除

楊公則字君翼天水西縣人也父仲懷宋泰始初爲豫州刺史殷琰將琰叛輔國將軍劉勔討琰仲懷力戰死於橫塘公則隨父在軍年未弱冠冒陣抱屍號

哭氣絶良久動命還仲懷首公則殯畢徒步負喪歸鄉里由此著名歷官員外
散騎侍郎梁州刺史范柏年板爲宋熙太守領白馬戍主氐賊李烏奴作亂攻
白馬公則固守經時矢盡糧竭陷于寇抗聲罵賊烏奴壯之更厚待焉要與同
事公則僞許而圖之謀泄單馬逃歸梁州刺史王玄邈以事表聞齊高帝下詔
褒美除晉壽太守在任清潔自守永明中爲鎮北長流參軍還扶風太守母憂
去官雍州刺史陳顯達起爲寧朔將軍復領太守頃之荆州刺史巴東王子響
構亂公則率師進討事平還武寧太守在郡七年資無擔石百姓便之入爲前
軍將軍南康王爲荆州復爲西中郎中兵參軍領軍將軍蕭穎胄協同義舉以
公則爲輔國將軍領西中郎諮議參軍中兵如故率衆東下時湘州行事張寶
積發兵自守未知所附公則軍及巴陵仍回師南討軍次白沙寶積懼釋甲以
俟焉公則到撫納之湘境遂定和帝卽位授持節都督湘州諸軍事湘州刺史
高祖勒衆軍次于沔口魯山城主孫樂祖郢州刺史張沖各據城未下公則率
湘府之衆會于夏口時荆州諸軍受公則節度雖蕭穎達宗室之貴亦隸焉累

進征虜將軍左衞將軍持節刺史如故郢城平高祖命衆軍卽日俱下公則受命先驅徑掩柴桑江州既定連旌東下直造京邑公則號令嚴明秋毫不犯所在莫不賴焉大軍至新林公則自越城移屯領軍府壘北樓與南掖門相對嘗登樓望戰城中遙見麾蓋縱神鋒弩射之矢貫胡床左右皆失色公則曰幾中吾脚談笑如初東昏夜選勇士攻公則柵軍中驚擾公則堅卧不起徐命擊之東昏軍乃退公則所領多湘溪人性怯懦城內輕之以爲易與每出盪輒先犯公則壘公則獎勵軍士剋獲更多及平城內出者或被剝奪公則親率麾下列陣東掖門衞送公卿士庶故出者多由公則營焉進號左將軍持節刺史如故還鎭南蕃初公則東下湘部諸郡多未賓從及公則還州然後諸屯聚並散天監元年進號平南將軍封寧都縣侯邑一千五百戶湘州寇亂累年民多流散公則輕刑薄斂頃之戶口克復爲政雖無威嚴然保己廉愼爲吏民所悅湘俗單家以賂求州職公則至悉斷之所辟引皆州郡著姓高祖班下諸州以爲法四年徵中護軍代至乘二舸便發貲送一無所取仍還衞尉卿加散騎常侍時

朝廷始議北伐以公則威名素著至京師詔假節先屯洛口公則受命遘疾謂親人曰昔廉頗馬援以年老見遺猶自力請用今國家不以吾朽懦任以前驅方於古人見知重矣雖臨途疾苦豈可僶俛辭事馬革還葬此吾志也遂彊起登舟至洛口壽春士女歸降者數千戶魏豫州刺史薛恭度遣長史石榮等前鋒接戰卽斬石榮逐北至壽春去城數十里乃反疾卒于師時年六十一高祖深痛惜之卽日舉哀贈車騎將軍給鼓吹一部謚曰烈公則爲人敦厚慈愛居家篤睦視兄子過於其子家財悉委焉性好學雖居軍旅手不輟卷士大夫以此稱之子膘嗣有罪國除高祖以公則勳臣特詔聽庶長子朓嗣朓固讓歷年乃受

鄧元起字仲居南郡當陽人也少有膽幹膂力過人性任俠好賑施鄉里年少多附之起家州辟議曹從事史轉奉朝請雍州刺史蕭緬板爲槐里令遷弘農太守平西軍事時西陽馬榮率衆緣江寇抄商旅斷絕刺史蕭遙欣使元起率衆討平之遷武寧太守永元末魏軍逼義陽元起自郡援焉蠻帥田孔明附于

魏自號郢州刺史寇掠三關規襲夏口元起率銳卒攻之旬月之間頻陷六城
斬獲萬計餘黨悉皆散走仍戍三關郢州刺史張沖督河北軍事元起累與沖
書求旋軍沖報書曰足下在彼吾在此表裏之勢所謂金城湯池一旦捨去則
荆棘生焉乃表元起爲平南中兵參軍事自是每戰必捷勇冠當時敢死之士
樂爲用命者萬有餘人義師起蕭穎胄與書招之張沖待元起素厚衆皆懼沖
及書至元起部曲多勸其還郢元起大言於衆曰朝廷暴虐誅戮宰臣羣小用
命衣冠道盡荆雍二州同舉大事何患不剋且我老母在西豈容背本若事不
成政受戮昏朝幸免不孝之罪卽日治嚴上道至江陵爲西中郎中兵參軍加
冠軍將軍率衆與高祖會于夏口高祖命王茂曹景宗及元起等圍城結壘九
里張沖屢戰輒大敗乃嬰城固守和帝卽位授假節冠軍將軍平越中郎將廣
州刺史遷給事黃門侍郎移鎮南堂西渚中興元年七月郢城降以本號爲益
州刺史仍爲前軍先定尋陽及大軍進至京邑元起築壘於建陽門與王茂曹
景宗等合長圍身當鋒鏑建康城平進號征虜將軍天監初封當陽縣侯邑一

千二百戶又進號左將軍刺史如故始述職焉初義師之起益州刺史劉季連持兩端及聞元起將至遂發兵拒守語在季連傳元起至巴西巴西太守朱士略開門以待先時蜀人多逃亡至是出投元起皆稱起義應朝廷師人新故三萬餘元起在道久軍糧乏絕或說之曰蜀土政慢民多詐疾若檢巴西一部籍注因而罰之所獲必厚元起然之涪令李膺諫曰使君前有嚴敵後無繼援山民始附於我觀德若糾以刻薄民必不堪衆心一離雖悔無及何必起疾可以濟師膺請出圖之不患資糧不足也元起曰善一以委卿膺退率富民上軍資米俄得三萬斛元起先遣將王元宗等破季連將李奉伯於新巴齊晚盛於赤水衆進屯西平季連始嬰城自守晚盛又破元起將魯方達於斛石士卒死者千餘人師衆咸懼元起乃自率兵稍進至蔣橋去成都二十里留輜重於郫季連復遣奉伯晚盛二千人間道襲郫陷之軍備盡沒元起遣魯方達之衆救之敗而反遂不能剋元起捨郫逕圍州城柵其三面而塹焉元起出巡視圍柵季連使精勇掩之將至麾下元起下輿持楯叱之衆辟易不敢進時益部兵亂日

久民廢耕農內外苦饑人多相食道路斷絕季連計窮會明年高祖使赦季連罪許之降季連卽日開城納元起元起送季連于京師城開郫乃降斬奉伯晚感高祖論平蜀勳復元起號平西將軍增封八百戶并前二千戶元起以鄉人庾黔婁爲錄事參軍又得荊州刺史蕭遙欣故客蔣光濟並厚待之任以州事黔婁甚清潔光濟多計謀並勸爲善政元起之剋季連也城內財寶無所私勤恤民事口不論財色性本能飲酒至一斛不亂及是絕之蜀土翕然稱之元起舅子梁矜孫性輕脫與黔婁志行不同乃言於元起曰城中稱有三刺史節下何以堪之元起由此疎黔婁光濟而治迹稍損在州二年以母老乞歸供養詔許焉徵爲右衞將軍以西昌侯蕭淵藻代之是時梁州長史夏侯道遷以南鄭叛引魏人白馬戍主尹天寶馳使報蜀魏將王景胤孔陵寇東西晉壽並遣告急衆勸元起急救之元起曰朝廷萬里軍不卒至若寇賊侵淫方須撲討董督之任非我而誰何事忽忽便救黔婁等苦諫之皆不從高祖亦假元起都督征討諸軍將救漢中比是魏已攻陷兩晉壽淵藻將至元起頗營還裝糧儲器械

略無遺者淵藻入城甚怨望因表其逗留不憂軍事收付州獄於獄自縊時年四十八有司追劾削爵土詔減邑之半乃更封松滋縣侯邑千戸初元起在荆州刺史隨王板元起爲從事別駕庾華堅執不可元起恨之大軍既至京師華在城內甚懼及城平元起先遣迎華語人曰庾別駕若爲亂兵所殺我無以自明因厚遺之少時又嘗至其西沮田舍有沙門造之乞元起問田人曰有稻幾何對曰二十斛元起悉以施之時人稱其有大度元起初爲益州過江陵迎其母母事道方居館不肯出元起拜請同行母曰貧賤家兒忽得富貴詎可久保我寧死不能與汝共入禍敗元起之至巴東聞蜀亂使蔣光濟筮之遇蹇喟然歎曰吾豈鄧艾而及此乎後果如筮子鏗嗣

陳吏部尚書姚察曰永元之末荆州方未有釁蕭穎冑悉全楚之兵首應義舉豈天之所啓人惎之謀不然何其嚮附之決也穎達叔姪慶流後嗣夏侯楊鄧咸享隆名盛矣詳之謹厚楊蔡廉節君子有取焉

梁書卷十

梁書卷十考證

蕭穎達傳高祖進江州○江一本作漂

敗輔國將軍任漾之於硤石○漾一本作議

梁書卷十考證

珍傚宋版却

梁書卷十一

唐　散　騎　常　侍　姚　思　廉　撰

列傳第五

張弘策　庾域　鄭紹叔　呂僧珍

張弘策字真簡范陽方城人文獻皇后之從父弟也幼以孝聞母嘗有疾五日不食弘策亦不食母彊爲進粥乃食母所餘遭母憂三年不食鹽菜幾至滅性兄弟友愛不忍暫離雖各有室常同臥起世比之姜肱兄弟起家齊邵陵王國常侍遷奉朝請西中郎江夏王行參軍弘策與高祖年相輩幼見親狎恆隨高祖遊處每入室常覺有雲煙氣體輒肅然弘策由此特敬高祖建武末弘策從高祖宿酒酣徙席星下語及時事弘策因問高祖曰緯象云何國家故當無恙高祖曰其可言乎弘策因曰請言其兆高祖曰漢北有失地氣浙東有急兵祥今冬初魏必動若動則亡漢北帝今久疾多異議萬一伺釁稽部且乘機而作是亦無成徒自驅除耳明年都邑有亂死人過於亂麻齊之曆數自茲亡矣梁

楚漢當有英雄與弘策曰英雄今何在爲已富貴爲在草茅高祖笑曰光武有
云安知非僕弘策起曰今夜之言是天意也請定君臣之分高祖曰舅欲效鄧
晨乎是冬魏軍寇新野高祖將兵爲援且受密旨仍代曹虎爲雍州弘策聞之
心喜謂高祖曰夜中之言獨當驗矣高祖笑曰且勿多言弘策從高祖西行仍
參帷幄身親勞役不憚辛苦五年秋明帝崩遺詔以高祖爲雍州刺史乃表弘
策爲錄事參軍帶襄陽令高祖覩海內方亂有匡濟之心密爲儲備謀猷所及
惟弘策而已時長沙宣武王罷益州還仍爲西中郎長史行郢州事高祖使弘
策到郢陳計於宣武王語在高祖紀弘策因說王曰昔周室既衰諸侯力爭齊
桓蓋中人耳遂能一匡九合民到于今稱之齊德告微四海方亂蒼生之命會
應有主以郢州居中流之要雍部有戎馬之饒卿兄弟英武當今無敵虎據兩
州參分天下糾合義兵爲百姓請命廢昏立明易於反掌如此則桓文之業可
成不世之功可建無爲豎子所欺取笑身後雍州揣之已熟願善圖之王頗不
懌而無以拒也義師將起高祖夜召弘策呂僧珍入宅定議旦乃發兵以弘策

爲輔國將軍軍主領萬人督後部軍事西臺建爲步兵校尉遷車騎諮議參軍及郢城平蕭穎達楊公則諸將皆欲頓軍夏口高祖以爲宜乘勢長驅直指京邑以計語弘策弘策與高祖意合又訪寧遠將軍庾域域又同乃命衆軍卽日上道緣江至建康凡磯浦村落軍行宿次之頓處所弘策逆爲圖測皆在目中義師至新林王茂曹景宗等於大航方戰高祖遣弘策持節勞勉衆咸奮厲是日仍破朱雀軍高祖入頓石頭城弘策屯門禁衛引接士類多全免城平高祖遣弘策與呂僧珍先入清宮封檢府庫于時城內珍寶委積弘策申勒部曲秋毫無犯遷衛尉卿加給事中天監初加散騎常侍洮陽縣侯邑二千二百戶弘策盡忠奉上知無不爲交遊故舊隨才薦拔搢紳皆趨焉時東昏餘黨初逢赦令多未自安數百人因運荻炬束仗得入南北掖作亂燒神虎門總章觀前軍司馬呂僧珍直殿內以宿衛兵拒破之盜分入衛尉府弘策方救火盜潛後害之時年四十七高祖深慟惜焉給第一區衣一襲錢十萬布百匹蠟二百斤詔曰亡從舅衛尉慮發所忽殞身祆豎其情理清貞器識淹濟自藩升朝契闊夷

阻加外氏凋衰饗嘗屢絶與感渭陽情寄斯在方賴忠勳翼宣寡薄報効無徵永言增慟可贈散騎常侍車騎將軍給鼓吹一部謚曰愍弘策爲人寬厚通率篤舊故及居隆重不以貴勢自高故人賓客禮接如布衣時祿賜皆散之親友及其遇害莫不痛惜焉子緬嗣別有傳

庾域字司大新野人長沙宣武王爲梁州以爲錄事參軍帶華陽太守時魏軍攻圍南鄭州有空倉數十所域封題指示將士云此中粟皆滿足支二年但努力堅守衆心以安虜退以功拜羽林監遷南中郎記室參軍永元末高祖起兵遣書招域西臺建以爲寧朔將軍領行選從高祖東下師次陽口和帝遣御史中丞宗夬銜命勞軍域乃諷夬曰黄鉞未加非所以總率侯伯夬反西臺卽授高祖黄鉞蕭穎冑旣都督中外諸軍事論者謂高祖應致牋域爭不聽乃止郢城平域及張弘策議與高祖意合卽命衆軍便下每獻謀畫多被納用霸府初開以爲諮議參軍天監初封廣牧縣子後軍司馬出爲寧朔將軍巴西梓潼二郡太守梁州長史夏侯道遷舉州叛降魏魏騎將襲巴西域固守百餘日城中

糧盡將士皆齕草食土死者大半無有離心魏軍退詔增封二百戶進爵爲伯六年卒於郡

鄭紹叔字仲明滎陽開封人也世居壽陽祖琨宋高平太守紹叔少孤貧年二十餘爲安豐令居縣有能名本州召補主簿轉治中從事史時刺史蕭誕以弟諶誅臺遣收兵卒至左右莫不驚散紹叔聞難獨馳赴焉誕死侍送喪柩衆咸稱之到京師司空徐孝嗣見而異之曰祖逖之流也高祖臨司州命爲中兵參軍領長流因是厚自結附高祖罷州還京師謝遣賓客紹叔獨固請願留高祖謂曰卿才幸自有用我今未能相益宜更思他塗紹叔曰委質有在義無二心高祖固不許於是乃還壽陽刺史蕭遙昌苦引紹叔終不受命遙昌怒將囚之救解得免及高祖爲雍州刺史紹叔間道西歸補寧蠻長史扶風太守東昏既害朝宰頗疑高祖紹叔兄植爲東昏直後東昏遣至雍州託以候紹叔實潛使爲刺客紹叔知之密以白高祖植既至高祖於紹叔處置酒宴之戲植曰朝廷遣卿見圖今日閑宴是見取良會也賓主大笑令植登臨城隍周觀府署士卒

器械舟艫戰馬莫不富實植退謂紹叔曰雍州實力未易圖也紹叔曰兄還具
爲天子言之兄若取雍州紹叔請以此衆一戰送兄於南峴相持慟哭而別義
師起爲冠軍將軍改驍騎將軍侍從東下江州留紹叔監州都督江湘二州糧
運事無闕乏天監初入爲衛尉卿紹叔忠於事上外所聞知纖毫無隱每爲高
祖言事善則曰臣愚不及此皆聖主之策其不善則曰臣慮出淺短以爲其事
當如是殆以此誤朝廷臣之罪深矣高祖甚親信之母憂去職紹叔有至性高
祖常使人節其哭頃之起爲冠軍將軍右軍司馬封營道縣侯邑千戶俄復爲
衛尉卿加冠軍將軍以營道縣戶凋弊改封東興縣侯邑如故初紹叔少失父
事母及祖母以孝聞奉兄恭謹及居顯要祿賜所得及四方貢遺悉歸之兄室
三年魏軍圍合肥紹叔以本號督衆軍鎮東關事平復爲衛尉既而義陽爲魏
所陷司州移鎮關南四年以紹叔爲使持節征虜將軍司州刺史紹叔創立城
隍繕修兵器廣田積穀招納流民百姓安之性頗矜躁以權勢自居然能傾心
接物多所薦舉士類亦以此歸之六年徵爲左將軍加通直散騎常侍領司豫

二州大中正紹叔至家疾篤詔於宅拜授輿載還府中醫藥一日數至七年卒於府舍時年四十五高祖將臨其殯紹叔宅巷狹陋不容輿駕乃止詔曰追往念功前王所篤在誠惟舊異代同規通直散騎常侍右衞將軍東興縣開國侯紹叔立身清正奉上忠恪契闊藩朝情績顯著爰及義始實立茂勳作牧疆境効彰所莅方申任寄協贊心膂奄至殞喪傷痛于懷宜加優典隆茲寵命可贈散騎常侍護軍將軍給鼓吹一部東園祕器朝服一具衣一襲凶事所須隨由資給謚曰忠紹叔卒後高祖嘗潸然謂朝臣曰鄭紹叔立志忠烈善則稱君過則歸己當今殆無其比其見賞惜如此子貞嗣

呂僧珍字元瑜東平范人也世居廣陵起自寒賤始童兒時從師學有相工歷觀諸生指僧珍謂博士曰此有奇聲封侯相也年二十餘依宋丹陽尹劉秉秉誅後事太祖文皇爲門下書佐身長七尺五寸容貌甚偉在同類中少所褻狎曹輩皆敬之太祖爲豫州刺史以爲典籤帶蒙令居官稱職太祖遷領軍補主簿妖賊唐瑀寇東陽太祖率衆東討使僧珍知行軍衆局事僧珍宅在建陽門

東自受命當行每日由建陽門道不過私室太祖益以此知之爲丹陽尹復命爲郡督郵齊隨王子隆出爲荆州刺史齊武以僧珍爲子隆防閤從之鎮永明九年雍州刺史王奐反敕遣僧珍隸平北將軍曹虎西爲典籤帶新城令魏軍寇沔北司空陳顯達出討一見異之因屏人呼上座謂曰卿有貴相後當不見減努力爲之建武二年魏大舉南侵五道並進高祖率師援義陽僧珍從在軍中長沙宣武王時爲梁州刺史魏圍守連月閒諜所在不通義陽與雍州路斷高祖欲遣使至襄陽求梁州問衆皆憚莫敢行僧珍固請充使卽日單舸上道既至襄陽督遣援軍且獲宣武王書而反高祖甚嘉之事寧補羽林監東昏卽位司空徐孝嗣管朝政欲與共事僧珍揣不久安竟弗往時高祖已臨雍州僧珍固求西歸得補邔令既至高祖命爲中兵參軍委以心膂僧珍陰養死士歸之者甚衆高祖頗招武猛士庶響從會者萬餘人因命按行城西空地將起數千間屋以爲止舍多伐林竹沉於檀溪積茅蓋若山阜皆不之用僧珍獨悟其旨亦私具櫓數百張義兵起高祖夜召僧珍及張弘策定議明旦乃會衆發兵

悉取檀溪材竹裝爲𦪇艦葺之以茅並立辦衆軍將發諸將果爭艪僧珍乃出先所具者每船付二張爭者乃息高祖以僧珍爲輔國將軍步兵校尉出入臥內宣通意旨師及郢城僧珍率所領頓偃月壘俄又進據騎城郢州平高祖進僧珍爲前鋒大將軍大軍次江寧高祖令僧珍與王茂率精兵先登赤鼻邏其日東昏將李居士與衆來戰僧珍等要擊大破之乃與茂進軍於白板橋築壘壘立茂移頓越城僧珍猶守白板李居士密覘知衆少率銳卒萬人直來薄城僧珍謂將士曰今力既不敵不可與戰亦勿遙射須至塹裏當并力破之俄而皆越塹拔柵僧珍分人上城矢石俱發自率馬步三百人出其後守隅者復踰城而下內外齊擊居士應時奔散獲其器甲不可勝計僧珍又進據越城東昏大將王珍國列車爲營背淮而陣王茂等衆軍擊之僧珍縱火車焚其營卽日瓦解建康城平高祖命僧珍率所領先入清宮與張弘策封檢府庫卽日以本官帶南彭城太守遷給事黃門侍郎領虎賁中郎將高祖受禪以爲冠軍將軍前軍司馬封平固縣侯邑一千二百戶尋遷給事中右衞將軍頃之轉左衞將

軍加散騎常侍入直祕書省總知宿衛天監四年冬大舉北伐自是軍機多事僧珍晝直中書省夜還祕書五年夏又命僧珍率羽林勁勇出梁城其年冬旋軍以本官領太子中庶子僧珍去家久表求拜墓高祖欲榮之使爲本州乃授使持節平北將軍南兗州刺史僧珍在任平心率下不私親戚從父兄子宏以販葱爲業僧珍既至乃棄業欲求州官僧珍曰吾荷國重恩無以報効汝等自有常分豈可妄求叨越但當速反葱肆耳僧珍舊宅在市北前有督郵廨鄉人咸勸徙廨以益其宅僧珍怒曰督郵官廨也置立以來便在此地豈可徙之益吾私宅姊適于氏住在市西小屋臨路與列肆雜處僧珍常導從鹵簿到其宅不以爲恥在州百日徵爲領軍將軍尋加散騎常侍給鼓吹一部直祕書省如先僧珍有大勳任總心膂恩遇隆密莫與爲比性甚恭慎當直禁中盛暑不敢解衣每侍御座屏氣鞠躬果食未嘗舉箸嘗因醉後取一柑食之高祖笑謂曰使是大有所進祿俸之外又月給錢十萬其餘賜賚不絕於時十年疾病車駕臨幸中使醫藥日有數四僧珍語親舊曰吾昔在蒙縣熱病發黃當時必謂不

濟主上見語卿有富貴相必當不死尋應自差俄而果愈今已富貴而復發黃所苦與昔正同必不復起矣竟如其言卒于領軍府舍時年五十八高祖即日臨殯詔曰思舊篤終前王令典追榮加等列代通規散騎常侍領軍將軍平固縣開國侯僧珍器思淹通識宇詳濟竭忠盡禮知無不爲與朕契闊情兼屯泰大業初構茂勳克舉及居禁衞朝夕盡誠方參任台槐式隆朝寄奄致喪逝傷慟于懷宜加優典以隆寵命可贈驃騎將軍開府儀同三司常侍鼓吹侯如故給東園祕器朝服一具衣一襲喪事所須隨由備辦諡曰忠敬侯高祖痛惜之言爲流涕長子峻早卒峻子淡嗣

陳吏部尚書姚察曰張弘策敦厚慎密呂僧珍恪勤匪懈鄭紹叔忠誠亮盡締構王業三子皆有力焉僧珍之肅恭禁省紹叔之造膝詭辭盡識爲臣之節矣

梁書卷十一

梁書卷十一考證

呂僧珍傳妖賊唐寓之寇東陽○寓閣本作瑀又無之字

梁書卷十一考證

梁書卷十二

唐 散騎常侍姚思廉撰

列傳第六

柳惔 弟忱　席闡文　韋叡 族弟愛

柳惔字文通河東解人也父世隆齊司空惔年十七齊武帝爲中軍命爲參軍轉主簿齊初入爲尚書三公郎累遷太子中舍人巴東王子響友子響爲荆州惔隨之鎮子響昵近小人惔知將爲禍稱疾還京及難作惔以先歸得免歷中書侍郎中護軍長史出爲新安太守居郡以無政績免歸久之爲右軍諮議參軍事建武末爲西戎校尉梁南秦二州刺史及高祖起兵惔舉漢中應義和帝即位以爲侍中領前軍將軍高祖踐阼徵爲護軍將軍未拜仍遷太子詹事加散騎常侍論功封曲江縣侯邑千戶高祖因讌爲詩以貽惔曰爾實冠羣后惟余實念功又嘗侍座高祖曰徐元瑜違命嶺南周書罪不相及朕已宥其諸子何如惔對曰罰不及嗣賞延于世今復見之聖朝時以爲知言尋還尚書右僕

射天監四年大舉北伐臨川王宏都督衆軍以惔爲副軍還復爲僕射以久疾轉金紫光祿大夫加散騎常侍給親信二十人未拜出爲使持節安南將軍湘州刺史六年十月卒于州時年四十六高祖爲素服舉哀贈侍中撫軍將軍給鼓吹一部謚曰穆惔著仁政傳及諸詩賦粗有辭義子照嗣惔第四弟憕亦有美譽歷侍中鎮西長史天監十二年卒贈寧遠將軍豫州刺史

忱字文若惔第五弟也年數歲父世隆及母閻氏時寢疾忱不解帶經年及居喪以毀聞起家爲司徒行參軍累遷太子中舍人西中郎主簿功曹史齊東昏遣巴西太守劉山陽由荆襲高祖西中郎長史蕭頴冑計未有定召忱及其所親席闡文等夜入議之忱曰朝廷狂悖爲惡日滋頃聞京師長者莫不重足累息今幸在遠得假日自安雍州之事且藉以相斃耳獨不見蕭令君乎以精兵數千破崔氏十萬衆竟爲羣邪所陷禍酷相尋前事之不忘後事之師也若使彼凶心已逞豈知使君不係踵而及且雍州士銳糧多蕭使君雄姿冠世必非山陽所能擬若破山陽荆州復受失律之責進退無可且深慮之闡文亦深勸

同高祖穎胄乃誘斬山陽以忱爲寧朔將軍和帝即位爲尚書吏部郎進號輔國將軍南平太守尋遷侍中冠軍將軍太守如故轉吏部尚書不拜郢州平穎胄議遷都夏口忱復同諫以爲巴硤未賓不宜輕捨根本搖動民志穎胄不從俄而巴東兵至硤口遷都之議乃息論者以爲見機高祖踐阼以忱爲五兵尚書領驍騎將軍論建義功封州陵伯邑七百戶天監二年出爲安西長史冠軍將軍南郡太守六年徵爲員外散騎常侍太子右衞率未發遷持節督湘州諸軍事輔國將軍湘州刺史八年坐輒放從軍丁免俄入爲祕書監遷散騎常侍轉祠部尚書未拜遇疾詔改授給事中光祿大夫疾篤不拜十年卒於家時年四十一追贈中書令諡曰穆子範嗣

席闡文安定臨涇人也少孤貧涉獵書史齊初爲雍州刺史蕭赤斧中兵參軍由是與其子穎胄善復歷西中郎中兵參軍領城局高祖之將起義也闡文深勸之穎胄同焉仍遣田祖恭私報高祖幷獻銀裝刀高祖報以金如意和帝稱尊號爲給事黃門侍郎尋遷衞尉卿穎胄暴卒州府騷擾闡文以和帝幼弱中

流任重時始與王愔留鎮雍部乃與西朝羣臣迎王總州事故賴以寧輯高祖受禪除都官尙書輔國將軍封山陽伯邑七百戶出爲東陽太守又改封湘西戶邑如故視事二年以淸白著稱卒於官詔賻錢三萬布五十匹謚曰威

韋叡字懷文京兆杜陵人也自漢丞相賢以後世爲三輔著姓祖玄避吏隱於長安南山宋武帝入關以太尉掾徵不至伯父祖征宋末爲光祿勳父祖歸寧遠長史叡事繼母以孝聞叡兄纂闡並早知名纂叡皆好學闡有淸操祖征累爲郡守每攜叡之職視之如子時叡內兄王憕姨弟杜惲並有鄉里盛名祖征謂叡曰汝自謂何如憕惲叡謙不敢對祖征曰汝文章或小減學識當過之然而幹國家成功業皆莫汝逮也外兄杜幼文爲梁州刺史要叡俱行梁土富饒往者多以賄敗叡時雖幼獨用廉閒宋永光初袁顗爲雍州刺史見而異之引爲主簿顗到州與鄧琬起兵叡求出爲義成郡故免顗之禍後爲晉平王左常侍遷司空桂陽王行參軍隨齊司空柳世隆守郢城拒荊州刺史沈攸之攸之平遷前軍中兵參軍久之爲廣德令累遷齊興太守本州別駕長水校尉右軍

將軍齊末多故不欲遠鄉里求爲上庸太守加建威將軍俄而太尉陳顯達護
軍將軍崔慧景頻逼京師民心惶駭未有所定西土人謀之於叡叡曰陳雖舊
將非命世才崔頗更事懦而不武其取赤族也宜哉天下真人殆興於吾州矣
乃遣其二子自結於高祖義兵檄至叡率郡人伐竹爲筏倍道來赴有衆二千
馬二百匹高祖見叡甚悅拊几曰他日見君之面今日見君之心吾事就矣義
師剋郢魯平加湖叡多建謀策皆見納用大軍發郢謀留守將高祖難其人久
之顧叡曰棄騏驥而不乘焉遑遑而更索即日以爲冠軍將軍江夏太守行郢
府事初郢城之拒守也男女口垂十萬閉壘經年疾疫死者十七八皆積屍於
床下而生者寢處其上每屋輒盈滿叡料簡隱卹咸爲營理於是死者得埋藏
生者反居業百姓賴之梁臺建徵爲大理高祖即位遷廷尉封梁都子邑三百
戶天監二年改封永昌戶邑如先東宮建遷太子右衛率出爲輔國將軍豫州
刺史領歷陽太守三年魏遣衆來寇率州兵擊走之四年王師北伐詔叡都督
衆軍叡遣長史王超宗梁郡太守馮道根攻魏小峴城未能拔叡巡行圍柵魏

城中忽出數百人陳於門外叡欲擊之諸將皆曰向本輕來未有戰備徐還授甲乃可進耳叡曰不然魏城中二千餘人閉門堅守足以自保無故出人於外必其驍勇者也若能挫之其城自拔衆皆猶遲疑叡指其節曰朝廷授此非以爲飾韋叡之法不可犯也乃進兵士皆殊死戰魏軍果敗走因急攻之中宿而城拔遂進討合肥先是右軍司馬胡略等至合肥久未能下叡按行山川曰吾聞汾水可以灌平陽絳水可以灌安邑卽此是也乃堰肥水親自夜率頃之堰成水通舟艦繼至魏初分築東西小城夾合肥叡先攻二城既而魏援將楊靈胤帥軍五萬奄至衆懼不敵請表益兵叡笑曰賊已至城下方復求軍臨難鑄兵豈及馬腹且吾求濟師彼亦徵衆猶如吳益巴丘蜀增白帝耳師克在和不在衆古之義也因與戰破之軍人少安初肥水堰立使軍主王懷靜築城於岸守之魏攻陷懷靜城千餘人皆沒魏人乘勝至叡堤下其勢甚盛軍監潘靈祐勸叡退還巢湖諸將又請走保三叉叡怒曰寧有此邪將軍死綏有前無却因令取繖扇麾幢樹之堤下示無動志叡素羸每戰未嘗騎馬以板輿自載督厲

衆軍魏兵來鑿堤叡親與爭之魏軍少却因築壘於堤以自固叡起鬬艦高與合肥城等四面臨之魏人計窮相與悲哭叡攻具既成堰水又滿魏救兵無所用魏守將杜元倫登城督戰中弩死城遂潰俘獲萬餘級牛馬萬數絹滿十間屋悉充軍賞叡每晝接客旅夜筭軍書三更起張燈達曙撫循其衆常如不及故投募之士爭歸之所至頓舍脩立館宇藩籬牆壁皆應準繩合肥既平高祖詔衆軍進次東陵東陵去魏甓城二十里將會戰有詔班師去賊既近懼爲所躡叡悉遣輜重居前身乘小輿殿後魏人服叡威名望之不敢逼全軍而還至是遷豫州於合肥五年魏中山王元英寇北徐州圍刺史昌義之於鍾離衆號百萬連城四十餘高祖遣征北將軍曹景宗都督衆軍二十萬以拒之次邵陽洲築壘相守高祖詔叡率豫州之衆會焉叡自合肥逕道由陰陵大澤行値澗谷輒飛橋以濟師人畏魏軍盛多勸叡緩行叡曰鍾離今鑿穴而處負戶而汲車馳卒奔猶恐其後而況緩乎魏人已墮吾腹中卿曹勿憂也旬日而至邵陽初高祖敕景宗曰韋叡卿之鄉望宜善敬之景宗見叡禮甚謹高祖聞之曰二

將和師必濟矣叡於景宗營前二十里夜掘長塹樹鹿角截洲爲城比曉而營立元英大驚以杖擊地曰是何神也明旦英自率衆來戰叡乘素木輿執白角如意麾軍一日數合英甚彊魏軍又夜來攻城飛矢雨集叡子黯請下城以避箭叡不許軍中驚叡於城上厲聲呵之乃定魏人先於邵陽洲兩岸爲兩橋樹柵數百步跨淮通道叡裝大艦使梁郡太守馮道根廬江太守裴邃秦郡太守李文釗等爲水軍值淮水暴長叡卽遣之鬬艦競發皆臨敵壘以小船載草灌之以膏從而焚其橋風怒火盛烟塵晦冥敢死之士拔柵斫橋水又漂疾倏忽之間橋柵盡壞而道根等皆身自搏戰軍人奮勇呼聲動天地無不一當百魏人大潰元英見橋絕脫身遁去魏軍趨水死者十餘萬斬首亦如之其餘釋甲稽顙乞爲囚奴猶數十萬所獲軍實牛馬不可勝紀叡遣報昌義之義之且悲且喜不暇答語但叫曰更生更生高祖遣中書郎周捨勞於淮上叡積所獲於軍門捨觀之謂叡曰君此獲復與熊耳山等以功增封七百戸進爵爲侯徵通直散騎常侍右衛將軍七年遷左衛將軍俄爲安西長史南郡太守秩中二千

石會司州刺史馬仙琕北伐還軍爲魏人所躡三關擾動詔叡督衆軍援焉叡至安陸增築城二丈餘更開大塹起高樓衆頗譏其示弱叡曰不然爲將當有怯時不可專勇是時元英復追仙琕將復邵陽之恥聞叡至乃退帝亦詔罷軍明年遷信武將軍江州刺史九年徵員外散騎常侍右衞將軍累遷左衞將軍太子詹事尋加通直散騎常侍十三年遷智武將軍丹陽尹以公事免頃之起爲中護軍十四年出爲平北將軍寧蠻校尉雍州刺史初叡起兵鄉中客陰儁光泣止叡叡還爲州儁光道候叡叡笑謂之曰若從公言乞食於路矣餉耕牛十頭叡於故舊無所遺惜士大夫年七十以上多與假板縣令鄉里甚懷之十五年拜表致仕優詔不許十七年徵散騎常侍護軍將軍尋給鼓吹一部入直殿省居朝廷恂恂未嘗忤視高祖甚禮敬之性慈愛撫孤兄子過於己子歷官所得祿賜皆散之親故家無餘財後爲護軍居家無事慕萬石陸賈之爲人因畫之於壁以自玩時雖老暇日猶課諸兒以學第三子稜尤明經史世稱其洽聞叡每坐稜使說書其所發擿稜猶弗之逮也高祖方銳意釋氏天下咸從風

而化叡自以信受素薄位居大臣不欲與俗俯仰所行略如他日普通元年夏遷侍中車騎將軍以疾未拜八月卒于家時年七十九遺令薄葬斂以時服高祖卽日臨哭甚慟賜錢十萬布二百匹東園祕器朝服一具衣一襲喪事取給於官遣中書舍人監護贈侍中車騎將軍開府儀同三司謚曰嚴初邵陽之役昌義之甚德叡請曹景宗與叡會因設錢二十萬官賭之景宗擲得雉叡徐擲得盧遽取一子反之曰異事遂作塞景宗時與羣帥爭先啓之捷叡獨居後其不尚勝率多如是世尤以此賢之子放正稜黯放別有傳正字敬直起家南康王行參軍稍遷中書侍郎出爲襄陽太守初正與東海王僧孺友善及僧孺爲尙書吏部郎參掌大選賓友故人莫不傾意正獨澹然及僧孺擯廢之後正復篤素分有踰曩日論者稱焉歷官至給事黃門侍郎稜字威直性恬素以書史爲業博物彊記當世之士咸就質疑起家安成王府行參軍稍遷治書侍御史太子僕光祿卿著漢書續訓三卷黯字務直性彊正少習經史有文詞起家太子舍人稍遷太僕卿南豫州刺史太府卿侯景濟江黯屯六門尋改爲都督城

西面諸軍事時景於城外起東西二土山城内亦作以應之太宗親自負土哀太子以下躬執畚鍤黯守西土山晝夜苦戰以功授輕車將軍加持節卒於城内贈散騎常侍左衞將軍叡族弟愛

愛字孝友沉靜有器局高祖父廣晉後軍將軍北平太守曾祖軌以孝武太元之初南遷襄陽爲本州別駕散騎侍郎祖公循宋義陽太守父義正早卒愛少而偏孤事母以孝聞性清介不妄交遊而篤志好學每虛室獨坐遊心墳素而埃塵滿席寂若無人年十二嘗遊京師值天子出遊南苑邑里諠譁老幼爭觀愛獨端坐讀書手不釋卷宗族見者莫不異焉及長博學有文才尤善周易及春秋左氏義袁顗爲雍州刺史辟爲主簿遭母憂廬於墓側負土起墳高祖臨雍州聞之親往臨弔服闋引爲中兵參軍義師之起也以愛爲壯武將軍冠軍南平王司馬帶襄陽令時京邑未定雍州空虛魏興太守顏僧都等據郡反州内驚擾百姓攜貳愛沉敏有謀素爲州里信服乃推心撫御曉示逆順兼率募鄉里得千餘人與僧都等戰於始平郡南大破之百姓乃安蕭穎胄之死也和

帝徵兵襄陽愛從始興王憺赴焉先是巴東太守蕭璝巴西太守魯休烈舉兵來逼荆州及憺至令愛書諭之璝卽日請降中興二年從和帝東下高祖受禪進號輔國將軍仍爲驍騎將軍尋除寧蜀太守與益州刺史鄧元起西上襲劉季連行至公安道病卒贈衞尉卿子乾向官至驍騎將軍征北長史汝陰鍾離二郡太守

陳吏部尚書姚察曰昔竇融以河右歸漢終爲盛族柳惔舉南鄭響從而家聲弗霣時哉忱之謀畫亦用有成智矣韋叡起上庸以附義其地比惔則薄及合肥邵陽之役其功甚盛推而弗有君子哉

梁書卷十二

梁書卷十三

唐　散騎常侍姚思廉撰

列傳第七

范雲　沈約

范雲字彥龍南鄉舞陰人晉平北將軍汪六世孫也年八歲遇宋豫州刺史殷琰於塗琰異之要就席雲風姿應對傍若無人琰令賦詩操筆便就坐者歎焉嘗就親人袁照學書一夜不怠照撫其背曰卿精神秀朗而勤於學卿相才也少機警有識且善屬文便尺牘下筆輒成未嘗定藁時人每疑其宿構父抗為郢府參軍雲隨父在府時吳興沈約新野庾杲之與抗同府見而友之起家郢州西曹書佐轉法曹行參軍俄而沈攸之舉兵圍郢城抗時為府長流入城固守留家屬居外雲為軍人所得攸之召與語聲色甚厲雲容貌不變徐自陳說攸之乃笑曰卿定可兒且出就舍明旦又召令送書入城城內或欲誅之雲曰老母弱弟懸命沈氏若違其命禍必及親今日就戮甘心如蔣長史柳世隆素

與雲善乃免之齊建元初竟陵王子良爲會稽太守雲始隨王王未之知也會遊秦望使人視刻石文時莫能識雲獨誦之王悅自是寵冠府朝王爲丹陽尹召爲主簿深相親任時進見齊高帝值有獻白烏者帝問此爲何瑞雲位卑最後答曰臣聞王者敬宗廟則白烏至時謁廟始畢帝曰卿言是也感應之理一至此乎轉補征北南郡王刑獄參軍事領主簿如故遷尚書殿中郎子良爲司徒又補記室參軍事尋授通直散騎侍郎領本州大中正出爲零陵內史在任潔己省煩苛去游費百姓安之明帝召還都及至拜散騎侍郎復出爲始興內史郡多豪猾大姓二千石有不善者謀共殺害不則逐去之邊帶蠻俚尤多盜賊前內史皆以兵刃自衞雲入境撫以恩德罷亭候商賈露宿郡中稱爲神明仍遷假節建武將軍平越中郎將廣州刺史初雲與尚書僕射江祏善祏姨弟徐藝爲曲江令深以託雲有譚儼者縣之豪族藝鞭之儼以爲恥詣京訴雲雲坐徵還下獄會赦免永元二年起爲國子博士初雲與高祖遇於齊竟陵王子良邸又嘗接里閈高祖深器之及義兵至京邑雲時在城內東昏既誅侍中張

稷使雲銜命出城高祖因留之便參帷幄仍拜黃門侍郎與沈約同心翊贊俄遷大司馬諮議參軍領錄事梁臺建遷侍中時高祖納齊東昏余妃頗妨政事雲嘗以爲言未之納也後與王茂同入臥內雲又諫曰昔漢祖居山東貪財好色及入關定秦財帛無所取婦女無所幸范增以爲其志大故也今明公始定天下海內想望風聲奈何襲昏亂之蹤以女德爲累王茂因起拜曰范雲言是公必以天下爲念無宜留惜高祖默然雲便疏令以余氏賚茂高祖賢其意而許之明日賜雲茂錢各百萬天監元年高祖受禪柴燎於南郊雲以侍中參乘禮畢高祖升輦謂雲曰朕之今日所謂懍乎若朽索之馭六馬雲對曰亦願陛下日慎一日高祖善之是日遷散騎常侍吏部尚書以佐命功封霄城縣侯邑千戶雲以舊恩見拔超居佐命盡誠翊亮知無不爲高祖亦推心任之所奏多允嘗侍讌高祖謂臨川王宏鄱陽王恢曰我與范尚書少親善申四海之敬今爲天下主此禮既革汝宜代我呼范爲兄二王下席拜與雲同車還尚書下省時人榮之其年東宮建雲以本官領太子中庶子尋遷尚書右僕射猶領吏部

頃之坐違詔用人免吏部猶爲僕射雲性篤睦事寡嫂盡禮家事必先諮而後行好節尚奇專趣人之急少時與領軍長史王畡善畡亡於官舍貧無居宅雲乃迎喪還家躬營含殯事竟陵王子良恩禮甚隆雲每獻損益未嘗阿意子良嘗啓齊武帝論雲爲郡帝曰庸人聞其恆相賣弄不復窮法當宥之以遠子良曰不然雲動相規誨諫書具存請取以奏既至有百餘紙辭皆切直帝歎息因謂子良曰不謂雲能爾方使弼汝何宜出守齊文惠太子嘗出東田觀穫顧謂衆賓曰刈此亦殊可觀衆皆唯唯雲獨曰夫三時之務實爲長勤伏願殿下知稼穡之艱難無徇一朝之宴逸既出侍中蕭緬先不相識因就車握雲手曰不圖今日復聞讜言及居選官任守隆重書牘盈案賓客滿門雲應對如流無所壅滯官曹文墨發擿若神時人咸服其明贍性頗激厲少威重有所是非形於造次士或以此少之初雲爲郡號稱廉潔及居貴重頗通饋餉然家無蓄積隨散之親友二年卒時年五十三高祖爲之流涕即日輿駕臨殯詔曰追遠興悼常情所篤況閭望斯在事深朝寄者乎故散騎常侍尚書右僕射霄城侯雲器

範貞正思懷經遠爰初立志素履有聞脫巾來仕淸績仍著燮務登朝具瞻惟允綢繆翊贊義簡朕心雖勤非負靷而舊同論講方騁遠塗永眺庶政奄致喪殞傷悼于懷宜加命秩式備徽典可追贈侍中衞將軍僕射侯如故幷給鼓吹一部禮官請謚曰宣勅賜謚文有集三十卷子孝才嗣官至太子中舍人

沈約字休文吳興武康人也祖林子宋征虜將軍父璞淮南太守璞元嘉末被誅約幼潛竄會赦免旣而流寓孤貧篤志好學晝夜不倦母恐其以勞生疾常遣減油滅火而晝之所讀夜輒誦之遂博通羣籍能屬文起家奉朝請濟陽蔡興宗聞其才而善之興宗爲郢州刺史引爲安西外兵參軍兼記室興宗嘗謂其諸子曰沈記室人倫師表宜善事之及爲荆州又爲征西記室參軍帶關西令興宗卒始爲安西晉安王法曹參軍轉外兵並兼記室入爲尚書度支郎齊初爲征虜記室帶襄陽令所奉之王齊文惠太子也太子入居東宮爲步兵校尉管書記直永壽省校四部圖書時東宮多士約特被親遇每直入見景斜方出當時王侯到宮或不得進約每以爲言太子曰吾生平懶起是卿所悉得卿

談論然後忘寢卿欲我夙興可恆早入遷太子家令後以本官兼著作郎遷中
書郎本邑中正司徒右長史黃門侍郎時竟陵王亦招士約與蘭陵蕭琛琅邪
王融陳郡謝朓南鄉范雲樂安任昉等皆遊焉當世號爲得人俄兼尚書左丞
尋爲御史中丞轉車騎長史隆昌元年除吏部郎出爲寧朔將軍東陽太守明
帝卽位進號輔國將軍徵爲五兵尚書遷國子祭酒明帝崩政歸冢宰尚書令
徐孝嗣使約撰定遺詔遷左衞將軍尋加通直散騎常侍永元二年以母老表
求解職改冠軍將軍司徒左長史征虜將軍南清河太守高祖在西邸與約遊
舊建康城平引爲驃騎司馬將軍如故時高祖勳業既就天人允屬約嘗扣其
端高祖默而不應佗日又進曰今與古異不可以淳風期萬物士大夫攀龍附
鳳者皆望有尺寸之功以保其福祿今童兒牧豎悉知齊祚已終莫不云明公
其人也天文人事表革運之徵永元以來尤爲彰著讖云行中水作天子此又
歷然在記天心不可違人情不可失苟是曆數所至雖欲謙光亦不可得已高
祖曰吾方思之對曰公初杖兵楚沔此時應思今王業已就何所復思昔武王

伐紂始入民便曰吾君武王不違民意亦無所思公自至京邑已移氣序比於周武遲速不同若不早定大業稽天人之望脫有一人立異便損威德且人非金玉時事難保豈可以建安之封遺之子孫若天子還都公卿在位則君臣分定無復異心君明於上臣忠於下豈復有人方更同公作賊高祖然之約出高祖召范雲告之雲對略同約旨高祖曰智者乃爾暗同卿明早將休文更來雲出語約約曰卿必待我雲許諾而約先期入高祖命草其事約乃出懷中詔書幷諸選置高祖初無所改俄而雲自外來至殿門不得入徘徊壽光閣外但云咄咄約出問曰何以見處約舉手向左雲笑曰不乖所望有頃高祖召范雲謂曰生平與沈休文羣居不覺有異人處今日才智縱橫可謂明識雲曰公今知約不異約今知公高祖曰我起兵於今三年矣功臣諸將實有其勞然成帝業者乃卿二人也梁臺建爲散騎常侍吏部尚書兼右僕射高祖受禪爲尚書僕射封建昌縣侯邑千戶常侍如故又拜約母謝爲建昌國太夫人奉策之日左僕射范雲等二十餘人咸來致拜朝野以爲榮俄遷尙書左僕射常侍如故尋

兼領軍加侍中天監二年遭母憂輿駕親出臨弔以約年衰不宜致毁遣中書舍人斷客節哭起爲鎮軍將軍丹陽尹置佐史服闋遷侍中右光祿大夫領太子詹事揚州大中正奏尚書八條事遷尚書令侍中詹事中正如故累表陳讓改授尚書左僕射領中書令前將軍置佐史侍中如故尋遷尚書令領太子少傅九年轉左光祿大夫侍中少傅如故給鼓吹一部初約久處端揆有志台司論者咸謂爲宜而帝終不用乃求外出又不見許與徐勉素善遂以書陳情於勉曰吾弱年孤苦傍無期屬往者將墜於地契闊屯邅困於朝夕崎嶇薄宦事非爲己望得小祿傍此東歸歲逾十稔方忝襄陽縣公私情計非所了具以身資物不得不任人事永明末出守東陽意在止足而建武肇運人世膠加一去不返行之未易及昏猜之始王政多門因此謀退庶幾可果託卿布懷於徐令想記未忘聖道聿興謬逢嘉運往志宿心復成乖爽今歲開元禮年云至懸車之請事由恩奪誠不能弘宣風政光闡朝猷尚欲討尋文簿時議同異而開年以來病增慮切當由生靈有限勞役過差總此凋竭歸之暮年牽策行止努力

祗事外觀傍覽尚似全人而形骸力用不相綜攝常須過自束持方可僶俛解衣一臥支體不復相關上熱下冷月增日篤取煖則煩加寒必利後差不及前差後劇必甚前劇百日數旬革帶常應移孔以手握臂率計月小半分以此推算豈能支久若此不休日復一日將貽聖主不追之恨冒欲表聞乞歸老之秩若天假其年還得平健才力所堪惟恩是策勉爲言於高祖請三司之儀弗許但加鼓吹而已約性不飲酒少嗜欲雖時遇隆重而居處儉素立宅東田矚望郊阜嘗爲郊居賦其辭曰惟至人之非己固物我而兼忘自中智以下洎咸得性以爲場獸因窟而獲騁鳥先巢而後翔陳巷窮而業泰嬰居湫而德昌僑棲仁於東里鳳晦跡於西堂伊吾人之褊志無經世之大方思依林而羽戢願託水而鱗藏固無情於輪奐非有欲於康莊披東郊之寥廓入蓬藋之荒茫既從豎而橫構亦風除而兩攘昔西漢之標季余播遷之云始違利建於海昏創惟桑於江汜同河濟之重世踰班生之十紀或辭祿而反耕或彈冠而來仕逮有晉之隆安集艱虞於天步世交爭而波流民失時而狼顧延亂麻於井邑曝如

莽於衢路大地曠而靡容旻天遠而誰訴伊皇祖之弱辰逢時艱之孔棘違危
邦而窘驚訪安土而移卽肇胥宇於朱方掩閑庭而晏息值龍顏之鬱起乃憑
風而矯翼指皇邑而南轅駕修衢以騁力遷華扉而來啓張高衡而徙植傍逸
陌之修平面淮流之清直芳塵浸而悠遠世道忽其窊隆緜四代於玆日盈百
祀於微躬嗟弊廬之難保若霣籜之從風或誅茅而翦棘或既西而復東乍容
身於白社亦寄琴於伯通迹平生之耿介實有心於獨往思幽人而軫念望東
皋而長想本忘情於徇物徒羈紲於天壤應屢歎於牽絲陸興言於世網事滔
滔而未合志悁悁而無爽路將殫而彌峭情薄暮而逾廣抱寸心其如蘭何斯
願之浩蕩詠歸歟而躑躅眷巖阿而抵掌逢時君之喪德何凶昏之孔熾乃戰
牧所未陳實升陑所不記彼黎元之喋喋將垂獸而爲餌瞻穹昊而無歸雖非
牢而被戮始歎絲而未覩終逌組而後值尋貽愛乎上天固非民其莫甚授冥
符於井翼實靈命之所稟當降監之初辰值積惡之云稔寧方割於下墊廓重
氛於上參躬靡暇於朝食常求衣於夜枕既牢籠於嫣夏又驅馳乎軒頊德無

遠而不被明無微而不燭鼓玄澤於大荒播仁風於遐俗闢終古而遐念信王猷其如玉值銜圖之盛世遇興聖之嘉期謝中涓於初日叨光佐於此時闕投石之猛志無飛矢之麗辭排陽鳥而命邑方河山而啓基翼儲光於三善長王職於百司兢鄙夫之易失懼寵祿之難持伊前世之貴仕罕紆情於丘窟譬叢華於楚趙每驕奢以相越築甲館於銅駝並高門於北闕闢重扃於華闉豈蓬蒿所能沒教傳嗣於境壤何安身於窮地味先哲而爲言固余心之所嗜不慕權於城市豈邀名於屠肆詠希微以考室幸風霜之可庇爾乃傍窮野抵荒郊編霜菼葺寒茅構棲噪之所集築町疃之所交因犯檐而刊樹由妨基而翦巢決渟洿之汀潫塞井甃之淪坳藝芳枳於北渠樹修楊於南浦遷甕牖於蘭室同肩牆於華堵織宿楚以成門籍外扉而爲戶既取陰於庭樾又因籬於芳杜開閣室以遠臨闢高軒而旁覯漸沼沚於霤垂周塍陌於堂下其水草則蘋萍芡芰菁藻蒹菰石衣海髮黃荇綠蒲動紅荷於輕浪覆碧葉於澄湖飡嘉實而却老振羽服於清都其陸卉則紫鼈綠葹天著山韭鴈齒麋舌牛脣彘首布濩

南池之陽爛漫北樓之後或幕渚而芘地或縈窗而窺牖若乃園宅殊製田圃
異區李衡則橘林千樹石崇則雜果萬株並豪情之所侈非儉志之所娛欲令
紛披蓊鬱吐綠攢朱羅窗映戶接霤承隅開丹房以四照舒翠葉而九衢抽紅
英於紫蔕銜素蘂於青跗其林鳥則翻泊頡頏遺音下上楚雀多名流嚶雜響
或班尾而綺翼或綠衿而絳顙好葉隱而枝藏乍間關而來往其水禽則大鴻
小鴈天狗澤虞秋鷺寒鶂修鷁短鳧曳參差之弱藻戲瀺灂之輕軀翅抨流而
起沫翼鼓浪而成珠其魚則赤鯉青魴纖鯈鉅鱯碧鱗朱尾修顱偃額小則戲
渚成文大則噴流揚白不與羨於江海聊相忘於余宅其竹則東南獨秀九府
擅奇不還植於淇水豈分根於樂池秋蜩吟葉寒雀噪枝來風南軒之下負雪
北堂之垂訪往塗之軫跡觀先識之情僞每誅空而索有皆指難以爲易不自
己而求足並尤物以興累亦昔士之所迷而今余之所避也原農皇之攸始討
厥播之云初肇變腥以粒食乃人命之所儲尋井田之往記考阡陌於前書顏
簞食而樂在鄭高廩而空虛頃四百而不足畝五十而有餘撫幽衷而踽念幸

取給於庭廬緯東菑之故耜浸北畝之新渠無褰爨於曉蓐不抱惄於朝蔬排外物以齊遣獨爲累之在余安事千斯之積不羨汶陽之墟臨巽維而騁目卽堆冢而流眄雖茲山之培塿乃文靖之所宴驅四牡之低昂響繁笳之淸囀羅方員而綺錯窮海陸而兼薦奚一權之足偉委千金其如綫試撫臆而爲言豈斯風之可扇將通人之遠旨非庸情之所見聊還情而徙睇識方阜於歸津帶修汀於桂渚肇舉鍤於彊秦路縈吳而款越塗被海而通閩懷三鳥以長念伊故鄉之可珍實褰期於晚歲非失步於方春何東川之瀰瀰獨流涕於吾人謬參賢於昔代亟徒遊於茲所侍綵旄而齊轡陪龍舟而遵渚或列席而賦詩或班觴而宴語總帷一朝冥漠西陵忽其蔥楚望商飈而永歎每樂愷於斯觀始則鍾石鏘鈜終以魚龍瀾漫或升降有序或浮白無筭貴則景魏蕭曹親則梁武周旦莫不共霜霧而歇滅與風雲而消散眺孫后之墓田尋雄霸之遺武實接漢之後王信開吳之英主指衡岳而作鎮苞江漢而爲宇徒徵言於石椁遂延災於金縷忽蕪穢而不修同原陵之膴膴寧知螻蟻之與狐兔無論樵芻之

與牧豎晞東巘以流目心悽愴而不怡蓋昔儲之舊苑實博望之餘基修林則表以桂樹列草則冠以芳芝風臺累翼月樹重栭千櫨捷嶫百栱相持阜轅林駕蘭枻水嬉踰三齡而事往忽二紀以歷茲咸夷漫以蕩滌非古今之異時回余眸於艮域覿高館於茲嶺雖混成以無跡實遺訓之可秉始飡霞而吐霧終陵虛而倒景駕雌蜺之連卷泛天江之悠永指咸池而一息望瑤臺而高騁匪爽言以自姱冀神方之可請惟鍾巖之隱鬱表皇都而作峻蓋望秩之所宗含風雲而吐潤其為狀也則巍峩崇崒喬枝拂日嶤嶷岧嵉墜石堆星岑崟嵂屼或坳或平盤堅枕臥詭狀殊形孤嶝橫插洞穴斜經千丈萬仞三襲九成亘繞州邑款跨郊坰素烟晚帶白霧晨縈近循則一巖異色遠望則百嶺俱青觀二代之塋兆覩摧殘之餘隧成顛沛於虐豎康斂衿於虛器穆恭己於巖廊般遊情於玄肆烈窮飲以致災安忘懷而受祟何宗祖之奇傑威橫天而陵地惟聖文之纘武殆隆平之可至余世德之所君仰遺封而掩淚神寢匪一靈館相距席布騂駒堂流桂醑降紫皇於天闕延二妃於湘渚浮蘭煙於桂棟召巫陽於

南楚揚玉桴握椒糈俛臨風以浩唱折瓊茅而延佇敬惟空路邈遠神蹤遐闊念甚驚飈生猶聚沫歸妙軫於一乘啓玄扉於三達欲息心以遣累必違人而後豁或結橑於巖根或開襦於木末室闇蘿蔦檐梢松栝既得理於兼謝固忘懷於饑渴或攀枝獨遠或陵雲高蹈因葺茨以結名猶觀空以表號得忘己於茲日豈期心於來報天假余以大德荷茲賜之無疆受老夫之嘉稱班燕禮於上庠無希驥之秀質乏如珪之令望邀昔恩於舊主重匪服於今皇仰休老之盛則請微軀於夕陽勞蒙司而獲謝猶奉職於春坊時言歸於陋宇聊暇日以翺翔棲余志於淨國歸余心於道場獸依墀而莫駭魚牣沼而不綱旋迷塗於去轍篤後念於徂光晚樹開花初英落蘂或異林而分丹青乍因風而雜紅紫紫蓮夜發紅荷曉舒輕風微動其芳襲余風騷屑於園樹月籠連於池竹蔓長柯於簷桂發黃華於庭菊冰懸埳而帶坻雲縈松而被野鴨屯飛而不散鴈高翔而欲下並時物之可懷雖外來而非假實情性之所留滯亦志之而不能捨也傷余情之頹暮罹憂患其相溢悲異軫而同歸懽殊方而並失時復託情魚

鳥歸閑蓬蓽旁闕吳娃前無趙瑟以斯終老於焉消日惟以天地之恩不報書事之官靡述徒重於高門之地不載於良史之筆長太息其何言羌愧心之非一尋加特進光祿侍中少傅如故十二年卒官時年七十三詔贈本官賻錢五萬布百疋謚曰隱約左目重瞳子腰有紫志聰明過人好墳籍聚書至二萬卷京師莫比少時孤貧丐于宗黨得米數百斛爲宗人所侮覆米而去及貴不以爲憾用爲郡部傳嘗侍讌有妓師是齊文惠宮人帝問識座中客不曰惟識沈家令約伏座流涕帝亦悲焉爲之罷酒約歷仕三代該悉舊章博物洽聞當世取則謝玄暉善爲詩任彥昇工於文章約兼而有之然不能過也自負高才昧於榮利乘時藉勢頗累清談及居端揆稍弘止足每進一官輒殷勤請退而終不能去論者方之山濤用事十餘年未嘗有所薦達政之得失唯唯而已初高祖有憾於張稷及稷卒因與約言之約曰尚書左僕射出作邊州刺史已往之事何足復論帝以爲婚家相爲大怒曰卿言如此是忠臣邪乃輦歸內殿約懼不覺高祖起猶坐如初及還未至牀而憑空頓於戶下因病夢齊和帝以劍斷

其舌召巫視之巫言如夢乃呼道士奏赤章於天稱禪代之事不由己出高祖遣上省醫徐奘視約疾還具以狀聞先此約嘗侍讌值豫州獻栗徑寸半帝奇之問曰栗事多少與約各疏所憶少帝三事出謂人曰此公護前不讓即羞死帝以其言不遜欲抵其罪徐勉固諫乃止及聞赤章事大怒中使譴責者數焉約懼遂卒有司謚曰文帝曰懷情不盡曰隱故改爲隱云所著晉書百一十卷宋書百卷齊紀二十卷高祖紀十四卷邇言十卷謚例十卷宋文章志三十卷文集一百卷皆行於世又撰四聲譜以爲在昔詞人累千載而不寤而獨得胸衿窮其妙旨自謂入神之作高祖雅不好焉帝問周捨曰何謂四聲捨曰天子聖哲是也然帝竟不遵用子旋及約時已歷中書侍郎永嘉太守司徒從事中郎司徒右長史免約喪爲太子僕復以母憂去官而蔬食辟穀服除猶絕粳粱爲給事黄門侍郎中撫軍長史出爲招遠將軍南康內史在部以清治稱卒官謚曰恭侯子寔嗣

陳吏部尚書姚察曰昔木德將謝昏嗣流虐惵惵黔黎命懸晷漏高祖義拯横

潰志寧區夏謀謨帷幄寔寄良平至於范雲沈約參預締構贊成帝業加雲以

機警明贍濟務益時約高才博洽名亞遷董俱屬興運蓋一代之英偉焉

梁書卷十三

梁書卷十四

唐　散　騎　常　侍　姚　思　廉　撰

列傳第八

江淹　任昉

江淹字文通濟陽考城人也少孤貧好學沉靜少交遊起家南徐州從事轉奉朝請宋建平王景素好士淹隨景素在南兗州廣陵令郭彥文得罪辭連淹繫州獄淹獄中上書曰昔者賤臣叩心飛霜擊於燕地庶女告天振風襲於齊臺下官每讀其書未嘗不廢卷流涕何者士有一定之論女有不易之行信而見疑貞而爲戮是以壯夫義士伏死而不顧者此也下官聞仁不可恃善不可依始謂徒語乃今知之伏願大王暫停左右少加憐鑒下官本蓬戶桑樞之民布衣韋帶之士退不飾詩書以驚愚進不買名聲於天下日者謬得升降承明之闕出入金華之殿何嘗不局影凝嚴側身局禁者乎竊慕大王之義爲門下之賓備鳴盜淺術之餘豫三五賤伎之末大王惠以恩光眄以顏色實佩荊卿黃

金之賜竊感豫讓國士之分矣常欲結纓伏劍少謝萬一剖心摩踵以報所天不圖小人固陋坐貽謗缺迹墜昭憲身限幽圄履影弔心酸鼻痛骨下官聞虧名爲辱虧形次之是以每一念來忽若有遺加以涉旬月迫季秋天光沉陰左右無色身非木石與獄吏爲伍此少卿所以仰天搥心泣盡而繼之以血者也下官雖乏鄉曲之譽然嘗聞君子之行矣其上則隱於簾肆之間臥於巖石之下次則結綬金馬之庭高議雲臺之上次則虜南越之君係單于之頸俱啓丹冊並圖青史寧當爭分寸之末競刀錐之利哉然下官聞積毀銷金積讒糜骨古則直生取疑於盜金近則伯魚被名於不義彼之二才猶或如此況在下官焉能自免昔上將之恥絳侯幽獄名臣之羞史遷下室如下官尚何言哉夫魯連之智辭祿而不反接輿之賢行歌而忘歸子陵閉關於東越仲蔚杜門於西秦亦良可知也若使下官事非其虛罪得其實亦當鉗口吞舌伏匕首以殞身何以見齊魯奇節之人燕趙悲歌之士乎方今聖曆欽明天下樂業青雲浮雒榮光塞河西洎臨洮狄道北距飛狐陽原莫不浸仁沐義照景飲醴而下官抱

痛圜門含憤獄戶一物之微有足悲者仰惟大王少垂明白則梧丘之魂不愧於沉首鵠亭之鬼無恨於灰骨不任肝膽之切敬因執事以聞此心既照死且不朽景素覽書即日出之尋舉南徐州秀才對册上第轉巴陵王國左常侍景素爲荆州淹從之鎭少帝即位多失德景素專據上流咸勸因此舉事淹每從容諫曰流言納禍二叔所以同亡抵局銜怨七國於焉俱斃殿下不求宗廟之安而信左右之計則復見麋鹿霜露棲於姑蘇之臺矣景素不納及鎭京口淹又爲鎭軍參軍事領南東海郡丞景素與腹心日夜謀議淹知禍機將發乃贈詩十五首以諷焉會南東海太守陸澄丁艱淹自謂郡丞應行郡事景素用司馬柳世隆淹固求之景素大怒言於選部黜爲建安吳興令淹在縣三年昇明初齊帝輔政聞其才召爲尚書駕部郎驃騎參軍事俄而荆州刺史沈攸之作亂高帝謂淹曰天下紛紛若是君謂何如淹對曰昔項彊而劉弱袁衆而曹寡羽號令諸侯卒受一劍之辱紹跨躡四州終爲奔北之虜此謂在德不在鼎公何疑哉帝曰聞此言者多矣試爲慮之淹曰公雄武有奇略一勝也寬容而仁

恕二勝也賢能畢力三勝也民望所歸四勝也奉天子而伐叛逆五勝也彼志銳而器小一敗也有威而無恩二敗也士卒解體三敗也搢紳不懷四敗也懸兵數千里而同惡相濟五敗也故雖豺狼十萬而終爲我獲焉帝笑曰君談過矣是時軍書表記皆使淹具草相國建補記室參軍事建元初又爲驃騎建安王記室帶東武令參掌詔冊幷典國史尋遷中書侍郎永明初遷驃騎將軍掌國史出爲建武將軍廬陵內史視事三年還爲驍騎將軍兼尚書左丞尋復以本官領國子博士少帝初以本官兼御史中丞時明帝作相因謂淹曰君昔在尚書中非公事不妄行在官寬猛能折衷今爲南司足以震肅百寮淹荅曰今日之事可謂當官而行更恐才劣志薄不足以仰稱明旨耳於是彈中書令謝朏司徒左長史王續護軍長史庾弘遠並以久疾不預山陵公事又奏前益州刺史劉悛梁州刺史陰智伯並贓貨巨萬輒收付廷尉治罪臨海太守沈昭略永嘉太守庾曇隆及諸郡二千石幷大縣官長多被劾治內外肅然明帝謂淹曰宋世以來不復有嚴明中丞君今日可謂近世獨步明帝卽位爲車騎臨海

王長史俄除廷尉卿加給事中遷冠軍長史加輔國將軍出爲宣城太守將軍如故在郡四年還爲黃門侍郎領步兵校尉尋爲祕書監永元中崔惠景舉兵圍京城衣冠悉投名刺淹稱疾不往及事平世服其先見東昏末淹以祕書監兼衞尉固辭不獲免遂親職謂人曰此非吾任路人所知正取吾空名耳且天時人事尋當飜覆孔子曰有文事者必有武備臨事圖之何憂之有頃之又副領軍王瑩及義師至新林淹微服來奔高祖板爲冠軍將軍祕書監如故尋兼司徒左長史中興元年遷吏部尚書二年轉相國右長史冠軍將軍如故天監元年爲散騎常侍左衞將軍封臨沮縣開國伯食邑四百戶淹乃謂子弟曰吾本素宦不求富貴今之忝竊遂至於此平生言止足之事亦以備矣人生行樂耳須富貴何時吾功名既立正欲歸身草萊耳其年以疾遷金紫光祿大夫改封醴陵侯四年卒時年六十二高祖爲素服舉哀賻錢三萬布五十匹諡曰憲伯淹少以文章顯晚節才思微退時人皆謂之才盡凡所著述百餘篇自撰爲前後集幷齊史十志並行於世子蔿襲封嗣自丹陽尹丞爲長城令有罪削爵

普通四年高祖追念淹功復封蔿吴昌伯邑如先

任昉字彥昇樂安博昌人漢御史大夫敖之後也父遙齊中散大夫遙妻裴氏嘗晝寢夢有彩旗蓋四角懸鈴自天而墜其一鈴落入裴懷中心悸動既而有娠生昉身長七尺五寸幼好學早知名宋丹陽尹劉秉辟爲主簿時昉年十六以氣忤秉子久之爲奉朝請舉兖州秀才拜太常博士遷征北行參軍永明初衞將軍王儉領丹陽尹復引爲主簿儉雅欽重昉以爲當時無輩遷司徒刑獄參軍事入爲尚書殿中郎轉司徒竟陵王記室參軍以父憂去職性至孝居喪盡禮服闋續遭母憂常廬于墓側哭泣之地草爲不生服除拜太子步兵校尉管東宮書記初齊明帝既廢鬱陵王始爲侍中中書監驃騎大將軍開府儀同三司揚州刺史錄尚書事封宣城郡公加兵五千使昉具表草其辭曰臣本庸才智力淺短太祖高皇帝篤猶子之愛降家人之慈世祖武皇帝情等布衣寄深同氣武皇大漸實奉詔言雖自見之明庸近所蔽愚夫一至偶識量己實不忍自固於綴衣之辰拒違於玉几之側遂荷顧託導揚末命雖嗣君棄常獲罪

宣德王室不造職臣之由何者親則東牟任惟博陸徒懷子孟社稷之對何救昌邑爭臣之譏四海之議於何逃責陵土未乾訓誓在耳家國之事一至於斯非臣之尤誰任其咎將何以肅拜高寢虔奉武園悼心失圖泣血待旦寧容復徼榮於家耽宴安於國危驃騎上將之元勳神州儀刑之列岳尚書是稱司會中書實管王言且虛飾寵章委成禦侮臣知不愜物誰謂宜但命輕鴻毛責重山岳存沒同歸毀譽一貫辭一官不減身累增一職已黷朝經便當自同體國不爲飾讓至於功均一匡賞同千室光宅近甸奄有全邦殞越爲期不敢聞命亦願曲留降鑒即垂聽許鉅平之懇誠必固永昌之丹慊獲申乃知君臣之道綽有餘裕苟曰易昭敢守難奪帝惡其辭斥甚愠昉由是終建武中位不過列校昉雅善屬文尤長載筆才思無窮當世公王表奏莫不請焉昉起草即成不加點竄沈約一代詞宗深所推挹明帝崩遷中書侍郎永元末爲司徒右長史高祖克京邑霸府初開以昉爲驃騎記室參軍始高祖與昉遇竟陵王西邸從容謂昉曰我登三府當以卿爲記室昉亦戲高祖曰我若登三事當以卿爲騎

兵謂高祖善騎也至是故引昉符昔言焉昉奉牋曰伏承以今令辰肅膺典策德顯功高光副四海含生之倫庇身有地況昉受教君子將二十年咳唾爲恩眄睞成飾小人懷惠顧知死所昔承清宴屬有緒言提挈之旨形乎善謔豈謂多幸斯言不渝雖情謬先覺而迹淪驕餌湯沐具而非弔大廈構而相驩明公道冠二儀勳超邃古將使伊周奉轡桓文扶轂神功無紀化物何稱府朝初建俊賢驤首惟此魚目唐突璵璠顧己循涯實知塵忝千載一逢再造難答雖則殞越且知非報梁臺建禪讓文誥多昉所具高祖踐阼拜黃門侍郎遷吏部郎中尋以本官掌著作天監二年出爲義興太守在任清潔兒妾食麥而已友人彭城到溉溉弟洽從昉共爲山澤游及被代登舟止有米五斛既至無衣鎮軍將軍沈約遣裙衫迎之重除吏部郎中參掌大選居職不稱尋轉御史中丞秘書監領前軍將軍自齊永元以來秘閣四部篇卷紛雜昉手自讎校由是篇目定焉六年春出爲寧朔將軍新安太守在郡不事邊幅率然曳杖徒行邑郭民通辭訟者就路決焉爲政清省吏民便之視事期歲卒於官舍時年四十九闔

境痛惜百姓共立祠堂於城南高祖聞問卽日舉哀哭之甚慟追贈太常卿諡曰敬子昉好交結獎進士友得其延譽者率多升擢故衣冠貴遊莫不爭與交好坐上賓客恆有數十時人慕之號曰任君言如漢之三君也陳郡殷芸與建安太守到溉書曰哲人云亡儀表長謝元龜何寄指南誰託其爲士友所推如此昉不治生產至乃居無室宅世或譏其多乞貸亦隨復散之親故昉常歎曰知我亦以叔則不知我亦以叔則昉墳籍無所不見家雖貧聚書至萬餘卷率多異本昉卒後高祖使學士賀縱共沈約勘其書目官所無者就昉家取之昉所著文章數十萬言盛行於世初昉立於士大夫間多所汲引有善己者則厚其聲名及卒諸子皆幼人罕贍卹之平原劉孝標爲著論曰客問主人曰朱公叔絕交論爲是乎爲非乎主人曰客奚此之問客曰夫草蟲鳴則阜螽躍雕虎嘯而清風起故絪縕相感霧涌雲蒸嚶鳴相召星流電激是以王陽登則貢公喜罕生逝而國子悲且心同琴瑟言鬱郁於蘭茝道叶膠漆志婉孌於塤篪聖賢以此鏤金版而鐫盤盂書玉牒而刻鐘鼎若匠人輟成風之妙巧伯牙息流

波之雅引范張款款於下泉尹班陶陶於永夕駱驛縱橫煙霏雨散皆巧曆所不知心計莫能測而朱益州汨彝敘越謨訓捶直切絕交遊視黔首以鷹鸇媲人靈於豺虎蒙有猜焉請辨其惑主人忻然曰客所謂撫絃徽音未達燥濕變響張羅沮澤不覩鵠鴈高飛蓋聖人握金鏡闡風烈龍驤蠖屈從道汙隆日月聯璧歎亹亹之弘致雲飛電薄顯棣華之微旨若五音之變化濟九成之妙曲此朱生得玄珠於赤水謨神睿而爲言至夫組織仁義琢磨道德驩其愉樂恤其陵夷寄通靈臺之下遺迹江湖之上風雨急而不輟其音霜雪零而不渝其色斯賢達之素交歷萬古而一遇逮叔世民訛狙詐飈起谿谷不能踰其險鬼神無以究其變競毛羽之輕趨錐刀之末於是素交盡利交興天下蚩蚩鳥驚雷駭然利交同源派流則異較言其略有五術焉若其寵鈞董石權壓梁竇雕刻百工鑪錘萬物吐漱興雲雨呼吸下霜露九域聳其風塵四海疊其燻灼靡不望影星奔藉響川鶩鷄人始唱鶴蓋成陰高門旦開流水接軫皆願摩頂至踵隳膽抽腸約同要離焚妻子誓徇荆卿湛七族是曰勢交其流一也富埒陶

白賁巨程羅山擅銅陵家藏金穴出平原而聯騎居里閈而鳴鍾則有窮巷之賓繩樞之士冀宵燭之末光邀潤屋之微澤魚貫鳧踊颯沓鱗萃分鴈鶩之稻粱沾玉斝之餘瀝銜恩遇進款誠援青松以示心指白水而旌信是曰賄交其流二也陸大夫燕喜西都郭有道人倫東國公卿貴其籍甚搢紳羨其登仙加以顩頤蹙頞涕唾流沫騁黃馬之劇談縱碧雞之雄辯敘溫燠則寒谷成暄論嚴苦則春叢零葉飛沉出其顧指榮辱定其一言於是弱冠王孫綺紈公子道不絓於通人聲未遒於雲閣攀其鱗翼丐其餘論附騏驥之髦端軼歸鴻於碣石是曰談交其流三也陽舒陰慘生民大情憂合驩離品物恆性故魚以泉涸而煦沫鳥因將死而悲鳴同病相憐綴河上之悲曲恐懼寘懷昭谷風之盛典斯則斷金由於湫隘刎頸起於苫蓋是以伍員濯溉於宰嚭張王撫翼於陳相是曰窮交其流四也馳騖之俗澆薄之倫無不操權衡秉纖纊衡所以揣其輕重纊所以屬其鼻息若衡不能舉纊不能飛雖顏冉龍翰鳳雛曾史蘭薰雪白舒向金玉淵海卿雲黼黻河漢視若遊塵遇同土梗莫肯費其半菽罕有落其

一毛若衡重錙銖纊微影撒雖共工之蒐慝驩兜之掩義南荆之跋扈東陵之
巨猾皆爲匍匐委蛇折枝舐痔金膏翠羽將其意脂韋便辟導其誠故輪蓋所
遊必非夷惠之室苞苴所入實行張霍之家謀而後動芒毫寡忒是曰量交其
流五也凡斯五交義同賈鬻故桓譚譬之於闤闠林回喻之於甘醴夫寒暑遞
進盛衰相襲或前榮而後瘁或始富而終貧或初存而末亡或古約而今泰循
環翻覆迅彼波瀾此則徇利之情未嘗異變化之道不得一由是觀之張陳所
以凶終蕭朱所以隙末斷焉可知矣而翟公方規規然勒門以箴客何所見之
晚乎然因此五交是生三釁敗德殄義禽獸相若一釁也難固易攜讎訟所聚
二釁也名陷饕餮貞介所羞三釁也古人知三釁之爲梗懼五交之速尤故王
丹威子以檟楚朱穆昌言而示絶有旨哉近世有樂安任昉海內髦傑早綰銀
黄夙招民譽遒文麗藻方駕曹王英特儁邁聯橫許郭類田文之愛客同鄭莊
之好賢見一善則盱衡扼腕遇一才則揚眉抵掌雌黄出其脣吻朱紫由其月
旦於是冠蓋輻輳衣裳雲合輜軿擊轊坐客恆滿蹈其閫閾若升闕里之堂入

其奥隅謂登龍門之坂至於顧盼增其倍價翦拂使其長鳴影組雲臺者摩肩
趨走丹墀者疊迹莫不締恩狎結綢繆想惠莊之清塵庶羊左之徽烈及瞑目
東越歸骸雒浦繐帳猶懸門罕漬酒之彥壙未宿草野絕動輪之賓藐爾諸孤
朝不謀夕流離大海之南寄命瘴癘之地自昔把臂之英金蘭之友曾無羊舌
下泣之仁寧慕郈成分宅之德嗚呼世路險巇一至於此太行孟門寧云嶄絕
是以耿介之士疾其若斯裂裳裹足棄之長騖獨立高山之頂懽與麋鹿同羣
皦皦然絕其雰濁誠恥之也誠畏之也昉撰雜傳二百四十七卷地記二百五
十二卷文章三十三卷昉第四子東里頗有父風官至尚書外兵郎
陳吏部尚書姚察曰觀夫二漢求賢率先經術近世取人多由文史二子之作
辭藻壯麗允值其時淹能沉靜昉持內行並以名位終始宜哉江非先覺任無
舊恩則上秩顯贈亦末由也已

梁書卷十四

梁書卷十五

唐 散騎常侍姚思廉撰

列傳第九

謝朏 弟子覽

謝朏字敬沖陳郡陽夏人也祖弘微宋太常卿父莊右光祿大夫並有名前代朏幼聰慧莊器之常置左右年十歲能屬文莊遊土山賦詩使朏命篇朏攬筆便就琅邪王景文謂莊曰賢子足稱神童復爲後來特達莊笑因撫朏背曰眞吾家千金孝武帝遊姑孰敕莊攜朏從駕詔使爲洞井贊於坐奏之帝曰雖小奇童也起家撫軍法曹行參軍遷太子舍人以父憂去職服闋復爲舍人歷中書郎衞將軍袁粲長史粲性簡峻罕通賓客時人方之李膺朏謁既退粲曰謝令不死尋還給事黃門侍郎出爲臨川內史以賄見劾案經袁粲粲寢之齊高帝爲驃騎將軍輔政選朏爲長史敕與河南褚炫濟陽江斅彭城劉俁俱入侍宋帝時號爲天子四友續拜侍中幷掌中書散騎二省詔冊高帝進太尉又以

朏爲長史帶南東海太守高帝方圖禪代思佐命之臣以朏有重名深所欽屬
論魏晉故事因曰晉革命時事久兆石苞不早勸晉文死方慟哭方之馮異非
知機也朏答曰昔魏臣有勸魏武卽帝位者魏武曰如有用我其爲周文王乎
晉文世事魏氏將必身終北面假使魏早依唐虞故事亦當三讓彌高帝不悅
更引王儉爲左長史以朏侍中領祕書監及齊受禪朏當日在直百僚陪位侍
中當解璽朏佯不知曰有何公事傳詔云解璽授齊王朏曰齊自應有侍中乃
引枕臥傳詔懼乃使稱疾欲取兼人朏曰我無疾何所道遂朝服步出東掖門
乃得車仍還宅是日遂以王儉爲侍中解璽旣而武帝言於高帝請誅朏帝曰
殺之則遂成其名正應容之度外耳遂廢于家永明元年起家拜通直散騎常
侍累遷侍中領國子博士五年出爲冠軍將軍義與太守加秩中二千石在郡
不省雜事悉付綱紀曰吾不能作主者吏但能作太守耳視事三年徵都官尙
書中書令隆昌元年復爲侍中領新安王師未拜固求外出仍爲征虜將軍吳
興太守受召便述職時明帝謀入嗣位朝之舊臣皆引參謀策朏內圖止足且

實避事弟瀹時爲吏部尚書胐至郡致瀹數斛酒遺書曰可力飲此勿豫人事胐居郡每不治而常務聚斂衆頗譏之亦不屑也建武四年詔徵爲侍中中書令遂抗表不應召遣諸子還京師獨與母留築室郡之西郭明帝下詔曰夫超然榮觀風流自遠蹈彼幽人英華罕值故長揖楚相見稱南國高謝漢臣取貴良史新除侍中中書令胐早藉羽儀夙標清尚登朝樹績出守馳聲遂斂跡康衢拂衣林沚抱箕潁之餘芳甘顑頷而無悶撫事懷人載留欽想宜加優禮用旌素概可賜牀帳褥席俸以卿祿常出在所時國子祭酒廬江何胤亦抗表還會稽永明二年詔徵胐爲散騎常侍中書監胤爲散騎常侍太常卿並不屈三年又詔徵胐爲侍中太子少傅胤散騎常侍太子詹事時東昏皆下在所使迫遣之值義師已近故並得不到及高祖平京邑進位相國表請胐胤曰夫窮則獨善達以兼濟雖出處之道其揆不同用捨惟時賢哲是蹈前新除侍中太子少傅胐前新除散騎常侍太子詹事都亭侯胤羽儀世胄徵猷冠冕道業德聲康濟雅俗昔居朝列素無宦情賓客簡通公卿罕預簪紱未褫而風塵擺落且

文宗儒肆互居其長清規雅裁兼擅其美並達照深識預覩亂萌見庸質之如
初知貽厥之無寄拂衣東山眇絕塵軌雖解組昌運實避昏時家膺鼎食而甘
茲橡艾世襲青紫而安此懸鶉自澆風肇扇用南成俗淳流素軌餘烈頗存誰
其激貪功歸有道康俗振民朝野一致雖在江海而勳同魏闕今泰運甫開賤
貧爲恥況乎久蘊瑚璉暫厭承明而可得求志海隅永追松子臣負荷殊重參
贊萬機實賴羣才共成棟幹思挹清源取鏡止水愚欲屈居僚首朝夕諮諏庶
足以翼宣寡薄式是王度請並補臣府軍諮祭酒朏加後將軍並不至高祖踐
阼徵朏爲侍中光祿大夫開府儀同三司胤散騎常侍特進右光祿大夫又並
不屈仍遣領軍司馬王果宣旨敦譬明年六月朏輕舟出詣闕自陳既至詔以
爲侍中司徒尚書令朏辭脚疾不堪拜謁乃角巾肩輿詣雲龍門謝詔見於華
林園乘小車就席明旦輿駕出幸朏宅醼語盡懽朏固陳本志不許因請自還
東迎母乃許之臨發輿駕復臨幸賦詩餞別王人送迎相望於道到京師勑材
官起府於舊宅高祖臨軒遣謁者於府拜授詔停諸公事及朔望朝謁三年元

會詔朏乘小輿升殿其年遭母憂尋有詔攝職如故後五年改授中書監司徒衞將軍並固讓不受遣謁者敦授乃拜受焉是冬薨於府時年六十六輿駕出臨哭詔給東園祕器朝服一具衣一襲錢十萬布百匹蠟百斤贈侍中司徒諡曰靖孝朏所著書及文章並行於世子諼官至司徒右長史坐殺牛免官卒於家次子譓頗有文才仕至晉安太守卒官

覽字景滌朏弟瀹之子也選尚齊錢唐公主拜駙馬都尉祕書郎太子舍人高祖爲大司馬召補東閤祭酒遷相國戶曹天監元年爲中書侍郎掌吏部事頃之即真覽爲人美風神善辭令高祖深器之嘗侍坐受敕與侍中王暕爲詩答贈其文甚工高祖善之仍使重作復合旨乃賜詩云雙文既後進二少實名家豈伊止棟隆信乃俱國華以母憂去職服闋除中庶子又掌吏部郎事尋除吏部郎遷侍中覽頗樂酒因讌席與散騎常侍蕭琛辭相詆毀爲有司所奏高祖以覽年少不直出爲中權長史頃之敕掌東宮管記遷明威將軍新安太守九年夏山賊吳承伯破宣城郡餘黨散入新安叛吏鮑叙等與合攻沒黟歙諸縣

進兵擊覽覽遣郡丞周興嗣於錦沙立塢拒戰不敵遂棄郡奔會稽臺軍平山寇覽復還郡左遷司徒諮議參軍仁威長史行南徐州事五兵尚書尋遷吏部尚書覽自祖至孫三世居選部當世以爲榮十二年春出爲吳興太守中書舍人黃睦之家居烏程子弟專橫前太守皆折節事之覽未到郡睦之子弟來迎覽逐去其船杖吏爲通者自是睦之家杜門不出不敢與公私門通郡邑多劫爲東道患覽下車肅然一境清謐初齊明帝及覽父瀹東海徐孝嗣並爲吳興號爲明守覽皆欲過之昔覽在新安頗聚斂至是遂稱廉潔時人方之王懷祖卒於官時年三十七詔贈中書令子罕早卒

陳吏部尚書姚察曰謝朏之於宋代蓋忠義者歟當齊建武之世拂衣止足永元多難確然獨善其踈蔣之流乎洎高祖龍興旁求物色角巾來仕首陟台司極出處之致矣覽終能善政君子韙之

梁書卷十五

梁書卷十五考證

謝朏傳乃角巾肩輿詣雲龍門謝詔○肩監本訛自今從南本改正

梁書卷十五考證

梁書卷十六

唐　散騎常侍姚思廉撰

列傳第十

王亮　張稷　王瑩

王亮字奉叔瑯邪臨沂人晉丞相導之六世孫也祖偃宋右光祿大夫開府儀同三司父攸給事黃門侍郎亮以名家子宋末選尚公主拜駙馬都尉祕書郎累遷桂陽王文學南郡王友祕書丞齊竟陵王子良開西邸延才俊以爲士林館使工圖畫其像亮亦預焉遷中書侍郎大司馬從事中郎出爲衡陽太守以南土卑濕辭不之官遷給事黃門侍郎尋拜晉陵太守在職清公有美政時齊明帝卽位聞而嘉之引爲領軍長史甚見賞納及卽位累遷太子中庶子尚書吏部郎詮序著稱遷侍中建武末爲吏部尚書是時尚書右僕射江祏管朝政多所進拔爲士子所歸亮自以身居選部每持異議始亮未爲吏部郎時以祏帝之內弟故深友祏祏爲之延譽益爲帝所器重至是與祏昵之如初及祏遇

誅羣小放命凡所除拜悉由內寵亮更弗能止外若詳審內無明鑒其所選用拘資次而已當世不謂爲能頻加通直散騎常侍太子右衞率爲尚書右僕射中護軍旣而東昏肆虐淫刑已逞亮傾側取容竟以免戮義師至新林內外百僚皆道迎其未能拔者亦間路送誠款亮獨不遣及城內旣定獨推亮爲首亮出見高祖高祖曰顚而不扶安用彼相而弗之罪也霸府開以爲大司馬長史撫軍將軍琅邪清河二郡太守梁臺建授侍中尚書令固讓不拜乃爲侍中中書監兼尚書令高祖受禪遷侍中尚書令中軍將軍引參佐命封豫寧縣公邑二千戶天監二年轉左光祿大夫侍中中軍如故元日朝會萬國亮辭疾不登殿設饌別省而語笑自若數日詔公卿問訊亮無疾色御史中丞樂藹奏大不敬論棄市刑詔削爵廢爲庶人四年夏高祖讌於華光殿謂羣臣曰朕日昃聽政思聞得失卿等可謂多士宜各盡獻替尚書左丞范縝起曰司徒謝朏本有虛名陛下擢之如此前尚書令王亮頗有治實陛下棄之如彼是愚臣所不知高祖變色曰卿可更餘言縝固執不已高祖不悅御史中丞任昉因奏曰臣聞

息夫歷詆漢有正刑白褒一奏晉以明罰況乎附下訕上毀譽自口者哉風聞
尙書左丞臣范縝自晉安還語人云我不詣餘人惟詣王亮不餉餘人惟餉王
亮輒收縝白從左右萬休到臺辨問與風聞符同又今月十日御餞梁州刺史
臣珍國宴私既洽羣臣並已謁退時詔留侍中臣昂等十人訪以政道縝不答
所問而橫議沸騰遂貶裁司徒臣朏褒舉庶人王亮臣于時預奉恩留肩隨並
立耳目所接差非風聞竊尋王有遊豫親御軒陛義深推轂情均湛露酒闌宴
罷當扆正立記事在前記言在後軫早朝之念深求瘼之情而縝言不遜妄陳
褒貶傷濟濟之風缺側席之望不有嚴裁憲准將頹縝即主臣謹案尙書左丞
臣范縝衣冠緒餘言行舛駮誇諧里落喧詬周行曲學諛聞未知去代弄口鳴
舌祗足飾非乃者義師近次縝丁罹艱棘曾不呼門墨縗景附頗同先覺實奉
龍顏而今黨協釁餘飜爲矛楯人而無恆成茲姦詖日者飮至策勳功微賞厚
出守名邦入司管轄苞篚罔遺而假稱折轅衣裙所弊讒激失所許與疵廢廷
辱民宗自居樞憲糾奏寂寞顧望縱容無至公之議惡直醜正有私訐之談宜

寘之徽纆肅正國典臣等參議請以見事免繢所居官輒勒外收付廷尉法獄治罪應諸連逮委之獄官以法制從事繢位應黃紙臣輒奉白簡詔聞可璽書語繢曰亮少乏才能無聞時輩昔經冒入羣英相與豈薄晚節詔事江祏爲吏部末協附梅蟲兒茹法珍遂執昏政比屋罹禍盡家塗炭四海沸騰天下橫潰此誰之咎食亂君之祿不死於治世亮協固凶黨作威作福靡衣玉食女樂盈房勢危事逼自相吞噬建石首題啓靡請罪朕錄其白旗之來貰其既往之咎亮反覆不忠姦賄彰暴有何可論妄相談述具以狀對所詰十條繢答支離而已亮因屏居閉掃不通賓客遭母憂居喪盡禮八年詔起爲祕書監俄加通直散騎常侍數日遷太常卿九年轉中書監加散騎常侍其年卒詔賻錢三萬布五千匹謚曰煬子

張稷字公喬吳郡人也父永宋右光祿大夫稷所生母遘疾歷時稷始年十一夜不解衣而養永異之及母亡毀瘠過人杖而後起性疎率朗悟有才略與族兄充融卷等俱知名時稱之曰充融卷稷是爲四張起家著作佐郎不拜頻居

父母憂六載廬于墓側服除爲驃騎法曹行參軍遷外兵參軍齊永明中爲剡縣令略不視事多爲山水遊會賊唐瑤作亂稷率厲縣人保全縣境入爲太子洗馬大司馬東曹掾建安王友大司馬從事中郎武陵王曄爲護軍轉護軍司馬尋爲本州治中明帝領牧仍爲別駕時魏寇壽春以稷爲寧朔將軍軍主副尙書僕射沈文季鎭豫州魏衆稱百萬圍城累日時經略處分文季悉委稷焉軍退還平西司馬寧朔將軍南平內史魏又寇雍州詔以本號都督荆雍諸軍事時雍州刺史曹虎度樊城岸以稷知州事虎師退稷還荆州就拜黃門侍郎復爲司馬新興永寧二郡太守郡犯私諱改永寧爲長寧尋還司徒司馬加輔國將軍及江州刺史陳顯達舉兵反以本號鎭歷陽南譙二郡太守還鎭南長史尋陽太守輔國將軍行江州事尋徵還爲持節輔國將軍都督北徐州諸軍事北徐州刺史出次白下仍還都督南兗州諸軍事南兗州刺史俄進督北徐兗青冀五州諸軍事將軍並如故永元末徵爲侍中宿衞宮城義師至兼衞尉江淹出奔稷兼衞尉副王瑩都督城內諸軍事時東昏淫虐義師圍城已久

城內思亡而莫有先發北徐州刺史王珍國就稷謀之乃使直閤張齊害東昏于含德殿稷召尚書右僕射王亮等列坐殿前西鍾下謂曰昔桀有昏德鼎遷于殷商紂暴虐鼎遷于周今獨夫自絕于天四海已歸聖主斯實微子去殷之時項伯歸漢之日可不勉哉乃遣國子博士范雲舍人裴長穆等使石頭城詣
高祖高祖以稷爲侍中左衛將軍高祖總百揆遷大司馬左司馬梁臺建爲散騎常侍中書令高祖受禪以功封江安縣侯邑一千戸又爲侍中國子祭酒領驍騎將軍遷護軍將軍揚州大中正以事免尋爲度支尚書前將軍太子右衛率又以公事免俄爲祠部尚書轉散騎常侍都官尚書揚州大中正以本職知領軍事尋遷領軍將軍中正侯如故時魏寇青州詔假節行州事會魏軍退仍出爲散騎常侍將軍吳興太守秩中二千石下車存問遺老引其子孫置之右職政稱寬恕進號雲麾將軍徵尚書左僕射輿駕將欲如稷宅以盛暑留幸僕射省舊臨幸供具皆酬大官饌直帝以稷清貧手詔不受出爲使持節散騎常侍都督青冀二州諸軍事安北將軍青冀二州刺史會魏寇朐山詔稷權頓六

里都督衆軍還進號鎮北將軍初鬱州接邊陲民俗多與魏人交市及朐山叛或與魏通既不自安矣且稷寬弛無防僚吏頗侵漁之州人徐道角等夜襲州城害稷時年六十三有司奏削爵土稷性烈亮善與人交歷官無蓄聚俸祿皆頒之親故家無餘財初去吳興郡以僕射徵道由吳鄉候稷者滿水陸稷單裝徑還京師人莫之識其率素如此稷長女楚瑗適會稽孔氏無子歸宗至稷見害女以身蔽刃先父卒稷子嶸別有傳卷字令遠稷從兄也少以知理著稱能清言仕至都官尚書天監初卒

王瑩字奉光琅邪臨沂人也父懋光祿大夫南鄉僖侯瑩選尚宋臨淮公主拜駙馬都尉除著作佐郎累遷太子舍人撫軍功曹散騎侍郎司徒左西屬齊高帝爲驃騎將軍引爲從事中郎頃之出爲義興太守代謝超宗超宗去郡與瑩交惡既還間瑩於懋懋言之於朝廷以瑩供養不足坐失郡廢棄久之爲前軍諮議參軍中書侍郎大司馬從事中郎未拜丁母憂服闋爲給事黃門郎出爲宣城太守遷爲驃騎長史復爲黃門侍郎司馬太子中庶子仍還侍中父憂去

職服闋復爲侍中領射聲校尉又爲冠軍將軍東陽太守居郡有惠政遷吳興太守明帝勤憂庶政瑩頻處二郡皆有能名甚見褒美還爲太子詹事中領軍永元初政由羣小瑩守職而不能有所是非瑩從弟亮既當朝於瑩素雖不善時欲引與同事遷尙書左僕射未拜會護軍崔慧景自京口奉江夏王入伐瑩假節率衆拒慧景於湖頭夜爲慧景所襲衆散瑩赴水乘榜入樂遊因得還臺城慧景敗還居領軍府義師至復假節都督宮城諸軍事建康平高祖爲相國引瑩爲左長史加冠軍將軍奉法駕迎和帝于江陵帝至南洲遜位于別宮高祖踐阼遷侍中撫軍將軍封建城縣公邑千戶尋還尙書左僕射侍中撫軍如故頃之爲護軍將軍復遷散騎常侍中軍將軍丹陽尹視事三年遷侍中光祿大夫領左衞將軍俄還尙書令雲麾將軍侍中如故累進號左中權將軍給鼓吹一部瑩性清愼居官恭恪高祖深重之天監十五年遷左光祿大夫開府儀同三司丹陽尹侍中如故瑩將拜印工鑄其印六鑄而龜六毀既成頸空不實補而用之居職六日暴疾卒贈侍中左光祿大夫開府儀同三司

陳吏部尚書姚察曰孔子稱殷有三仁微子去之箕子爲之奴比干諫而死王亮之居亂世勢位見矣其於取捨何與三仁之異歟及奉興王蒙寬政爲佐命固將愧於心迺自取廢敗非不幸也易曰非所據而據之身必危亮之進退失所據矣惜哉張稷因機制變亦其時也王瑩印章六毀豈神之害盈乎

梁書卷十六

梁書卷十六考證

張稷傳新興永寧二郡太守郡犯私諱改永寧爲長寧○臣人龍按諱謂稷父名永也以私諱而改郡名僅見於此

梁書卷十六考證

梁書卷十七

唐　散騎常侍姚思廉撰

列傳第十一

王珍國　馬仙琕　張齊

王珍國字德重沛國相人也父廣之齊世良將官至散騎常侍車騎將軍珍國起家冠軍行參軍累遷虎賁中郎將南譙太守治有能名時郡境苦飢乃發米散財以拯窮乏齊高帝手敕云卿愛人治國甚副吾意也永明初還桂陽內史討捕盜賊境內肅清罷任還都路經江州刺史柳世隆臨渚餞別見珍國還裝輕素乃歎曰此真可謂良二千石也還爲大司馬中兵參軍武帝雅相知賞每歎曰晚代將家子弟有如珍國者少矣復出爲安成內史入爲越騎校尉冠軍長史鍾離太守仍還巴東建平二郡太守還爲游擊將軍以父憂去職建武末魏軍圍司州明帝使徐州刺史裴叔業攻拔渦陽以爲聲援起珍國爲輔國將軍率兵助焉魏將楊大眼大衆奄至叔業懼棄軍走珍國率其衆殿故不至大

敗永泰元年會稽太守王敬則反珍國又率衆拒之敬則平遷寧朔將軍青冀二州刺史將軍如故義師起東昏召珍國以衆還京師入頓建康城義師至使珍國出屯朱雀門爲王茂軍所敗乃入城仍密遣郄纂奉明鏡獻誠於高祖高祖斷金以報之時城中咸思從義莫敢先發侍中衛尉張稷都督衆軍珍國潛結稷腹心張齊要稷稷許之十二月丙寅旦珍國引稷於衛尉府勒兵入自雲龍門卽東昏於內殿斬之與稷會尚書僕射王亮等於西鍾下使中書舍人裴長穆等奉東昏首歸高祖以功授右衛將軍辭不拜又授徐州刺史固乞留京師復賜金帛珍國又固讓敕答曰昔田子泰固辭絹穀卿體國情深良在可嘉後因侍宴帝問曰卿明鏡尚存昔金何在珍國答曰黃金謹在臣肘不敢失墜復爲右衛將軍加給事中遷左衛將軍加散騎常侍天監初封灄陽縣侯邑千戸除都官尚書常侍如故五年魏任城王元澄寇鍾離高祖遣珍國因問討賊方略珍國對曰臣常患魏衆少不苦其多高祖壯其言乃假節與衆軍同討焉魏軍退班師出爲使持節都督梁秦二州諸軍事征虜將軍南梁秦二州刺史

會梁州長史夏侯道遷以州降魏珍國步道出魏興將襲之不果遂留鎮焉以無功累表請解高祖弗許改封宜陽縣侯戶邑如前徵還爲員外散騎常侍太子右衞率加後軍頃之復爲左衞將軍九年出爲使持節都督湘州諸軍事信武將軍湘州刺史視事四年徵還爲護軍將軍遷通直散騎常侍丹陽尹十四年卒詔贈車騎將軍給鼓吹一部賻錢十萬布百匹謚曰威子僧度嗣

馬仙琕字靈馥扶風郿人也父伯鸞宋冠軍司馬仙琕少以果敢聞遭父憂毀瘠過禮負土成墳手植松柏起家郢州主簿遷武騎常侍爲小將隨齊安陸王蕭緬緬卒事明帝永元中蕭遙光崔慧景亂累有戰功以勳至前將軍出爲龍驤將軍南汝陰譙二郡太守會壽陽新陷魏將王肅侵邊仙琕力戰以寡克衆魏人甚憚之復以功還寧朔將軍豫州刺史義師起四方多響應高祖使仙琕故人姚仲賓說之仙琕於軍斬仲賓以殉義師至新林仙琕猶持兵於江西日鈔運漕建康城陷仙琕號哭經宿乃解兵歸罪高祖勞之曰射鉤斬袪昔人弗忌卿勿以戮使斷運苟自嫌絕也仙琕謝曰小人如失主犬後主飼之便復爲

用高祖笑而美之俄而仙琕母卒高祖知其貧賻給甚厚仙琕號泣謂弟仲艾
曰蒙大造之恩未獲上報今復荷殊澤當與爾以心力自効耳天監四年王師
北討仙琕每戰勇冠三軍當其衝者莫不摧破與諸將論議口未嘗言功人問
其故仙琕曰丈夫爲時所知當進不求名退不逃罪乃平生願也何功可論授
輔國將軍宋安安蠻二郡太守遷南義陽太守累破山蠻郡境清謐以功封浛
洭縣伯邑四百戶仍遷都督司州諸軍事司州刺史輔國將軍如故俄進號貞
威將軍魏豫州人白皁生殺其刺史琅邪王司馬慶曾自號平北將軍推鄉人
胡遊爲刺史以懸瓠來降高祖使仙琕赴之又遣直閤將軍武會超馬廣率衆
爲援仙琕進頓楚王城遣副將齊苟兒以兵二千助守懸瓠魏中山王元英率
衆十萬攻懸瓠仙琕遣廣會超等守三關十二月英破懸瓠執齊苟兒遂進攻
馬廣又破廣生擒之送雒陽仙琕不能救會超等亦相次退散魏軍遂進據三
關仙琕坐徵還爲雲騎將軍出爲仁威司馬府主豫章王轉號雲麾復爲司馬
加振遠將軍十年朐山民殺琅邪太守劉晰以城降魏詔假仙琕節討之魏徐

州刺史盧昶以衆十餘萬赴焉仙琕與戰累破之昶遁走仙琕縱兵乘之魏衆免者十一二收其兵糧牛馬器械不可勝數振旅還京師遷太子左衞率進爵爲侯增邑六百戶十一年遷持節督豫北豫霍三州諸軍事信武將軍豫州刺史領南汝陰太守初仙琕幼名仙婢及長以婢名不典乃以玉代女因成琕云自爲將及居州郡能與士卒同勞逸身衣不過布帛所居無帷幕衾屏行則飲食與廝養最下者同其在邊境常單身潛入敵庭伺知壁壘村落險要處所故戰多克捷士卒亦甘心爲之用高祖雅愛仗之在州四年卒贈左衞將軍謚曰剛子巖夫嗣

張齊字子響馮翊郡人世居橫桑或云橫桑人也少有膽氣初事荆府司馬垣歷生歷生酗酒遇下嚴酷不甚禮之歷生罷官歸吳郡張稷爲荆府司馬齊復從之稷甚相知重以爲心腹雖家居細事皆以任焉齊盡心事稷無所辭憚隨稷歸京師稷爲南兗州又擢爲府中兵參軍始委以軍旅齊永元中義師起東昏徵稷歸都督宮城諸軍事居尚書省義兵至外圍漸急齊日造王珍國陰與

定計計定夜引珍國就稷造膝齊自執燭以成謀明旦與稷珍國卽東昏於內殿齊手刃焉明年高祖受禪封齊安昌縣侯邑五百戶仍爲寧朔將軍歷陽太守齊手不知書目不識字而在郡有清政吏事甚修天監二年還爲虎賁中郎將未拜還天門太守寧朔將軍如故四年魏將王足寇巴蜀高祖以齊爲輔國將軍救蜀未至足退走齊進戍南安七年秋使齊置大劍寒冢二戍軍還益州其年還武旅將軍巴西太守尋加征遠將軍十年郡人姚景和聚合蠻蜑抄斷江路攻破金井齊討景和於平昌破之初南鄭沒於魏乃於益州西置南梁州州鎮草創皆仰益州取足齊上夷獠義租得米二十萬斛又立臺傳興冶鑄以應贍南梁十一年進假節督益州外水諸軍十二年魏將傅豎眼寇南安齊率衆距之豎眼退走十四年還信武將軍巴西梓潼二郡太守是歲葭萌人任令宗因衆之患魏也殺魏晉壽太守以城歸款益州刺史鄱陽王遣齊帥衆三萬督南梁州長史席宗範諸軍迎令宗十五年魏東益州刺史元法僧遣子景隆來拒齊師南安太守皇甫諶及宗範逆擊之大破魏軍於葭萌屠十餘城魏將

丘突王穆等皆降而魏更增傳豎眼兵復來拒戰齊兵少不利軍引還於是葭萌復沒於魏齊在益部累年討擊蠻獠身無寧歲其居軍中能身親勞辱與士卒同其勤苦自晝頓舍城壘皆委曲得其便調給衣糧資用人人無所困乏既爲物情所附蠻獠亦不敢犯是以威名行於庸蜀巴西郡居益州之半又當東道衝要刺史經過軍府遠涉多所窮匱齊緣路聚糧食種蔬菜行者皆取給焉其能濟辦多此類也十七年遷持節都督南梁州諸軍事智武將軍南梁州刺史普通四年遷信武將軍征西鄱陽王司馬新興永寧二郡太守未發而卒時年六十七追贈散騎常侍右衞將軍賻錢十萬布百匹謚曰壯

陳吏部尚書姚察曰王珍國申胄徐元瑜李居士齊末咸爲列將擁彊兵或面縛請罪或斬關獻捷其能後服馬仙琕而已仁義何常蹈之則爲君子信哉及其臨邊撫衆雖李牧無以加矣張齊之政績亦有異焉胄元瑜居士入梁事迹鮮故不爲之傳

梁書卷十七

梁書卷十七考證

馬仙琕傳乃解兵歸罪高祖勞之○南史附仙琕於袁昂傳後敘其義烈甚詳

此特從略

以功封浛洭縣伯○浛南史作含

梁書卷十七考證

梁書卷十八

唐　散騎常侍姚思廉撰

列傳第十二

張惠紹　馮道根　康絢　昌義之

張惠紹字德繼義陽人也少有武幹齊明帝時爲直閤後出補竟陵橫桑戍主永元初母喪歸葬於鄉里聞義師起馳歸高祖拔爲中兵參軍加寧朔將軍軍主師次漢口高祖使惠紹與軍主朱思遠遊遏江中斷郢魯二城糧運郢城水軍主沈難當帥輕舸數十挑戰惠紹擊破斬難當盡獲其軍器義師次新林朱雀惠紹累有戰功建康城平遷輔國將軍前軍直閤左細仗主高祖踐阼封石陽縣侯邑五百戶遷驍騎將軍直閤細仗主如故時東昏餘黨數百人竊入南北掖門燒神虎門害衞尉張弘策惠紹馳率所領赴戰斬首數十級賊乃散走以功增邑二百戶遷太子右衞率天監四年大舉北伐惠紹與冠軍長史胡辛生寧朔將軍張豹子攻宿預執城主馬成龍送于京師使部將藍懷恭於水南

立城爲掎角俄而魏援大至敗陷懷恭惠紹不能守是夜奔還淮陰魏復得宿預六年魏軍攻鍾離詔左衛將軍曹景宗督衆軍爲援進據邵陽惠紹與馮道根裴邃等攻斷魏連橋短兵接戰魏軍大潰以功增邑三百戶還爲左驍騎將軍尋出爲持節都督北兖州諸軍事冠軍將軍北兖州刺史魏宿預淮陽二城內附惠紹撫納有功進號智武將軍益封二百戶入爲衛尉卿遷左衛將軍出爲持節都督司州諸軍事信威將軍司州刺史領安陸太守在州和理吏民親愛之徵還爲左衛將軍加通直散騎常侍甲仗百人直衛殿內十八年卒時年六十三詔曰張惠紹志略開濟幹用貞果誠懃義始績聞累任爰居禁旅盡心朝夕奄至殞喪惻愴于懷宜追寵命以彰勳烈可贈護軍將軍給鼓吹一部布百匹蠟二百斤謚曰忠子澄嗣澄初爲直閤將軍丁父憂起爲晉熙太守隨豫州刺史裴邃北伐累有戰功與湛僧智胡紹世魚弘文並當時之驍將歷官衛尉卿太子左衛率卒官謚曰愍

馮道根字巨基廣平酇人也少失父家貧傭賃以養母行得甘肥不敢先食必

遽還以進母年十三以孝聞於鄉里郡召爲主簿辭不就年十六鄉人蔡道班爲湖陽戍主道班攻蠻錫城反爲蠻所困道根救之匹馬轉戰殺傷甚多道班以免由是知名齊建武末魏主托跋宏寇沒南陽等五郡明帝遣太尉陳顯達率衆復爭之師入汋均口道根與鄉里人士以牛酒候軍因說顯達曰汋均水迅急難進易退魏若守隘則首尾俱急不如悉棄船艦於鄧城方道步進建營相次鼓行而前如是則立破之矣顯達不聽道根猶以私屬從軍及顯達敗軍人夜走多不知山路道根每及險要輒停馬指示之衆賴以全尋爲汋均口戍副永元中以母喪還家聞高祖起義師乃謂所親曰金革奪禮古人不避揚名後世豈非孝乎時不可失吾其行矣率鄉人子弟勝兵者悉歸高祖時有蔡道福爲將從軍高祖使道根副之皆隸於王茂茂伐沔攻郢城克加湖道根常爲前鋒陷陳會道福卒於軍高祖令道根并領其衆大軍次新林隨王茂於朱雀航大戰斬獲尤多高祖即位以爲驍騎將軍封增城縣男邑二百戶領文德帥遷游擊將軍是歲江州刺史陳伯之反道根隨王茂討平之天監二年爲寧朔

將軍南梁太守領阜陵城戍初到阜陵修城隍遠斥候有如敵將至者衆頗笑
之道根曰怯防勇戰此之謂也修城未畢會魏將党法宗傅豎眼率衆二萬奄
至城下道根塹壘未固城中衆少皆失色道根命廣開門緩服登城選精銳二
百人出與魏軍戰敗之魏人見意閑且戰又不利因退走是時魏分兵於大小
峴東桑等連城相持魏將高祖珍以三千騎軍其閒道根率百騎橫擊破之獲
其鼓角軍儀於是糧運既絕諸軍乃退還道根輔國將軍豫州刺史韋叡圍合
肥克之道根與諸軍同進所在有功六年魏攻鍾離高祖復詔叡救之道根率
衆三千爲叡前驅至徐州建計據邵陽洲築壘掘塹以逼魏城道根能走馬步
地計足以賦功城隍立辦及淮水長道根乘戰艦攻斷魏連橋數百丈魏軍敗
績益封三百戶進爵爲伯還遷雲騎將軍領直閣將軍改封豫寧縣戶邑如前
累遷中權中司馬右游擊將軍武旅將軍歷陽太守八年遷貞毅將軍假節督
豫州諸軍事豫州刺史領汝陰太守爲政清簡境內安定十一年徵爲太子右
衞率十三年出爲信武將軍宣惠司馬新興永寧二郡太守十四年徵爲員外

散騎常侍右游擊將軍領朱衣直閤十五年爲右衞將軍道根性謹厚木訥少言爲將能檢御部曲所過村陌將士不敢虜掠每所征伐終不言功諸將讙譁爭競道根默然而已其部曲或怨非之道根喻曰明主自鑒功之多少吾將何事高祖嘗指道根示尚書令沈約曰此人口不論勳約曰此陛下之大樹將軍也處州郡和理清靜爲部下所懷在朝廷雖貴顯而性儉約所居宅不營牆屋無器服侍衞入室則蕭然如素士之貧賤者當時服其淸退高祖亦雅重之微時不學既貴粗讀書自謂少文常慕周勃之器重十六年復假節都督豫州諸軍事信武將軍豫州刺史將行高祖引朝臣宴別道根於武德殿召工視道根使圖其形像道根踧踖謝曰臣所可報國家惟餘一死但天下太平臣恨無可死之地豫部重得道根人皆喜悅高祖每稱曰馮道根所在能使朝廷不復憶有一州居州少時遇疾自表乞還朝徵爲散騎常侍左軍將軍既至疾甚中使累加存問普通元年正月卒時年五十八是日輿駕春祀二廟既出宮有司以聞高祖問中書舍人朱异曰吉凶同日今行乎异對曰昔柳莊寢疾衞獻公當

祭請於尸曰有臣柳莊非寡人之臣是社稷之臣也聞其死請往不釋祭服而往遂以襚之道根雖未爲社稷之臣亦有勞王室臨之禮也高祖即幸其宅哭之甚慟詔曰豫寧縣開國伯新除散騎常侍領左軍將軍馮道根奉上能忠有功不伐撫人留愛守邊難犯祭遵馮異郭伋李牧不能過也奄致殞喪惻愴于懷可贈信威將軍左衛將軍給鼓吹一部賻錢十萬布百匹諡曰威子懷嗣

康絢字長明華山藍田人也其先出自康居初漢置都護盡臣西域康居亦遣侍子待詔於河西因留爲黔首其後即以康爲姓晉時隴右亂康氏遷于藍田絢曾祖因爲苻堅太子詹事生穆穆爲姚萇河南尹宋永初中穆舉鄉族三千餘家入襄陽之峴南宋爲置華山郡藍田縣寄居于襄陽以穆爲秦梁二州刺史未拜卒絢世父元隆父元撫並爲流人所推相繼爲華山太守絢少俶儻有志氣齊文帝爲雍州刺史所辟皆取名家絢特以才力召爲西曹書佐永明三年除奉朝請文帝在東宮以舊恩引爲直後以母憂去職服闋除振威將軍華山太守推誠撫循荒餘悅服遷前軍將軍復爲華山太守永元元年義兵起絢

舉郡以應高祖身率敢勇三千人私馬二百五十匹以從除西中郎南康王中兵參軍加輔國將軍義師方圍張沖於郢城曠日持久東昏將吳子陽壁于加湖軍鋒甚盛絢隨王茂力攻屠之自是常領遊兵有急應赴斬獲居多天監元年封南安縣男邑三百戶除輔國將軍竟陵太守魏圍梁州刺史王珍國使請救絢以郡兵赴之魏軍退七年司州三關爲魏所逼詔假絢節武旅將軍率衆赴援九年還假節督北兗州緣淮諸軍事振遠將軍北兗州刺史及朐山亡徒以城降魏絢馳遣司馬霍奉伯分軍據嶮魏軍至不得越朐城明年青州刺史張稷爲土人徐道角所殺絢又遣司馬茅榮伯討平之徵驃騎臨川王司馬加左驍騎將軍尋轉朱衣直閤十三年還太子右衛率甲仗百人與領軍蕭景直殿內絢身長八尺容貌絕倫雖居顯官猶習武藝高祖幸德陽殿戲馬敕絢馬射撫弦貫的觀者悅之其日上使畫工圖絢形遣中使持以問絢曰卿識此圖不其見親如此時魏降人王足陳計求堰淮水以灌壽陽足引北方童謠曰荆山爲上格浮山爲下格潼沱爲激溝併灌鉅野澤高祖以爲然使水工陳承伯

材官將軍祖暅視地形咸謂淮內沙土漂輕不堅實其功不可就高祖弗納發
徐揚人率二十戶取五丁以築之假絢節都督淮上諸軍事幷護堰作役人及
戰士有衆二十萬於鍾離南起浮山北抵巉石依岸以築土合脊於中流十四
年堰將合淮水漂疾輒復決潰衆患之或謂江淮多有蛟能乘風雨決壞崖岸
其性惡鐵因是引東西二冶鐵器大則釜鬵小則鋘鋤數千萬斤沉于堰所猶
不能合乃伐樹爲井幹塡以巨石加土其上緣淮百里內岡陵木石無巨細必
盡負擔者肩上皆穿夏日疾疫死者相枕蠅蟲晝夜聲相合高祖愍役人淹久
遣尚書右僕射袁昂侍中謝舉假節慰勞之幷加蠲復是冬又寒甚淮泗盡凍
士卒死者十七八高祖復遣賜以衣袴十一月魏遣將楊大眼揚聲決堰絢命
諸軍撤營露次以待之遣其子悅挑戰斬魏咸陽王府司馬徐方興魏軍小却
十二月魏遣其尚書僕射李曇定督衆軍來戰絢與徐州刺史劉思祖等距之
高祖又遣右衞將軍昌義之太僕卿魚弘文直閣曹世宗徐元和相次距守十
五年四月堰乃成其長九里下闊一百四十丈上廣四十五丈高二十丈深十

九丈五尺夾之以堤幷樹杞柳軍人安堵列居其上其水清潔俯視居人墳墓了然皆在其下或人謂絢曰四瀆天所以節宣其氣不可久塞若鑿湫東注則游波寬緩堰得不壞絢然之開湫東注又縱反閒於魏曰梁人所懼開湫不畏野戰魏人信之果鑿山深五丈開湫北注水日夜分流湫猶不減其月魏軍竟潰而歸水之所及夾淮方數百里地魏壽陽城戍稍徙頓於八公山北南居人散就岡壟初堰起於徐州界刺史張豹子宣言於境謂己必尸其事既而絢以他官來監作豹子甚慚俄而敕豹子受絢節度每事輒先諮焉由是遂譖絢與魏交通高祖雖不納猶以事畢徵絢尋以絢爲持節都督司州諸軍事信武將軍司州刺史領安陸太守增封二百戶絢還後豹子不修堰至其秋八月淮水暴長堰悉壞決奔流于海祖暅坐下獄絢在州三年大修城隍號爲嚴政十八年徵爲員外散騎常侍領長水校尉與護軍韋叡太子右衞率周捨直殿省普通元年除衞尉卿未拜卒時年五十七輿駕卽日臨哭贈右衞將軍給鼓吹一部賻錢十萬布百匹諡曰壯絢寬和少喜懼在朝廷見人如不能言號爲長厚

在省每寒月見省官繿縷輒遺以襦衣其好施如此子悅嗣

昌義之歷陽烏江人也少有武幹齊代隨曹虎征伐累有戰功虎爲雍州以義之補防閤出爲馮翊戍主及虎代還義之留事高祖時天下方亂高祖亦厚遇之義師起板爲輔國將軍軍主除建安王中兵參軍時竟陵芊口有邸閣高祖遣驅每戰必捷大軍次新林隨王茂於新亭幷朱雀航力戰斬獲尤多建康城平以爲直閤將軍馬右夾轂主天監元年封永豐縣侯邑五百戶除驍騎將軍出爲盱眙太守二年遷假節督北徐州諸軍事輔國將軍北徐州刺史鎮鍾離魏寇州境義之擊破之三年進號冠軍將軍增封二百戶四年大舉北伐揚州刺史臨川王督衆軍軍洛口義之以州兵受節度爲前軍攻魏梁城戍克之五年高祖以征役久有詔班師衆軍各退散魏中山王元英乘勢追躡攻沒馬頭城內糧儲魏悉移之歸北議者咸曰魏運米北歸當無復南向高祖曰不然此必進兵非其實也乃遣土匠修營鍾離城敕義之爲戰守之備是冬英果率其安樂王元道明平東將軍楊大眼等衆數十萬來寇鍾離鍾離城北阻淮水魏

人於邵陽洲西岸作浮橋跨淮通道英據東岸大眼據西岸以攻城時城中衆纔三千人義之督帥隨方抗禦魏軍乃以車載土塡塹使其衆負土隨之嚴騎自後蹙焉人有未及回者因以土迮之俄而塹滿英與大眼躬自督戰晝夜苦攻分番相代墜而復升莫有退者又設飛樓及衝車撞之所值城上輒頽落義之乃以泥補缺衝車雖入而不能壞義之善射其被攻危急之處輒馳往救之每彎弓所向莫不應弦而倒一日戰數十合前後殺傷者萬計魏軍死者與城平六年四月高祖遣曹景宗韋叡帥衆二十萬救焉既至與魏戰大破之英大眼等各脫身奔走義之因率輕兵追至洛口而還斬首俘生不可勝計以功進號軍師將軍增封二百戶還持節督青冀二州諸軍事征虜將軍青冀二州刺史未拜改督南兗兗徐青冀五州諸軍事輔國將軍南兗州刺史坐禁物出藩爲有司所奏免其年補朱衣直閤除左驍騎將軍直閤如故還太子右衛率領越騎校尉假節八年出爲持節督湘州諸軍事征遠將軍湘州刺史九年以本號還朝俄爲司空臨川王司馬將軍如故十年還右衛將軍十三年徙爲左衛

將軍是冬高祖遣太子右衛率康絢督衆軍作荊山堰明年魏遣將李曇定大衆逼荊山揚聲欲決堰詔假義之節帥太僕卿魚弘文直閤將軍曹世宗徐元和等救絢軍未至絢等已破魏軍魏又遣大將李平攻峽石圍直閤將軍趙祖悅義之又率朱衣直閤王神念等救之時魏兵盛神念攻峽石浮橋不能克故援兵不得時進遂陷峽石義之班師爲有司所奏高祖以其功臣不問也十五年復以爲使持節都督湘州諸軍事信威將軍湘州刺史其年改授都督北徐州緣淮諸軍事平北將軍北徐州刺史義之性寬厚爲將能撫御得人死力及居藩任吏民安之俄給鼓吹一部改封營道縣侯邑戸如先普通三年徵爲護軍將軍鼓吹如故四年十月卒高祖深痛惜之詔曰護軍將軍營道縣開國侯昌義之幹略沉濟志懷寬隱誠著運始効彰邊服方申爪牙寄以禁旅奄至殞喪惻愴于懷可贈散騎常侍車騎將軍幷鼓吹一部給東園祕器朝服一具賻錢二萬布二百匹蠟二百斤諡曰烈子寶業嗣官至直閤將軍譙州刺史

陳吏部尚書姚察曰張惠紹馮道根康絢昌義之初起從上其功則輕及羣盜

焚門而惠紹以力戰顯合肥邵陽之逼而道根義之功多浮山之役起而康絢典其事互有厥勞寵進宜矣先是鎮星守天江而堰興及退舍而堰決非徒人事有天道矣

梁書卷十八

梁書卷十八考證

張惠紹傳累有戰功○監本缺戰功二字又下文歷官衛尉卿句缺卿二字今增入

昌義之傳絢等已破魏軍魏又遣大將李平攻峽石○南本脫軍魏二字

梁書卷十八考證

梁書卷十九

唐　散　騎　常　侍　姚　思　廉　撰

列傳第十三

宗夬　劉坦　樂藹

宗夬字明敭南陽湼陽人也世居江陵祖景宋時徵太子庶子不就有高名父繁西中郎諮議參軍夬少勤學有局幹弱冠舉郢州秀才歷臨川王常侍驃騎行參軍齊司徒竟陵王集學士於西邸並見圖畫夬亦預焉永明中與魏和親敕夬與尚書殿中郎任昉同接魏使皆時選也武帝嫡孫南郡王居西州以夬管書記夬既以筆札被知亦以貞正見許故任焉俄而文惠太子薨王爲皇太孫夬仍管書記及太孫卽位多失德夬頗自疎得爲秣陵令遷尚書都官郎隆昌末少帝見誅寵舊多罹其禍惟夬及傅昭以清正免明帝卽位以夬爲郢州治中有名稱職以父老去官還鄉里南康王爲荆州刺史引爲別駕義師起遷西中郎諮議參軍別駕如故時西土位望惟夬與同郡樂藹劉坦爲州人所推

信故領軍將軍蕭穎胄深相委仗每事諮焉高祖師發雍州穎胄遣夬出自楊口面稟經略并護送軍資高祖甚禮之天興初還御史中丞以父憂去職起爲冠軍將軍衞軍長史天監元年遷征虜長史東海太守將軍如故二年徵爲太子右衞率是冬遷五兵尚書參掌大選三年卒時年四十九子曜卿嗣夬從弟岳有名行州里稱之出於夬右仕歷尚書庫部郎郢州治中北中郎錄事參軍事

劉坦字德度南陽安衆人也晉鎮東將軍喬之七世孫坦少爲從兄虬所知齊建元初爲南郡王國常侍尋補孱陵令還南中郎錄事參軍所居以幹濟稱南康王爲荆州刺史坦爲西中郎中兵參軍領長流義師起遷諮議參軍時輔國將軍楊公則爲湘州刺史帥師赴夏口西朝議行州事者坦謂衆曰湘境人情易擾難信若專用武士則百姓畏侵漁若遣文人則威略不振必欲鎮靜一州城軍民足食則無踰老臣先零之役竊以自許遂從之乃除輔國長史長沙太守行湘州事坦嘗在湘州多舊恩道迎者甚衆下車簡選堪事吏分詣十郡悉

發人丁運租米三十餘萬斛致之義師資糧用給時東昏遣安成太守劉希祖破西臺所選太守范僧簡於平都希祖移檄湘部於是始興內史王僧粲應之邵陵人逐其內史褚洊永陽人周暉起兵攻始安郡並應僧粲桂陽人邵曇弄鄧道介報復私讎因合黨亦同焉僧粲自號平西將軍湘州刺史以永陽人周舒爲謀主師于建寧自是湘部諸郡悉皆蜂起惟臨湘湘陰瀏陽羅四縣猶全州人咸欲汎舟逃走坦悉聚船焚之遣將尹法略距僧粲相持未決前湘州鎭軍鍾玄紹潛謀應僧粲要結士庶數百人皆連名定計刻日反州城坦聞其謀僞爲不知因理訟至夜而城門遂不閉以疑之玄紹未及發明旦詣坦問其故坦久留與語密遣親兵收其家書玄紹在坐未起而收兵已報具得其文書本末玄紹卽首伏於坐斬之焚其文書其餘黨悉無所問衆愧且服州部遂安法略與僧粲相持累月建康城平公則還州羣賊始散天監初論功封荔浦縣男邑三百戸還平西司馬新興太守天監三年還西中郎卒時年六十二子泉嗣

樂藹字蔚遠南陽淯陽人晉尚書令廣之六世孫世居江陵其舅雍州刺史宗

愨嘗陳器物試諸甥姪藹時尚幼而所取惟書愨由此奇之又取史傳各一卷授藹等使讀畢言所記藹略讀具舉愨益善之宋建平王景素爲荊州刺史辟爲主簿景素爲南徐州復爲征北刑獄參軍還龍陽相以父憂去職吏民詣州請之葬訖起焉時齊豫章王嶷爲武陵太守雅善藹爲政及嶷爲荊州刺史以藹爲驃騎行參軍領州主簿參知州事嶷嘗問藹風土舊俗城隍基跱山川險易藹隨問立對若按圖牒嶷益重焉州人嫉之或譖藹廨門如市嶷遣覘之方見藹閉閤讀書嶷還都以藹爲太尉刑獄參軍典書記遷枝江令還爲大司馬中兵參軍轉署記室永明八年荊州刺史巴東王子響稱兵反既敗焚燒府舍官曹文書一時蕩盡武帝引見藹問以西事藹上對詳敏帝悅焉用爲荊州治中敕付以脩復府州事藹還州繕脩廨署數百區頃之咸畢而役不及民荊部以爲自晉王悅移鎮以來府舍未之有也九年豫章王嶷薨藹解官赴喪率荊湘二牧故吏建碑墓所累遷車騎平西錄事參軍步兵校尉求助戍西歸南康王爲西中郎以藹爲諮議參軍義師起蕭穎胄引藹及宗夬劉坦任以經略梁

臺建遷鎮軍司馬中書侍郎尚書左丞時營造器甲舟艦軍糧及朝廷儀憲悉資藹焉尋遷給事黄門侍郎左丞如故和帝東下還兼衞尉卿天監初遷驍騎將軍領少府卿俄還御史中丞領本州大中正初藹發江陵無故於船得八車輻如中丞健步避道者至是果還焉藹性公彊居憲臺甚稱職時長沙宣武王將葬而車府忽於庫火油絡欲推主者藹曰昔晉武庫火張華以爲積油萬石必然今庫若有灰非吏罪也既而檢之果有積灰時稱其博物弘恕焉二年出爲持節督廣交越三州諸軍冠軍將軍平越中郎將廣州刺史前刺史徐元瑜罷歸道遇始興人士反逐內史崔睦舒因掠元瑜財產元瑜走歸廣州借兵於藹託欲討賊而實謀襲藹藹覺之誅元瑜尋進號征虜將軍卒官藹姊適徵士同郡劉虬亦明識有禮訓藹爲州迎姊居官舍參分祿秩西土稱之子法才字元備幼與弟藏俱有美名少遊京師造沈約約見而稱之齊和帝爲相國召爲府參軍鎮軍蕭穎胄辟主簿梁臺建除起部郎天監二年藹出鎮嶺表法才留任京邑遷金部郎父憂去官服闋除中書通事舍人出爲本州別駕入爲通直

散騎侍郎復掌通事遷尚書右丞晉安王爲荆州重除别駕從事史復徵爲尚
書右丞出爲招遠將軍建康令不受俸秩比去任將至百金縣曹啓輸臺庫高
祖嘉其清節曰居職若斯可以爲百城表矣即日遷太府卿尋除南康內史恥
以讓俸受名辭不拜俄轉雲騎將軍少府卿出爲信武長史江夏太守因被代
表便道還鄉至家劃宅爲寺棲心物表皇太子以法才舊臣累有優令召使東
下未及發而卒時年六十三
陳吏部尚書姚察曰蕭穎冑起大州之衆以會義當其時人心未之能悟此三
人者楚之鎮也經營締構蓋有力焉方面之功坦爲多矣當官任事藹則兼之
咸登寵秩宜乎
梁書卷十九

梁書卷十九考證

宗夬傳西中郎諮議參軍○各本脫郎字

梁書卷十九考證

梁書卷二十

唐　散　騎　常　侍　姚　思　廉　撰

列傳第十四

劉季連　陳伯之

劉季連字惠續彭城人也父思考以宋高祖族弟顯於宋世位至金紫光祿大夫季連有名譽早歷清官齊高帝受禪悉誅宋室近屬將及季連等太宰褚淵素善之固請乃免建元中季連爲尚書左丞永明初出爲江夏內史累遷平南長沙內史冠軍長史廣陵太守並行府州事入爲給事黃門侍郎轉太子中庶子建武中又出爲平西蕭遙欣長史南郡太守時明帝諸子幼弱內親則仗遙欣兄弟外親則倚后弟劉暄內弟江祏遙欣之鎮江陵也意寄甚隆而遙欣至州多招賓客厚自封殖明帝甚惡之季連族甥琅邪王會爲遙欣諮議參軍美容貌頗才辯遙欣遇之甚厚會多所慠忽於公座與遙欣競侮季連季連憾之乃密表明帝稱遙欣有異迹明帝納焉乃以遙欣爲雍州刺史明帝心德季連

四年以爲輔國將軍益州刺史令據遙欣上流季連父宋世爲益州貪鄙無政績州人猶以義故善待季連季連下車存問故老撫納新舊見父時故吏皆對之流涕辟遂寧人龔恆爲府主簿恆龔穎之孫累世有學行故引焉東昏即位永元元年徵季連爲右衞將軍道斷不至季連聞東昏失德京師多故稍自驕矜本以文吏知名性忌而褊狹至是遂嚴愎酷狠士人始懷怨望其年九月季連因聚會發人丁五千人聲以講武遂遣中兵參軍宋買率之以襲中水穰人李託豫知之設備守險買與戰不利還州郡縣多叛亂矣是月新城人趙續伯殺五城令逐始平太守十月晉原人樂寶稱李難當殺其太守寶稱自號南秦州刺史難當益州刺史十二月季連遣參軍崔茂祖率衆二千討之齎三日糧值歲大寒羣賊相聚伐樹塞路軍人水火無所得大敗而還死者十七八明年正月新城人帛養逐遂寧太守譙希淵三月巴西人雍道晞率羣賊萬餘逼巴西去郡數里道晞稱鎮西將軍號建義巴西太守魯休烈與涪令李膺嬰城自守季連遣中兵參軍李奉伯率衆五千救之奉伯至與郡兵破擒道晞斬之涪

市奉伯因獨進巴西之東鄉討餘賊李膺止之曰卒惰將驕乘勝履險非良策也不如小緩更思後計奉伯不納悉衆入山大敗而出遂奔還州六月江陽人程延期反殺太守何法藏魯休烈懼不自保奔投巴東相蕭慧訓十月巴西人趙續伯又反有衆二萬出廣漢乘佛輿以五綵裹青石誑百姓云天與我玉印當王蜀愚人從之者甚衆季連進討之遣長史趙越常前驅兵敗季連復遣李奉伯由涪路討之奉伯別軍自潺亭與大軍會於城進攻其柵大破之時會稽人石文安守休隱居鄉里專行禮讓代季連爲尚書左丞出爲江夏內史又代季連入爲御史中丞與季連相善子仲淵字欽回聞義師起率鄉人以應高祖天監初拜郢州別駕從高祖平京邑明年春遣左右陳建孫送季連弟通直郎子淵及季連二子使蜀喻旨慰勞季連受命飭還裝高祖以西臺將鄧元起爲益州刺史元起南郡人季連爲南郡之時素薄元起典籤朱道琛者嘗爲季連府都錄無賴小人有罪季連欲殺之逃叛以免至是說元起曰益州亂離已久公私府庫必多耗失劉益州臨歸空竭豈辦復能遠遣候遞道琛請先使檢校

緣路奉迎不然萬里資糧未易可得元起許之道琛既至言語不恭又歷造府州人士見器物輒奪之有不獲者語曰會當屬人何須苦惜於是軍府大懼謂元起至必誅季連禍及黨與競言之於季連季連亦以爲然又惡昔之不禮元起也益憤懣司馬朱士略說季連求爲巴西郡留三子爲質季連許之頃之季連遂召佐史矯稱齊宣德皇后令聚兵復反收朱道琛殺之書報朱士略兼召李膺膺士略並不受使使歸元起收兵於巴西以待之季連誅士略三子天監元年六月元起至巴西季連遣其將李奉伯等拒戰兵交互有得失久之奉伯乃敗退還成都季連驅略居人閉城固守元起稍進圍之是冬季連城局參軍江希之等謀以城降不果季連誅之蜀中喪亂已二年矣城中食盡升米三千亦無所糴餓死者相枕其無親黨者又殺而食之季連食粥累月飢窘無計二年正月高祖遣主書趙景悅宣詔降季連季連肉袒請罪元起遷季連于城外俄而造焉待之以禮季連謝曰早知如此豈有前日之事元起誅李奉伯并諸渠帥送季連還京師季連將發人莫之視惟襲㥷送焉初元起在道懼事不集

無以爲賞士之至者皆許以辟命於是受別駕治中檄者將二千人季連既至詣闕謝高祖引見之季連自東掖門入數步一稽顙以至高祖前高祖笑謂曰卿欲慕劉備而曾不及公孫述豈無臥龍之臣乎季連復稽顙謝赦爲庶人四年正月因出建陽門爲蜀人藺道恭所殺季連在蜀殺道恭父道恭出亡至是而報復焉

陳伯之濟陰睢陵人也幼有膂力年十三四好著獺皮冠帶刺刀候伺鄰里稻熟輒偷刈之嘗爲田主所見呵之云楚子莫動伯之謂田主曰君稻幸多一擔何苦田主將執之伯之因杖刀而進將刺之曰楚子定何如田主皆反走伯之徐擔稻而歸及年長在鍾離數爲劫盜嘗授面覘人船船人斫之獲其左耳後隨鄉人車騎將軍王廣之廣之愛其勇每夜臥下榻征伐嘗自隨齊安陸王子敬爲南兗州頗持兵自衞明帝遣廣之討子敬廣之至歐陽遣伯之先驅因城開獨入斬子敬又頻有戰功以勳累遷爲冠軍將軍驃騎司馬封魚復縣伯邑五百戶義師起東昏假伯之節督前驅諸軍事豫州刺史將軍如故尋轉江州

據尋陽以拒義軍郢城平高祖得伯之幢主蘇隆之使說伯之卽以爲安東將軍江州刺史伯之雖受命猶懷兩端僞云大軍未須便下高祖謂諸將曰伯之此答其心未定及其猶豫宜逼之衆軍遂次尋陽伯之退保南湖然後歸附進號鎮南將軍與衆俱下伯之頓籬門尋進西明門建康城未平每降人出伯之輒喚與耳語高祖恐其復懷翻覆密語之曰聞城中甚忿卿舉江州降欲遣刺客中卿宜以爲慮伯之未之信會東昏將鄭伯倫降高祖使過伯之謂曰城中甚忿卿欲遣信誘卿以封賞須卿復降當生割卿手脚卿若不降復欲遣刺客殺卿宜深爲備伯之懼自是無異志矣力戰有功城平進號征南將軍封豐城縣公邑二千戶遣還之鎮伯之不識書及還江州得文牒辭訟惟作大諾而已有事典籤傳口語與奪決於主者伯之與豫章人鄧繕永興人戴永忠並有舊繕經藏伯之息英免禍伯之尤德之及在州用繕爲別駕永忠記室參軍河南褚緭京師之薄行者齊末爲揚州西曹遇亂居閭里而輕薄互能自致惟緭獨不達高祖卽位緭頻造尚書范雲雲不好緭堅距之緭益怒私語所知曰建武

以後草澤底下悉化成貴人吾何罪而見棄今天下草創饑饉不已喪亂未可知陳伯之擁彊兵在江州非代來臣有自疑意且熒惑守南斗詎非爲我出今者一行事若無成入魏何遽減作河南郡於是遂投伯之書佐王思穆事之大見親狎及伯之鄉人朱龍符爲長流參軍並乘伯之愚闇恣行姦險刑政通塞悉共專之伯之子虎牙時爲直閤將軍高祖手疏龍符罪親付虎牙虎牙封示伯之高祖又遣代江州別駕鄧繕伯之並不受命答高祖曰龍符驍勇健兒鄧繕事有績效臺所遣別駕請以爲治中繕於是日夜說伯之云臺家府庫空竭復無器仗三倉無米東境饑流此萬代一時也機不可失絹永忠等每贊成之伯之謂繕今段啓卿若復不得便與卿共下使反高祖敕部內一郡處繕伯之於是集府州佐史謂曰奉齊建安王教率江北義勇十萬已次六合見使以江州見力運糧速下我荷明帝厚恩誓死以報今便纂嚴備辦使絹詐爲蕭寶夤書以示僚佐於聽事前爲壇殺牲以盟伯之先飲長史已下次第歃血絹說伯之曰今舉大事宜引衆望程元沖不與人同心臨川內史王觀僧虔之孫人身

不惡便可召爲長史以代元沖伯之從之仍以緝爲尋陽太守加討逆將軍永忠輔義將軍龍符爲豫州刺史率五百人守大雷大雷戍主沈慧休鎮南參軍李延伯又遣鄉人孫隣李景受龍符節度隣爲徐州景爲郢州豫章太守鄭伯倫起郡兵距守程元沖既失職於家合率數百人使伯之典籤呂孝通戴元則爲內應伯之每旦常作伎日晡輒臥左右仗身皆休息元沖因其解弛從北門入逕至廳事前伯之聞叫聲自率出盪元沖力不能敵走逃廬山初元沖起兵要尋陽張孝季孝季從之既敗伯之追孝季不得得其母郎氏蠟灌殺之遣信還都報虎牙兄弟虎牙等走盱眙盱眙人徐安莊與紹張顯明邀擊之不能禁反見殺高祖遣王茂討伯之伯之聞茂來謂緝等曰王觀既不就命鄭伯倫又不肯從便應空手受困今先平豫章開通南路多發丁力益運資糧然後席卷北向以撲饑疲之衆不憂不濟也乃留鄉人唐蓋人守城遂相率趣豫章太守鄭伯倫堅守伯之攻之不能下王茂前軍既至伯之表裏受敵乃敗走間道亡命出江北與子虎牙及褚緝俱入魏魏以伯之爲使持節散騎常侍都督淮南

諸軍事平南將軍光祿大夫曲江縣侯天監四年詔太尉臨川王宏率衆軍北討宏命記室丘遲私與伯之書曰陳將軍足下無恙幸甚將軍勇冠三軍才爲世出棄鷰雀之小志慕鴻鵠以高翔昔因機變化遭逢明主立功立事開國承家朱輪華轂擁旄萬里何其壯也如何一旦爲奔亡之虜聞鳴鏑而股戰對穹廬以屈膝又何劣耶尋君去就之際非有他故直以不能內審諸己外受流言沉迷猖蹶以至於此聖朝赦罪論功棄瑕錄用收赤心於天下安反側於萬物將軍之所知非假僕一二談也朱鮪涉血於友于張繡傳刃於愛子漢主不以爲疑魏君待之若舊況將軍無昔人之罪而勳重於當代夫迷塗知反往哲是與不遠而復先典攸高主上屈法申恩吞舟是漏將軍松柏不翦親戚安居高臺未傾愛妾尚在悠悠爾心亦何可述今功臣名將鴈行有序懷黃佩紫贊帷幄之謀乘軺建節奉疆埸之任並刑馬作誓傳之子孫將軍獨靦顏惜命驅馳異域寧不哀哉夫以慕容超之強身送東市姚泓之盛面縛西都故知霜露所均不育異類姬漢舊邦無取雜種北虜僭盜中原多歷年所惡積禍盈理至燋

爛況僞孽昏狡自相夷戮部落攜離酋豪猜貳方當繫頸蠻邸懸首藁街而將軍魚游於沸鼎之中燕巢於飛幕之上不亦惑乎暮春三月江南草長雜花生樹羣鶯亂飛見故國之旗鼓感平生於疇日撫弦登陴豈不愴恨所以廉公之思趙將吳子之泣西河人之情也將軍獨無情哉想早勵良圖自求多福伯之乃於壽陽擁衆八千歸虎牙爲魏人所殺伯之旣至以爲使持節都督西豫州諸軍事平北將軍西豫州刺史永新縣侯邑千戸未之任復以爲通直散騎常侍驍騎將軍又爲太中大夫久之卒於家其子猶有在魏者褚緭在魏魏人欲擢用之魏元會緭戲爲詩曰帽上著籠冠袴上著朱衣不知是今是不知非昔非魏人怒出爲始平太守日日行獵墮馬死

史臣曰劉季連之文吏小節而不能以自保全習亂然也陳伯之小人而乘君子之器羣盜又誣而奪之安能長久矣

梁書卷二十考證

陳伯之傳密語之曰聞城中甚忿卿舉江州降欲遣刺客中卿○監本脫舉江州三字今從閣本增入

及在州用繕爲別駕永忠記室參軍○監本脫及在州三字用字下脫繕字永忠下衍爲字今俱從閣本改正

伯之子虎牙時爲直閣將軍高祖手疏龍符罪親付虎牙虎牙封示伯之○各本作伯之子虎牙封示伯之脫去十九字

梁書卷二十考證

梁書卷二十一

唐 散騎常侍姚思廉撰

列傳第十五

王瞻 王志 王峻 王暕 子訓

王泰 王份 孫錫 僉 張充 柳惲

蔡撙 江蒨

王瞻字思範琅邪臨沂人宋太保弘從孫也祖柳光祿大夫東亭侯父猷廷尉卿瞻年數歲嘗從師受業時有伎經其門同學皆出觀瞻獨不視習誦如初從父尚書僕射僧達聞而異之謂瞻父曰吾宗不衰寄之此子年十二居父憂以孝聞服闋襲封東亭侯瞻幼時輕薄好逸遊爲閭里所患及長頗折節有士操涉獵書記於棊射尤善起家著作佐郎累遷太子舍人太尉主簿太子洗馬頃之出爲鄱陽內史秩滿授太子中舍人又爲齊南海王友尋轉司徒竟陵王從事中郎王甚相賓禮南海王爲護軍將軍瞻爲長史又出補徐州別駕從事史

遷驃騎將軍王晏長史晏誅出爲晉陵太守瞻潔己爲政妻子不免飢寒時大司馬王敬則舉兵作亂路經晉陵郡民多附敬則軍敗臺軍討賊黨瞻言於朝曰愚人易動不足窮法明帝許之所全活者萬數徵拜給事黄門侍郎撫軍建安王長史御史中丞高祖霸府開以瞻爲大司馬相國諮議參軍領錄事梁臺建爲侍中遷左民尚書俄轉吏部尚書瞻性率亮居選部所舉多行其意頗嗜酒每飲或竟日而精神益朗贍不廢簿領高祖每稱瞻有三術射棊酒也尋加左軍將軍以疾不拜仍爲侍中領驍騎將軍未拜卒時年四十九謚康侯子長玄著作佐郎早卒

王志字次道琅邪臨沂人祖曇首宋左光祿大夫豫寧文侯父僧虔齊司空簡穆公並有重名志年九歲居所生母憂哀容毀瘠爲中表所異弱冠選尚宋孝武女安固公主拜駙馬都尉祕書郎累遷太尉行參軍太子舍人武陵王文學褚淵爲司徒引志爲主簿淵謂僧虔曰朝廷之恩本爲殊特所可光榮在屈賢子累遷鎮北竟陵王功曹史安陸南郡二王友入爲中書侍郎尋除宣城內史

清謹有恩惠郡民張倪吳慶爭田經年不決志到官父老乃相謂曰王府君有德政吾曹鄉里乃有此爭倪慶相攜請罪所訟地遂爲閑田徵拜黄門侍郎尋遷吏部侍郎出爲寧朔將軍東陽太守郡獄有重囚十餘人冬至日悉遣還家過節皆返惟一人失期獄司以爲言志曰此自太守事主者勿憂明旦果自詣獄辭以婦孕吏民益歎服之視事三年齊永明二年入爲侍中未拜轉吏部尚書在選以和理稱崔慧景平以例加右軍將軍封臨汝侯固讓不受改領右衞將軍義師至城內害東昏百僚署名送其首志聞而歎曰冠雖弊可加足乎因取庭中樹葉挼服之僞悶不署名高祖覽牋無志署心嘉之弗以讓也霸府開以志爲右軍將軍驃騎大將軍長史梁臺建遷散騎常侍中書令天監元年以本官領前軍將軍其年遷冠軍將軍丹陽尹爲政清靜去煩苛京師有寡婦無子姑亡舉債以斂葬既葬而無以還之志愍其義以俸錢償焉時年饑每旦爲粥於郡門以賦百姓民稱之不容口三年爲散騎常侍中書令領游擊將軍志爲中書令及居京尹便懷止足常謂諸子姪曰謝莊在宋孝武世位止中書令

吾自視豈可以過之因多謝病簡通賓客遷前將軍太常卿六年出爲雲麾將軍安西始興王長史南郡太守明年遷軍師將軍平西鄱陽郡王長史江夏太守並加秩中二千石九年遷爲散騎常侍金紫光祿大夫十二年卒時年五十四志善草隸當時以爲楷法齊游擊將軍徐希秀亦號能書常謂志爲書聖志家世居建康禁中里馬蕃巷父僧虔以來門風多寬恕志尤惇厚所歷職不以罪咎劾人門下客嘗盜脫志車犢賣之志知而不問待之如初賓客游其門者專覆其過而稱其善兄弟子姪皆篤實謙和時人號馬蕃諸王爲長者普通四年志改葬高祖厚賻賜之追謚曰安有五子緝休諲操素並知名

王峻字茂遠琅邪臨沂人曾祖敬弘有重名於宋世位至左光祿大夫開府儀同三司祖瓚之金紫光祿大夫父秀之吳興太守峻少美風姿善舉止起家著作佐郎不拜累遷中軍廬陵王法曹行參軍太子舍人邵陵王文學太傅主簿府主齊竟陵王子良甚相賞遇遷司徒主簿以父憂去職服闋除太子洗馬建安王友出爲寧遠將軍桂陽內史會義師起上流諸郡多相驚擾峻閉門靜坐

一郡帖然百姓賴之天監初還除中書侍郎高祖甚悅其風采與陳郡謝覽同見賞擢俄遷吏部當官不稱職轉征虜安成王長史又爲太子中庶子游擊將軍出爲宣城太守爲政清和吏民安之視事三年徵拜侍中遷度支尚書又以本官兼起部尚書監起太極殿事畢出爲征遠將軍平西長史南郡太守尋爲智武將軍鎮西長史蜀郡太守還爲左民尚書領步兵校尉還吏部尚書處選甚得名譽峻性詳雅無趨競心嘗與謝覽約官至侍中不復謀進仕覽自吏部尚書出爲吳興郡平心不畏彊禦亦由處世之情既薄故也峻爲侍中以後雖不退身亦淡然自守無所營務久之以疾表解職遷金紫光祿大夫未拜普通二年卒時年五十六謚惠子子琮玩琮爲國子生尚始興王女繁昌縣主不惠爲學生所嗤遂離婚峻謝王王曰此自上意僕極不願如此峻曰臣太祖是謝仁祖外孫亦不藉殿下姻媾爲門戶

王暕字思晦琅邪臨沂人父儉齊太尉南昌文憲公暕年數歲而風神警拔有成人之度時文憲作宰賓客盈門見暕相謂曰公才公望復在此矣弱冠選尚

淮南長公主拜駙馬都尉除員外散騎侍郎不拜改授晉安王文學遷廬陵王友祕書丞明帝詔求異士始安王遙光表薦暕及東海王僧孺曰臣聞求賢暫勞垂拱永逸方之疏壤取類導川伏惟陛下道隱旒纊信充符璽白駒空谷振鷺在庭猶懼隱鱗卜祝藏器屠估物色關下委裘河上非取製於一狐諒求味於兼采而五聲倦響九工是詢寢議廟堂借聽輿阜臣位任隆重義兼邦家實欲使名實不違徼幸路絶勢門上品猶當格以清談英俊下僚不可限以位貌竊見祕書丞琅邪王暕年二十一七葉重光海內冠冕神清氣茂允迪中和叔寶理遣之談彥輔名教之樂故以暉映先達領袖後進居無塵雜家有賜書辭賦清新屬言玄遠室邇人曠物疎道親養素丘園台階虛位庠序公朝萬夫傾首豈徒荀令可想李公不亡而已哉乃東序之祕寶瑚璉之茂器除驃騎從事中郎高祖霸府開引爲戶曹屬遷司徒左長史天監元年除太子中庶子領驍騎將軍入爲侍中出爲寧朔將軍中軍長史又爲侍中領射聲校尉遷五兵尚書加給事中出爲晉陵太守徵爲吏部尚書俄領國子祭酒暕名公子少致美

稱及居選曹職事脩理然世貴顯與物多隔不能留心寒素衆頗謂爲刻薄遷尚書右僕射尋加侍郎復還右僕射以母憂去官起爲雲麾將軍吳郡太守還爲侍中尚書左僕射領國子祭酒普通四年冬暴疾卒時年四十七詔贈侍中中書令中軍將軍給東園祕器朝服一具衣一襲錢十萬布百匹謚曰靖有四子訓承穉訏並通顯

訓字懷範幼聰警有識量徵士何胤見而奇之年十三暕亡憂毀家人莫之識十六召見文德殿應對爽徹上目送久之顧謂朱异曰可謂相門有相矣補國子生射策高第除祕書郎遷太子舍人祕書丞轉宣城王文學友太子中庶子掌管記俄遷侍中既拜入見高祖從容問何敬容曰褚彥回年幾爲宰相敬容對曰少過三十上曰今之王訓無謝彥回訓美容儀善進止文章之美爲後進領袖在春宮特被恩禮以疾終于位時年二十六贈本官謚温子

王泰字仲通志長兄慈之子也慈齊時歷侍中吳郡知名在志右泰幼敏悟年數歲時祖母集諸孫姪散棗栗於牀上羣兒皆競之泰獨不取問其故對曰不

取自當得賜由是中表異之既長通和温雅人不見其喜愠之色起家爲著作郎不拜改除祕書郎遷前將軍法曹行參軍司徒東閤祭酒車騎主簿高祖霸府建以泰爲驃騎功曹史天監元年遷祕書丞齊永元末後宮火延燒祕書圖書散亂殆盡泰爲丞表校定繕寫高祖從之頃之遷中書侍郎出爲南徐州別駕從事史居職有能名復徵中書侍郎敕掌吏部郎事累遷給事黄門侍郎員外散騎常侍並掌吏部如故俄即真自過江吏部郎不復典大選令史以下小人求競者輻湊前後少能稱職泰爲之不通關求吏先至者即補不爲貴賤請囑易意天下稱平累遷爲廷尉司徒左長史出爲明威將軍新安太守在郡和理得民心徵爲寧遠將軍安右長史俄遷侍中尋爲太子庶子領步兵校尉復爲侍中仍遷仁威長史南蘭陵太守行南康王府州國事王遷職復爲北中郎長史行豫章王府州國事太守如故入爲都官尚書泰能接人士士多懷泰每願其居選官頃之爲吏部尚書衣冠屬望未及選舉仍疾改除散騎常侍左驍騎將軍未拜卒時年四十五謚夷子初泰無子養兄子祁晚有子廓

王份字季文琅邪人也祖續明宋開府儀同三司元公父粹黃門侍郎份十四而孤解褐車騎主簿出爲寧遠將軍始安內史袁粲之誅親故無敢視者份獨往致慟由是顯名遷太子中舍人太尉屬出爲晉安內史累遷中書侍郎轉大司農份兄奐於雍州被誅奐子肅奔于魏份自拘請罪齊世祖知其誠款喻而遣之屬肅屢引魏人來侵疆埸世祖嘗因侍坐從容謂份曰比有北信不份斂容對曰肅既近忘墳柏寧遠憶有臣帝亦以此亮焉尋除寧朔將軍零陵內史徵爲黃門侍郎以父終於此職固辭不拜遷祕書監天監初除散騎常侍領步兵校尉兼起部尚書高祖嘗於宴席問羣臣曰朕爲有爲無份對曰陛下應萬物爲有體至理爲無高祖稱善出爲宣城太守轉吳郡太守遷寧朔將軍北中郎豫章王長史蘭陵太守行南徐府州事遷太常卿太子右率散騎常侍侍東宮除金紫光祿大夫復爲智武將軍南康王長史秩中二千石復入爲散騎常侍金紫光祿南徐州大中正給親信二十人遷尙書左僕射尋加侍中時脩建二郊份以本官領大匠卿還散騎常侍右光祿大夫加親信爲四十人遷侍中

特進左光祿復以本官監丹陽尹普通五年三月卒時年七十九詔贈本官賻錢四十萬布四百匹蠟四百斤給東園祕器朝服一具衣一襲諡胡子長子琳字孝璋舉南徐州秀才釋褐征虜建安王法曹司徒東閤祭酒南平王文學尚義興公主拜駙馬都尉累遷中書侍郎衞軍謝朏長史員外散騎常侍出爲明威將軍東陽太守徵司徒左長史

錫字公嘏琳之第二子也幼而警悟與兄弟受業至應休散常獨留不起年七八歲猶隨公主入宮高祖嘉其聰敏常爲朝士說之精力不勌致損右目公主每節其業爲飾居宇雖童稚之中一無所好十二爲國子生十四舉清茂除祕書郎與范陽張伯緒齊名俱爲太子舍人丁父憂居喪盡禮服闋除太子洗馬時昭明尚幼未與臣僚相接高祖敕太子洗馬王錫祕書郎張纘親表英華朝中髦俊可以師友事之以戚屬封永安侯除晉安王友稱疾不行敕許受詔停都王冠日以府僚攝事普通初魏始連和使劉善明來聘敕使中書舍人朱异接之預讌者皆歸化北人善明負其才氣酒酣謂异曰南國辯學如中書者幾

人异對曰异所以得接賓宴者乃分職是司二國通和所敦親好若以才辯相尙則不容見使善明乃曰王錫張纘北閒所聞云何可見异具啓敕卽使於南苑設宴錫與張纘朱异四人而已善明造席遍論經史兼以嘲謔錫纘隨方酬對無所稽疑未嘗訪彼一事善明甚相歎挹佗日謂异曰一日見二賢實副所期不有君子安能爲國轉中書郎遷給事黃門侍郎尙書吏部郎中時年二十四謂親友曰吾以外戚謬被時知多叨人爵本非其志兼比羸病庶務難擁安能捨其所好而徇所不能乃稱疾不拜便謝遣胥徒拒絕賓客掩扉覃思室宇蕭然中大通六年正月卒時年三十六贈侍中給東園祕器朝服一具衣一襲諡貞子子泛湜

僉字公會錫第五弟也八歲丁父憂哀毀過禮服闋召補國子生祭酒袁昂稱爲通理策高第除長史兼祕書郎中歷尙書殿中郎太子中舍人與吳郡陸襄對掌東宮管記出爲建安太守山酋方善謝稀聚徒依險屢爲民患僉潛設方略率衆平之有詔褒美頒示州郡除威武將軍始興內史丁所生母憂固辭不

拜又除寧遠將軍南康內史屬盧循作亂復轉僉爲安成內史以鎭撫之還除黃門侍郎尋爲安西武陵王長史蜀郡太守僉憚岨嶮固以疾辭因以黜免久之除戎昭將軍尙書左丞復補黃門侍郎遷太子中庶子掌東宮管記太淸二年十二月卒時年四十五贈侍中給東園祕器朝服一具衣一襲承聖三年世祖追詔曰賢而不伐曰恭謚恭子

張充字延符吳郡人父緒齊特進金紫光祿大夫有名前代充少時不持操行好逸遊緒嘗請假還吳始入西郭值充出獵左手臂鷹右手牽狗遇緒船至便放紲脫韝拜於水次緒曰一身兩役無乃勞乎充跪對曰充聞三十而立今二十九矣請至來歲而敬易之緒曰過而能改顏氏子有焉及明年便脩身改節學不盈載多所該覽尤明老易能淸言與從叔稷俱有令譽起家撫軍行參軍遷太子舍人尙書殿中郎武陵王友時尙書令王儉當朝用事武帝皆取決焉武帝嘗欲以充父緒爲尙書僕射訪於儉儉對曰張緒少有淸望誠美選也然東士比無所執緒諸子又多薄行臣謂此宜詳擇帝遂止先是充兄弟皆輕俠

充少時又不護細行故儉言之充聞而慍因與儉書曰吳國男子張充致書於瑯邪王君侯侍者頃日路長愁霖韜晦涼暑未平想無虧攝充幸以魚釣之閑鐮採之暇時復以卷軸自娛逍遙前史縱橫萬古動默之路多端紛綸百年昇降之徒不一故以圓行方止器之異也金剛水柔性之別也善御性者不違金水之質善爲器者不易方圓之用所以北海掛簪帶之高河南降璽言之貴充生平少偶不以利欲干懷三十六年差得以棲貧自澹介然之志峭聳霜崖確乎之情峯橫海岸彯纓天閣既謝廊廟之華綴組雲臺終慚衣冠之秀所以擯跡江皋陽狂隴畔者實由氣岸疏凝情塗猖隔獨師懷抱不見許於俗人孤秀神崖每邅回於在世故君山直上蹙壓於當年叔陽敻舉轞轗乎千載充所以長羣魚鳥畢影松阿半頃之田足以輸稅五畝之宅樹以桑麻嘯歌於川澤之間諷詠於澠池之上泛濫於漁父之遊偃息於卜居之下如此而已充何識焉若夫鷩巖罩日壯海逢天竦石崩尋分危落仞桂蘭綺靡叢雜於山幽松柏森陰相繚於澗曲元卿於是乎不歸伯休亦以茲長往若迺飛竿釣渚濯足滄洲

獨浪煙霞高臥風月悠悠琴酒岫遠誰來灼灼文談空罷方寸不覺鬱然千里
路阻江川每至西風何嘗不眷聊因疾隙略舉諸襟持此片言輕枉高聽丈人
歲路未彊學優而仕道佐蒼生功横海望入朝則協長倩之誠出議則抗仲子
之節可謂盛德維時孤松獨秀者也素履未詳斯旅尚眇茂陵之彥望冠蓋而
長懷霸山之氓佇衣車而聳歎得無惜乎若鴻裝撰御鶴駕軒空則岸不辭枯
山被其潤奇禽異羽或巖際而逢迎弱霧輕煙乍林端而菴藹東都不足奇南
山豈爲貴充昆西之百姓岱表之一民蠶而衣耕且食不能事王侯覓知己造
時人騁遊說蓬轉於屠博之間其歡甚矣丈人早遇承華中逢崇禮肆上之眷
望溢於早辰鄉下之言謬延於造次然舉世皆謂充爲狂充亦何能與諸君道
之哉是以披聞見掃心胸述平生論語默所以通夢交魂推衿送抱者其惟丈
人而已關山敻阻書罷莫因儻遇樵者妄塵執事儉言之武帝免充官廢處久
之後爲司徒諮議參軍與琅邪王思遠同郡陸慧曉等並爲司徒竟陵王賓客
入爲中書侍郎尋轉給事黄門侍郎明帝作相以充爲鎮軍長史出爲義興太

守爲政清靜民吏便之尋以母憂去職服闋除太子中庶子遷侍中義師近次東昏召百官入宮省朝士慮禍或往來酣宴充獨居侍中省不出閤城內既害東昏百官集西鍾下召充不至高祖霸府開以充爲大司馬諮議參軍遷梁王國郎中令祠部尚書領屯騎校尉轉冠軍將軍司徒左長史天監初除太常卿尋遷吏部尚書居選稱爲平允俄爲散騎常侍雲騎將軍尋除晉陵太守秩中二千石徵拜散騎常侍國子祭酒充長於義理登堂講說皇太子以下皆至時王侯多在學執經以拜充朝服而立不敢當也轉左衞將軍祭酒如故入爲尚書僕射頃之除雲麾將軍吳郡太守下車卹貧老故舊莫不欣悅以疾自陳徵爲散騎常侍金紫光祿大夫未及還朝十三年卒于吳時年六十六詔贈侍中護軍將軍謚穆子子最嗣

柳惲字文暢河東解人也少有志行好學善尺牘與陳郡謝瀹鄰居瀹深所友愛初宋世有嵇元榮羊蓋並善彈琴云傳戴安道之法惲幼從之學特窮其妙齊竟陵王聞而引之以爲法曹行參軍雅被賞狎王嘗置酒後園有晉相謝安

鳴琴在側以授惲惲彈爲雅弄子良曰卿巧越嵇心妙臻羊體良質美手信在今辰豈止當世稱奇足可追蹤古烈累遷太子洗馬父憂去官服闋試守鄱陽相聽吏屬得盡三年喪禮署之文教百姓稱焉還除驃騎從事中郎高祖至京邑惲候謁石頭以爲冠軍將軍征東府司馬時東昏未平士猶苦戰惲上牋陳便宜請城平之日先收圖籍及遵漢祖寬大愛民之義高祖從之會蕭穎冑薨于江陵使惲西上迎和帝仍除給事黃門侍郎領步兵校尉遷相國右司馬天監元年除長史兼侍中與僕射沈約等共定新律惲立行貞素以貴公子早有令名少工篇什始爲詩曰亭皋木葉下隴首秋雲飛瑯邪王元長見而嗟賞因書齋壁至是預曲宴必被詔賦詩嘗奉和高祖登景陽樓中篇云太液滄波起長楊高樹秋翠華承漢遠雕輦逐風遊深爲高祖所美當時咸共稱傳惲善奕棋帝每敕侍坐仍令定棋譜第其優劣二年出爲吳興太守六年徵爲散騎常侍遷左民尚書八年除持節都督廣交桂越四州諸軍事仁武將軍平越中郎將廣州刺史徵爲祕書監領左軍將軍復爲吳興太守六年爲政清靜民吏懷

之於郡感疾自陳解任父老千餘人拜表陳請事未施行天監十六年卒時年五十三贈侍中中護軍將軍惲既善琴嘗以今聲轉棄古法乃著清調論具有條流少子偃字彥游年十二引見詔問讀何書對曰尚書又曰有何美句對曰德惟善政政在養民衆咸異之詔尚長城公主拜駙馬都督都亭侯太子舍人洗馬廬陵鄱陽內史大寶元年卒

蔡撙字景節濟陽考城人父興宗宋左光祿大夫開府儀同三司有重名前代撙少方雅退默與兄寅俱知名選補國子生舉高第爲司徒法曹行參軍齊左衞將軍王儉高選府僚以撙爲主簿累遷建安王文學司徒主簿左西屬明帝爲鎮軍將軍引爲從事中郎還中書侍郎中軍長史給事黃門侍郎丁母憂廬於墓側齊末多難服闋因居墓所除太子中庶子太尉長史並不就梁臺建爲侍中遷臨海太守坐公事左遷太子中庶子復爲侍中吳興太守天監元年宣城郡吏吳承伯挾祆道聚衆攻宣城殺太守朱僧勇因轉屠旁縣踰山寇吳興所過皆殘破衆有二萬奄襲郡城東道不習兵革吏民恇擾奔散並請撙避之

撙堅守不動募勇敢固郡承伯盡銳攻撙撙命衆出拒戰於門應手摧破臨陣斬承伯餘黨悉平加信武將軍徵度支尚書遷中令令復爲信武將軍晉陵太守還除通直散騎常侍國子祭酒遷吏部尚書居選弘簡有名稱又爲侍中領祕書監轉中書令侍中如故普通二年出爲宣毅將軍吳郡太守四年卒時年五十七追贈侍中金紫光祿大夫宣惠將軍謚康子子彥熙歷官中書郎宣城內史

江蒨字彥標濟陽考城人曾祖湛宋左光祿儀同三司父斅齊太常卿並有重名於前世蒨幼聰警讀書過目便能諷誦選爲國子生通尚書舉高第起家祕書郎累遷司徒東閤祭酒廬陵王主簿居父憂以孝聞廬於墓側明帝敕遣齊仗二十人防墓所服闋除太子洗馬累遷司徒左南屬太子中舍人祕書丞出爲建安內史視事期月義師下次江州遣寧朔將軍劉諓之爲郡蒨帥吏民據郡拒之及建康城平蒨坐禁錮俄被原起爲後軍臨川王外兵參軍累遷臨川王友中書侍郎太子家令黃門侍郎領南兗州大中正遷太子中庶子中正如

故轉中權始與王長史出爲伏波將軍晉安內史在政清約務在寬惠吏民便之詔徵爲寧朔將軍南康王長史行府州國事頃之遷太尉臨川王長史轉尚書吏部郎右將軍蕑方雅有風格僕射徐勉以權重自遇在位者並宿士敬之惟蕑及王規與抗禮不爲之屈勉因蕑門客翟景爲第七兒繇求蕑女婚蕑不答景再言之乃杖景四十由此與勉有忤除散騎常侍不拜是時勉又爲子求蕑弟葺及王泰女二人並拒之葺爲吏部郎坐杖曹中幹免官泰以疾假出守乃還散騎常侍皆勉意也初天監六年詔以侍中常侍並侍帷幄分門下二局入集書其官品視侍中而非華冑所悅故勉斥泰爲之蕑尋遷司徒左長史初王泰出閣高祖謂勉云江蕑資歷應居選部勉對曰蕑有眼患又不悉人物高祖乃止遷光祿大夫大通元年卒時年五十三詔贈本官謚肅子蕑好學尤悉朝儀故事撰江左遺典三十卷未就卒文集十五卷子紑經在孝行傳

史臣曰王氏自姬姓以降及乎秦漢繼有英哲洎東晉王茂弘經綸江左時人方之管仲其後蟬冕交映台袞相襲勒名帝籍慶流子孫斯爲盛族矣王瞻等

承藉兹基國華是貴子有才行可得而稱張充少不持操晚乃折節在於典選
實號廉平柳惲以多藝稱蔡撙以方雅著江蒨以風格顯俱爲梁室名士焉

梁書卷二十一

梁書卷二十二

唐　散　騎　常　侍　姚　思　廉　撰

列傳第十六

太祖五王

太祖十男張皇后生長沙宣武王懿永陽昭王敷高祖衡陽宣王暢李太妃生桂陽簡王融懿及融齊永明中爲東昏所害敷暢建武中卒高祖踐阼並追封郡王陳太妃生臨川靜惠王宏南平元襄王偉吳太妃生安成康王秀始興忠武王憺費太妃生鄱陽忠烈王恢

臨川靜惠王宏字宣達太祖第六子也長八尺美鬚眉容止可觀齊永明十年爲衞軍廬陵王法曹行參軍遷太子舍人時長沙王懿鎮梁州爲魏所圍明年給宏精兵千人赴援未至魏軍退還遷驃騎晉安王主簿尋爲北中郎桂陽王功曹史衡陽王暢有美名爲始安王蕭遙光所禮及遙光作亂逼暢入東府暢懼禍先赴臺高祖在雍州常懼諸弟及禍謂南平王偉曰六弟明於事理必先還

臺及信至果如高祖策高祖義師下宏至新林奉迎拜輔國將軍建康平還西平郎將中護軍領石頭戍軍事天監元年封臨川郡王邑二千戶尋爲使持節散騎常侍都督揚南徐州諸軍事後將軍揚州刺史又給鼓吹一部三年加侍中進號中軍將軍四年高祖詔北伐以宏爲都督南北兖北徐青冀豫司霍八州北討諸軍事宏以帝之介弟所領皆器械精新軍容甚盛北人以爲百數十年所未之有軍次洛口宏前軍剋梁城斬魏將鼂清會征役久有詔班師六年夏還驃騎將軍開府儀同三司侍中如故其年遷司徒領太子太傅八年夏爲使持節都督揚南徐二州諸軍事司空揚州刺史侍中如故其年冬以公事左遷驃騎大將軍開府同三司之儀侍中如故未拜遷使持節都督揚徐二州諸軍事揚州刺史侍中將軍如故十二年遷司空使持節侍中都督刺史將軍並如故十五年春所生母陳太妃寢疾宏與母弟南平王偉侍疾並衣不解帶每二宮參問輒對使涕泣及太妃薨水漿不入口者五日高祖每臨幸慰勉之宏少而孝謹齊之末年避難潛伏與太妃異處每遣使參問起居或謂宏曰逃難

須密不宜往來宏銜淚答曰乃可無我此事不容暫廢尋起爲中書監驃騎大將軍使持節都督如故固辭弗許十七年夏以公事左遷侍中中軍將軍行司徒其年冬還侍中中書監司徒普通元年還使持節都督揚南徐州諸軍事太尉揚州刺史侍中如故二年改創南北郊以本官領起部尙書事竟罷七年三月以疾累表自陳詔許解揚州餘如故四月薨時年五十四自疾至于薨輿駕七出臨視及葬詔曰侍中太尉臨川王宏器宇沖貴雅量弘通爰初弱齡行彰素履逮于應務嘉猷載緝自皇業啓基地惟介弟久司神甸歷位台階論道登朝物無異議朕友于之至家國兼情方弘燮贊儀刑列辟天不慭遺奄焉不永哀痛抽切震慟于厥心宜增峻禮秩式昭懋典可贈侍中大將軍揚州牧假黃鉞王如故幷給羽葆鼓吹一部增班劍爲六十人給溫明祕器斂以衮服謚曰靖惠宏性寬和篤厚在州二十餘年未嘗以吏事按郡縣時稱其長者宏有七子正仁正義正德正則正立正表正信世子正仁爲吳興太守有治能天監十年卒謚曰哀世子無子高祖詔以羅平侯正立爲世子由宏意也宏薨正立表

讓正義爲嗣高祖嘉而許之改封正立爲建安侯邑千戶卒子貴嗣正義先封
平樂侯正德西豐侯正則樂山侯正立羅平侯正表封山侯正信武化侯正德
別有傳
安成康王秀字彥達太祖第七子也年十二所生母吳太妃亡秀母弟始興王
憺時年九歲並以孝聞居喪累日不進漿飲太祖親取粥授之哀其早孤命側
室陳氏并母二子陳亦無子有母德視二子如親生焉秀既長美風儀性方靜
雖左右近侍非正衣冠不見也由是親友及家人咸敬焉齊世弱冠爲著作佐
郎累遷後軍法曹行參軍太子舍人永元中長沙宣武王懿入平崔慧景爲尚
書令居端右弟衡陽王暢爲衞尉掌管籥東昏日夕逸遊出入無度衆頗勸懿
因其出閉門舉兵廢之懿不聽帝左右既惡懿勳高又慮廢立並間懿懿亦危
之自是諸王侯咸爲之備及難作臨川王宏以下諸弟姪各得奔避方其逃也
皆不出京師而罕有發覺惟桂陽王融及禍高祖義師至新林秀與諸王侯並
自拔赴軍高祖以秀爲輔國將軍是時東昏弟晉熙王寶嵩爲冠軍將軍南徐

州刺史鎭京口長史范岫行府州事遣使降且請兵於高祖以秀爲冠軍長史南東海太守鎭京口建康平仍爲使持節都督南徐兗二州諸軍事南徐州刺史輔國將軍如故天監元年進號征虜將軍封安成郡王邑二千戶京口自崔慧景作亂累被兵革民戶流散秀招懷撫納惠愛大行仍值年饑以私財贍百姓所濟活甚多二年以本號徵領石頭戍軍加散騎常侍三年進號右將軍五年加領軍中書令給鼓吹一部六年出爲使持節都督江州諸軍事平南將軍江州刺史將發主者求堅船以爲齋舫秀曰吾豈愛財而不愛士乃教所由以牢者給參佐下者載齋物既而遭風齋舫遂破及至州聞前刺史取徵士陶潛曾孫爲里司秀歎曰陶潛之德豈可不及後世卽日辟爲西曹時盛夏水汎長津梁斷絕外司請依舊僦度收其價直秀教曰刺史不德水潦爲患可利之乎給船而已七年遭慈母陳太妃憂詔起視事尋遷都督荊湘雍益寧南北梁秦州九州諸軍事平西將軍荊州刺史其年遷號安西將軍立學校招隱逸下教曰夫鶡火之禽不匿影於丹山昭華之寶乍耀采於藍田是以江漢有濯纓之

歌空谷著來思之詠弘風闡道靡不由茲處士河東韓懷明南平韓望南郡庾
承先河東郭麻並脫落風塵高蹈其事兩韓之孝友純深庾郭之形骸枯槁或
橡飯菁羹惟日不足或葭牆艾席樂在其中昔伯武貞堅就仕河內史雲孤劭
屈志陳留豈曰場苗實惟攻玉可加引辟幷遣喻意旣同魏侯致禮之請庶無
辟彊三緘之歎是歲魏懸瓠城民反殺豫州刺史司馬悅引司州刺史馬仙琕
仙琕籤荊州求應赴衆咸謂宜待臺報秀曰彼待我而爲援援之宜速待勅雖
舊非應急也卽遣兵赴之先是巴陵馬營蠻爲緣江寇害後軍司馬高江產以
郢州軍伐之不剋江產死之蠻遂盛秀遣防閤文熾率衆討之燔其林木絕其
蹊逕蠻失其嶮期歲而江路清於是州境盜賊遂絕及沮水暴長頗敗民田秀
以穀二萬斛贍之使長史蕭琛簡府州貧老單丁吏一日散遣五百餘人百姓
甚悅十一年徵爲侍中中衛將軍領宗正卿石頭戍事十三年復出爲使持節
散騎常侍都督郢司霍三州諸軍事安西將軍郢州刺史郢州當涂爲劇地百
姓貧至以婦人供役其弊如此秀至鎮務安之主者或求召吏秀曰不識救弊

之術此州凋殘不可擾也於是務存約己省去遊費百姓安堵境內晏然先是夏口常爲兵衝露骸積骨於黃鶴樓下秀祭而埋之一夜夢數百人拜謝而去每冬月常作襦袴以賜凍者時司州叛蠻田魯生弟魯賢超秀據蒙籠來降高祖以魯生爲北司州刺史魯賢北豫州刺史超秀定州刺史爲北境捍蔽而魯生超秀互相讒毀有去就心秀撫喻懷納各得其用當時賴之十六年遷使持節都督雍梁南北秦四州郢州之竟陵司州之隨郡諸軍事鎮北將軍寧蠻校尉雍州刺史便道之鎮十七年春行至竟陵之石梵薨時年四十四高祖聞之甚痛悼焉遣皇子南康王績緣道迎候初秀之西也郢州民相送出境聞其疾百姓商賈咸爲請命既薨四州民裂裳爲白帽哀哭以迎送之雍州蠻迎秀聞薨祭哭而去喪至京師高祖使使冊贈侍中司空謚曰康秀有容觀每朝百僚屬目性仁恕喜慍不形於色左右嘗以石擲殺所養鶴齋帥請治其罪秀曰吾豈以鳥傷人在京師旦臨公事廚人進食誤而覆之去而登車竟朝不飯亦不之誚也精意術學搜集經記招學士平原劉孝標使撰類苑書未及畢而已行

於世秀於高祖布衣昆弟及爲君臣小心畏敬過於踈賤者高祖益以此賢之少偏孤於始興王憺尤篤梁與憺久爲荆州刺史自天監初帝以所得俸中分與秀秀稱心受之亦弗辭多也昆弟之睦時議歸之故吏夏侯亶等表立墓碑詔許焉當世高才遊王門者東海王僧孺吳郡陸倕彭城劉孝綽河東裴子野各製其文古未之有也世子機嗣機字智通天監二年除安成國世子六年爲寧遠將軍會稽太守還爲給事中普通元年襲封安成郡王其年爲太子洗馬遷中書侍郎二年遷明威將軍丹陽尹三年還持節督湘衡桂三州諸軍事寧遠將軍湘州刺史大通二年薨于州時年三十機美姿容善吐納家既多書博學彊記然而好弄尚力遠士子近小人爲州專意聚斂無治績頻被案劾及將葬有司請謚高祖詔曰王好內怠政可謚曰煬所著詩賦數千言世祖集而序之子操嗣南浦侯推字智進機次弟也少清敏好屬文深爲太宗所賞普通六年以王子例封歷寧遠將軍淮南太守還輕車將軍晉陵太守給事中太子洗馬祕書丞出爲戎昭將軍吳郡太守所臨必赤地大旱吳人號旱母焉侯景之

亂守東府城賊設樓車盡銳攻之推隨方抗拒頻擊挫之至夕東北樓主許藝華啓關延賊城遂陷推握節死之

南平元襄王偉字文達太祖第八子也幼清警好學齊世起家晉安鎮北法曹行參軍府遷驃騎轉外兵高祖爲雍州慮天下將亂求迎偉及始興王憺來襄陽俄聞已入沔高祖欣然謂佐吏曰吾無憂矣義師起南康王承制板爲冠軍將軍留行雍州開府事義師發後州內儲備及人皆虛竭魏興太守裴師仁齊興太守顏僧都並據郡不受命舉兵將襲雍州偉與始興王憺遣兵於始平郡待師仁等要擊大破之州境以安高祖既剋郢魯下尋陽圍建業而巴東太守蕭慧訓子璝及巴西太守魯休烈起兵逼荊州屯兵上明連破荊州鎮軍蕭穎冑遣將劉孝慶等距之反爲璝所敗穎冑憂憤暴疾卒西朝洶懼尚書僕射夏侯詳議徵兵雍州偉乃割州府將吏配始興王憺往赴之憺既至璝等皆降和帝詔以偉爲使持節都督雍梁南北秦四州郢州之竟陵司州之隨郡諸軍事寧蠻校尉雍州刺史將軍如故尋加侍中進號鎮北將軍天監元年加散騎常

侍進督荊寧二州餘如故封建安郡王食邑二千戶給鼓吹一部四年徙都督
南徐州諸軍事南徐州刺史使持節常侍將軍如故五年至都改爲撫軍將軍
丹陽尹常侍如故六年還使持節都督揚南徐二州諸軍事右軍將軍揚州刺
史未拜進號中權將軍七年以疾表解州改侍中中撫軍知司徒事九年還護
軍石頭戍軍事侍中將軍鼓吹如故其年出爲使持節散騎常侍都督江州諸
軍事鎮南將軍江州刺史鼓吹如故十一年以本號加開府儀同三司其年復
以疾陳解十二年徵爲中撫將軍儀同常侍如故以疾不拜十三年改爲左光
祿大夫加親信四十人歲給米萬斛布絹五千匹藥直二百四十萬廚供月二
十萬并二衞兩營雜役二百人倍先置防閤白直左右職局一百人偉末年疾
浸劇不復出藩故俸秩加焉十五年所生母陳太妃寢疾偉及臨川王宏侍疾
並衣不解帶及太妃薨毀頓過禮水漿不入口累日高祖每臨幸譬抑之偉雖
奉詔而毀瘠殆不勝喪十七年高祖以建安土瘠改封南平郡王邑戶如故還
侍中左光祿大夫開府儀同三司普通四年增邑一千戶五年進號鎮衞大將

軍中大通元年以本官領太子太傅四年遷中書令大司馬五年薨時年五十八詔斂以衮冕給東園祕器又詔曰旌德紀功前王令典慎終追遠列代通規故侍中中書令大司馬南平王偉器宇宏曠鑒識弘簡爰在弱齡清風載穆翼佐草昧勳高樊沔契闊艱難劬勞任寄及贊務論道弘茲衮職奄焉薨逝朕用震慟于厥心宜隆寵命式昭茂典可贈侍中太宰王如故給羽葆鼓吹一部并班劍四十人謚曰元襄偉少好學篤誠通恕趨賢重士常如不及由是四方遊士當世知名者莫不畢至齊世青溪宮改爲芳林苑天監初賜偉爲第偉又加穿築增植嘉樹珍果窮極雕麗每與賓客遊其中命從事中郎蕭子範爲之記梁世藩邸之盛無以過焉而性多恩惠尤愍窮乏常遣腹心左右歷訪閭里人士其有貧困吉凶不舉者即遣贍卹之太原王曼穎卒家貧無以殯斂友人江革往哭之其妻兒對革號訴革曰建安王當知必爲營理言未訖而偉使至給其喪事得周濟焉每祁寒積雪則遣人載樵米隨乏絕者即賦給之晚年崇信佛理尤精玄學著二旨義別爲新通又製性情幾神等論其義僧寵及周捨殷

釣陸倕並名精解而不能屈偉四子恪恭㬂祗世子恪嗣恭字敬範天監八年
封衡山縣侯以元襄功加邑至千戶初樂山侯正則有罪勑讓諸王獨謂元襄
曰汝兒非直無過並有義方恭起家給事中遷太子洗馬出爲督齊安等十一
郡事寧遠將軍西陽武昌二郡太守徵爲祕書丞還中書郎監丹陽尹行徐南
徐州事轉衡州刺史母憂去職尋起爲雲麾將軍湘州刺史恭善解吏事所在
見稱而性尚華侈廣營第宅重齋步櫩模寫宮殿尤好賓友酣讌終辰坐客滿
筵言談不倦時世祖居藩頗事聲譽勤心著述卮酒未嘗妄進恭每從容謂人
曰下官歷觀世人多有不好歡樂乃仰眠床上看屋梁而著書千秋萬歲誰傳
此者勞神苦思竟不成名豈如臨清風對朗月登山泛水肆意酣歌也尋以雍
州蠻文道拘引魏寇詔恭赴援仍除持節仁威將軍寧蠻校尉雍州刺史便道
之鎮太宗少與恭遊特被賞狎至是手令曰彼士流骯髒有關輔餘風黔首扞
格但知重劍輕死降胡惟尚貪惏邊蠻不知敬讓懷抱不可皁白法律無所用
施願充實邊戍無數遷徙諜候惟遠箱庾惟積長以控短靜以制躁早蒙愛念

敢布腹心恭至州治果有聲績百姓陳奏乞於城南立碑頌德詔許焉先高祖
以雍爲邊鎮運數州之粟以實儲倉恭後多取官米贍給私宅爲荆州刺史廬
陵王所啓由是免官削爵數年竟不敍用侯景亂卒於城中時年五十二詔特
復本封世祖追贈侍中左衞將軍諡曰僖世子靜字安仁有美名號爲宗室後
進有文才而篤志好學既內足於財多聚經史散書滿席手自讎校何敬容欲
以女妻之靜忌其太盛距而不納時論服焉歷官太子舍人東宮領直遷丹陽
尹丞給事黃門侍郎深爲太宗所愛賞太清三年卒贈侍中
鄱陽忠烈王恢字弘達太祖第九子也幼聰穎年七歲能通孝經論語義發擿
無所遺既長美風表涉獵史籍齊隆昌中明帝作相內外多虞明帝就長沙宣
武王懿求諸弟有可委以腹心者宣武言恢焉明帝以恢爲寧遠將軍甲仗百
人衞東府且引爲驃騎法曹行參軍明帝卽位東宮建爲太子舍人累遷北中
郎外兵參軍前軍主簿宣武之難逃在京師高祖義兵至恢於新林奉迎以爲
輔國將軍時三吳多亂高祖命出頓破崗建康平還爲冠軍將軍右衞將軍天

監元年爲侍中前將軍領石頭戍軍事封鄱陽郡王食邑二千戶二年出爲使持節都督南徐州諸軍事征虜將軍南徐州刺史四年改授都督郢司二州諸軍事後將軍郢州刺史持節如故義兵初郢城內疾疫死者甚多不及藏殯及恢下車遽命埋掩又遣四使巡行州部境內大治七年進號雲麾將軍進督霍州八年復進號平西將軍十年徵爲侍中護軍將軍石頭戍軍事領宗正卿十一年出爲使持節都督荆湘雍益寧南北梁南北秦九州諸軍事平西將軍荆州刺史給鼓吹一部十三年遷散騎常侍都督益寧南北秦沙七州諸軍事鎮西將軍益州刺史使持節如故便道之鎮成都去新城五百里陸路往來悉訂私馬百姓患焉累政不能改恢乃市馬千匹以付所訂之家資其騎乘有用則以次發之百姓賴焉十七年徵爲侍中安前將軍領軍將軍十八年出爲使持節散騎常侍都督荆湘雍梁益寧南北秦八州諸軍事征西將軍開府儀同三司荆州刺史普通五年進號驃騎大將軍七年九月薨于州時年五十一詔曰故使持節散騎常侍都督荆湘雍梁益寧南北秦八州諸軍事驃騎大將軍開

府儀同三司荊州刺史鄱陽王恢風度開朗器情凝質爰在弱歲美譽克宣洎于從政嘉猷載緝方入正論道弘燮台階奄焉薨逝朕用傷慟于厥心宜隆寵命以申朝典可贈侍中司徒王如故并給班劍二十人謚曰忠烈遣中書舍人劉顯護喪事恢有孝性初鎮蜀所生費太妃猶停都後於都下不豫恢未之知一夜忽夢還侍疾既覺憂皇便廢寢食俄而都信至太妃已瘳後又目有疾久廢視瞻有北渡道人慧龍得治眼術恢請之既至空中忽見聖僧及慧龍下鍼豁然開朗咸謂精誠所致恢性通恕輕財好施凡歷四州所得俸祿隨而散之在荊州常從容問賓僚曰中山好酒趙王好吏二者孰愈衆未有對者顧謂長史蕭琛曰漢時王侯藩屏而已視事親民自有其職中山聽樂可得任性彭祖代吏近於侵官今之王侯不守藩國當佐天子臨民清白其優乎坐賓咸服世子範嗣範字世儀溫和有器識起家太子洗馬祕書郎歷黃門郎還衛尉卿每夜自巡警高祖嘉其勞苦出爲益州刺史開通劍道剋復華陽增邑一千戶加鼓吹徵爲領軍將軍侍中範雖無學術而以籌略自命愛奇翫古招集文才率

意題章亦時有奇致復出爲使持節都督雍梁東益南北秦五州諸軍事鎮北將軍雍州刺史範作牧莅民甚得時譽撫循將士盡獲歡心太清元年大舉北伐以範爲使持節征北大將軍總督漢北征討諸軍事進伐穰城尋還安北將軍南豫州刺史侯景敗於渦陽退保壽陽乃改範爲合州刺史鎮合肥時景已蓄姦謀不臣將露範屢啓言之朱异每抑而不奏及景圍京邑範遣世子嗣與裴之高等入援遷開府儀同三司進號征北將軍京城不守範乃棄合肥出東關請兵于魏遣二子爲質魏人據合肥竟不出師助範範進退無計乃泝流西上軍于樅陽遣信告尋陽王尋陽要還九江欲共治兵西上範得書大喜乃引軍至湓城以晉熙爲晉州遣子嗣爲刺史江州郡縣輒更改易尋陽政令所行惟存一郡時論以此少之既商旅不通信使距絕範數萬之衆皆無復食人多餓死範恚發背薨時年五十二世子嗣字長胤容貌豐偉腰帶十圍性驍果有膽略倜儻不護細行而能傾身養士皆得其死力範之薨也嗣猶據晉熙城中食盡士乏絕景遣任約來攻嗣躬擐甲冑出壘距之時賊勢方盛咸勸且止嗣

按劍叱之曰今之戰何有退乎此蕭嗣效命死節之秋也遂中流矢卒於陣

始興忠武王憺字僧達太祖第十一子也數歲所生母吳太妃卒憺哀感傍人齊世弱冠爲西中郎法曹行參軍遷外兵參軍義師起南康王承制以憺爲冠軍將軍西中郎諮議參軍遷相國從事中郎與南平王偉留守和帝立以憺爲給事黃門侍郎時巴東太守蕭慧訓子璝等及巴西太守魯休烈舉兵逼荆州屯軍上明鎭軍將軍蕭穎胄暴疾卒西朝甚懼尙書僕射夏侯詳議徵兵雍州南平王偉遣憺赴之憺以書喻璝等旬日皆請降是冬高祖平建業明年春和帝將發江陵詔以憺爲使持節都督荆湘益寧南北秦六州諸軍事平西將軍荆州刺史未拜天監元年加安西將軍都督刺史如故封始興郡王食邑二千戶時軍旅之後公私空乏憺厲精爲治廣闢屯田減省力役存問兵死之家供其窮困民甚安之憺自以少年始居重任思欲開導物情乃謂佐吏曰政之不臧士君子所宜共惜言可用用之可也如不用於我何傷吾開懷矣爾其無忝於是小人知恩而君子盡意民辭訟者皆立前待符教決於俄頃曹無留事下

無滯獄民益悅焉三年詔加鼓吹一部六年州大水江溢堤壞憺親率府將吏冒雨賦丈尺築治之雨甚水壯衆皆恐或請憺避焉憺曰王尊尚欲身塞河堤我獨何心以免乃刑白馬祭江神俄而水退堤立邴州在南岸數百家見水長驚走登屋緣樹憺募人救之一口賞一萬估客數十人應募救焉州民乃以免又分遣行諸郡遭水死者給棺槥失田者與糧種是歲嘉禾生於州界吏民歸美憺謙讓不受七年慈母陳太妃薨水漿不入口六日居喪過禮高祖優詔勉之使攝州任是冬詔徵以本號還朝民爲之歌曰始興王民之爹徒可反赴人急如水火何時復來哺乳我八年爲平北將軍護軍將軍領石頭戍事尋還中軍將軍中書令俄領衛尉卿憺性勞謙降意接士常與賓客連榻而坐時論稱之是秋出爲使持節散騎常侍都督南北兗徐青冀五州諸軍事鎮北將軍南兗州刺史九年春還都督益寧南梁南北秦沙六州諸軍事鎮西將軍益州刺史開立學校勸課就業遣子映親受經焉由是多向方者時魏襲巴南西圍南安南安太守垣季珪堅壁固守憺遣軍救之魏人退走所收器械甚衆十四年還

都督荆湘雍寧南梁南北秦七州諸軍事鎮右將軍荆州刺史同母兄安成王秀將之雍州薨於道憺聞喪自投於地席稾哭泣不飲不食者數日傾財產賻送部伍小大皆取足焉天下稱其悌十八年徵爲侍中中撫將軍開府儀同三司領軍將軍普通三年十一月薨時年四十五追贈侍中司徒驃騎將軍給班劍三十人羽葆鼓吹一部册曰咨故侍中司徒驃騎將軍始興王夫忠爲令德武謂止戈于以用之載在前志王有佐命之元勳利民之厚德契闊二紀始終不渝是用方軌往賢稽擇故訓鴻名美義允臻其極今遣兼大鴻臚程爽謚曰忠武魂而有靈歆茲顯號嗚呼哀哉憺未薨前夢改封中山王策授如他日意頗惡之數旬而卒世子亮嗣

史臣曰自昔王者創業廣植親親割裂州國封建子弟是以大旂少帛崇於魯衞盤石凝脂樹斯梁楚高祖遠遵前軌藩屏懿親至於安城南平鄱陽始興俱以名跡著蓋亦漢之間平矣

梁書卷二十二

唐散騎常侍姚思廉撰

列傳第十七

長沙嗣王業 子孝儼 弟藻　永陽嗣王伯游　衡陽嗣王元簡　桂陽嗣王象

長沙嗣王業字靜曠高祖長兄懿之子也懿字元達少有令譽解褐齊安南邵陵王行參軍襲爵臨湘縣侯遷太子舍人洗馬建安王友出爲晉陵太守曾未期月訟理人和稱爲善政入爲中書侍郎永明季授持節都督梁南北秦沙四州諸軍事西戎校尉梁南梁二州刺史加冠軍將軍是歲魏人入漢中遂圍南鄭懿隨機拒擊傷殺甚多乃解圍遁去懿又遣氏帥楊元秀攻魏歷城皋蘭駱火坑池等六戍剋之魏人震懼邊境遂寧進號征虜將軍增封三百戶還督益寧二州軍事益州刺史入爲太子右衞率尚書吏部郎衞尉卿永元二年裴叔業據豫州反授持節征虜將軍督豫州諸軍事豫州刺史領歷陽南譙二郡太守討叔業叔業懼降于魏既而平西將軍崔慧景入寇京邑奉江夏王寶玄圍

臺城齊室大亂詔徵懿懿時方食投箸而起率銳卒三千人援城慧景遣其子覺來拒懿奔擊大破之覺單騎走乘勝而進慧景衆潰追奔之授侍中尚書右僕射未拜仍遷尚書令都督征討水陸諸軍事持節將軍如故增邑二千五百戶時東昏肆虐茹法珍王咺之等執政宿臣舊將並見誅夷懿既立元勳獨居朝右深爲法珍等所憚乃說東昏曰懿將行隆昌故事陛下命在晷刻東昏信之將加酷害而懿所親知之密具舟江渚勸令西奔懿曰古皆有死豈有叛走尚書令耶遂遇禍中興元年追贈侍中中書監司徒宣德太后臨朝改贈太傅天監元年追崇丞相封長沙郡王諡曰宣武給九旒鸞輅轀輬車黃屋左纛前後部羽葆鼓吹挽歌二部虎賁班劍百人葬禮一依晉安平王故事業幼而明敏識度過人仕齊爲著作郎太子舍人宣武之難與二弟藻象俱逃匿高祖既至乃赴于軍以爲寧朔將軍中興二年除輔國將軍南琅邪清河二郡太守天監二年襲封長沙王徵爲冠軍將軍量置佐史遷祕書監四年改授侍中六年轉散騎常侍太子右衛率還左驍騎將軍尋爲中護軍領石頭戍軍事七年出

爲使持節都督南兗兗徐青冀五州諸軍事仁威將軍南兗州刺史八年徵爲
護軍九年除中書令改授安後將軍鎮琅邪彭城二郡領南琅邪太守十年徵
爲安右將軍散騎常侍十四年復爲護軍領南琅邪彭城鎮牙琅邪復徵中書
令出爲輕車將軍湘州刺史業性敦篤所在留惠深信因果篤誠佛法高祖每
嘉歎之普通三年徵爲散騎常侍護軍將軍四年改爲侍中金紫光祿大夫七
年薨時年四十八謚曰元有文集行於世子孝儼嗣
孝儼字希莊聰慧有文才射策甲科除祕書郎太子舍人從幸華林園於座獻
相風烏華光殿景陽山等頌其文甚美高祖深賞異之普通元年薨時年二十
三謚曰章子沓嗣
藻字靖藝元王第也少立名行志操清潔齊永元初釋褐著作佐郎天監元年
封西昌縣侯食邑五百戶出爲持節都督益寧二州諸軍事冠軍將軍益州刺
史時天下草創邊徼未安州民焦僧護聚衆數萬據郫繁作亂藻年未弱冠集
僚佐議欲自擊之或陳不可藻大怒斬于階側乃乘平肩輿巡行賊壘賊弓亂

射矢下如雨從者舉楯禦箭又命除之由是人心大安賊乃夜遁藻命騎追之斬首數千級遂平之進號信威將軍九年徵爲太子中庶子十年爲左驍騎將軍領南瑯邪太守入爲侍中藻性謙退不求聞達善屬文辭尤好古體自非公讌未嘗妄有所爲縱有小文成輒棄本十一年出爲使持節都督雍梁秦三州竟陵隨二郡諸軍事仁威將軍寧蠻校尉雍州刺史十二年徵爲使持節都督南兗兗徐青冀五州諸軍事兗州刺史軍號如故頻莅數鎮民吏稱之推善下人常如弗及徵爲太子詹事普通三年遷領軍將軍加侍中六年爲軍師將軍與西豐侯正德北伐渦陽輒班師爲有司所奏免官削爵土七年起爲宗正卿入年復封爵尋除左衛將軍領步兵校尉大通元年遷侍中中護軍時渦陽始降乃以藻爲使持節北討都督征北大將軍鎮于渦陽二年爲中權將軍金紫光祿大夫置佐史加侍中中大通元年還護軍將軍中權如故三年爲中將軍太子詹事出爲丹陽尹高祖每歎曰子弟並如迦葉吾復何憂迦葉藻小名也入爲安左將軍尚書左僕射加侍中藻固辭不就詔不許大同五年遷中衛將

軍開府儀同三司中書令侍中如故藻性恬靜獨處一室床有膝痕宗室衣冠莫不楷則常以爵祿太過每思屏退門庭閑寂賓客罕通太宗尤敬愛之自遭家禍恆布衣蒲席不食鮮禽非在公庭不聽音樂高祖每以此稱之出爲使持節督南徐州刺史侯景亂藻遣長子彧率兵入援及城開加散騎常侍大將軍景遣其儀同蕭邕代之據京口藻因感氣疾不自療或勸奔江北藻曰吾國之台鉉位任特隆既不能誅翦逆賊正當同死朝廷安能投身異類欲保餘生因不食累日太清三年薨時年六十七

永陽嗣王伯游字士仁高祖次兄敷之子敷字仲達解褐齊後將軍征虜行參軍轉太子舍人洗馬遷丹陽尹丞入爲太子中舍人除建威將軍隨郡內史招懷遠近黎庶安之以爲前後之政莫之及也進號寧朔將軍徵爲廬陵王諮議參軍建武四年薨高祖卽位追贈侍中司空封永陽郡王謚曰昭伯游美風神善言玄理天監元年四月詔曰兄子伯游雖年識未弘意尚粗可浙東奧區宜須撫莅可督會稽東陽新安永嘉臨海五郡諸軍事輔國將軍會稽太守襲封

永陽郡王五年薨時年二十三謚曰恭
衡陽嗣王元簡字熙遠高祖第四弟暢之子暢仕齊至太常封江陵縣侯卒天監元年追贈侍中驃騎大將軍開府儀同三司封衡陽郡王謚曰宣元簡三年襲封除中書郎遷會稽太守十三年入爲給事黃門侍郎出爲持節都督廣交越三州諸軍事平越中郎將廣州刺史還爲太子中庶子還使持節都督郢司霍三州諸軍事信武將軍郢州刺史十八年正月卒於州謚曰孝子俊嗣
桂陽嗣王象字世翼長沙宣武王第九子也初叔父融仕齊至太子洗馬永元中宣武之難融遇害高祖平京邑贈給事黃門侍郎天監元年加散騎常侍撫軍大將軍封桂陽郡王謚曰簡無子乃詔象爲嗣襲封爵象容止閑雅善於交遊事所生母以孝聞起家寧遠將軍丹陽尹到官未幾簡王妃薨去職服闋復授明威將軍丹陽尹象生長深宮始親庶政舉無失德朝廷稱之出爲持節督司霍郢三州諸軍事征遠將軍郢州刺史尋還湘衡二州諸軍事輕車將軍湘州刺史湘州舊多虎暴及象在任爲之靜息故老咸稱德政所感除中書侍郎

俄以本官行石頭戍軍事轉給事黄門侍郎兼領軍又以本官兼宗正卿尋還侍中太子詹事未拜改授持節督江州諸軍事信武將軍江州刺史以疾免尋除太常卿加侍中還祕書監領步兵校尉大同二年薨謚曰敦子慥嗣

史臣曰長沙諸嗣王並承襲土宇光有藩服桂陽王象以孝聞在於牧湘猛虎息暴蓋德惠所致也昔之善政何以加焉

梁書卷二十三

梁書卷二十三考證

長沙嗣王業傳鎭琅邪○琅或係守與于之訛

藻傳十一年出爲使持節都督雍梁秦三州○各本俱脫十字今据上文十年下文十二年增正

梁書卷二十三考證

梁書卷二十四

唐　散騎常侍姚思廉撰

列傳第十八

蕭景 弟昌　昂　昱

蕭景字子昭高祖從父弟也父崇之字茂敬卽左光祿大夫道賜之子道賜三子長子尚之字茂先次太祖文皇帝次崇之初左光祿居於鄉里專行禮讓爲衆所推仕歷宋太尉江夏王參軍終于治書侍御史齊末追贈散騎常侍左光祿大夫尚之敦厚有德器爲司徒建安王中兵參軍一府稱爲長者琅邪王僧虔尤善之每事多與議決遷步兵校尉卒官天監初追諡文宣侯尚之子靈鈞仕齊廣德令高祖義師至行會稽郡事頃之卒高祖卽位追封東昌縣侯邑一千戶子謇嗣崇之以幹能顯爲政尚嚴厲官至冠軍將軍東陽太守永明中錢唐唐寓之反別衆破東陽崇之遇害天監初追諡忠簡侯景八歲隨父在郡居喪以毀聞既長好學才辯能斷齊建武中除晉安王國左常侍遷永寧令政爲

百城最永嘉太守范述曾居郡號稱廉平雅服景爲政乃牓郡門曰諸縣有疑滯者可就永寧令決頃之以疾去官永嘉人胡仲宣等千人詣闕表請景爲郡不許還爲驃騎行參軍永元二年以長沙宣武王懿勳除步兵校尉是冬宣武王遇害景亦逃難高祖義師至以景爲寧朔將軍行南兗州軍事時天下未定江北傖楚各據塢壁景示以威信渠帥相率面縛請罪旬日境內皆平中興二年還督南兗州諸軍事輔國將軍監南兗州高祖踐阼封吳平縣侯食邑一千戶仍爲使持節都督北兗徐青冀四州諸軍事冠軍將軍南兗州刺史詔景母毛氏爲國太夫人禮如王國太妃假金章紫綬景居州清恪有威裁明解吏職文案無壅下不敢欺吏人畏敬如神會年荒計口賑卹爲饘粥於路以賦之死者給棺具人甚賴焉天監四年王師北伐景帥衆出淮陽進屠宿豫丁母憂詔起攝職五年班師除太子右衛率遷輔國將軍衛尉卿七年遷左驍騎將軍兼領軍將軍領軍管天下兵要監局官僚舊多驕侈景在職峻切官曹肅然制局監皆近倖頗不堪命以是不得久留中尋出爲使持節督雍梁南北秦郢州之

竟陵司州之隨郡諸軍事信武將軍寧蠻校尉雍州刺史八年三月魏荆州刺史元志率衆七萬寇潺溝驅迫羣蠻羣蠻悉渡漢水來降議者以蠻累爲邊患可因此除之景曰窮來歸我誅之不祥且魏人來侵每爲矛楯若悉誅蠻則魏軍無礙非長策也乃開樊城受降因命司馬朱思遠寧蠻長史曹義宗中兵參軍孟惠儁擊志於潺溝大破之生擒志長史杜景斬首萬餘級流屍蓋漢水景遣中兵參軍崔績率軍士收而瘞焉景初到州省除參迎羽儀器服不得煩擾吏人修營城壘申警邊備理辭訟勸農桑郡縣皆改節自厲州內清肅緣漢水陸千餘里抄盜絶迹十一年徵右衞將軍領石頭戍軍事十二年復爲使持節督南北兗北徐青冀五州諸軍事信威將軍南兗州刺史十三年徵爲領軍將軍直殿省知十州損益事月加祿五萬景爲人雅有風力長於辭令其在朝廷爲衆所瞻仰於高祖屬雖爲從弟而禮寄甚隆軍國大事皆與議決十五年加侍中十七年太尉揚州刺史臨川王宏坐法免詔曰揚州應須緝理宜得其人侍中領軍將軍吳平侯景才任此舉可以安右將軍監揚州幷置佐史侍中如

故郎宅爲府景越親居揚州辭讓甚懇惻至于涕泣高祖不許在州尤稱明斷
符教嚴整有田舍老姥嘗訴得符還至縣縣吏未即發姥語曰蕭監州符火爓
汝手何敢留之其爲人所畏敬如此十八年累表陳解高祖未之許明年出爲
使持節散騎常侍都督郢司霍三州諸軍事安西將軍郢州刺史將發高祖幸
建興苑餞別爲之流涕既還宮詔給鼓吹一部在州復有能名齊安竟陵郡接
魏界多盜賊景移書告示魏即禁塢戍保境不復侵略普通四年卒于州時年
四十七詔贈侍中中撫軍開府儀同三司謚曰忠子勵嗣
昌字子建景第二弟也齊豫章末爲晉安王左常侍天監初除中書侍郎出爲
豫章內史五年加寧朔將軍六年還持節督廣交越桂四州諸軍事輔國將軍
平越中郎將廣州刺史七年進號征遠將軍九年分湘州置衡州以昌爲持節
督廣州之綏建湘州之始安諸軍事信武將軍衡州刺史坐免十三年起爲散
騎侍郎尋以本官兼宗正卿其年出爲安右長史累遷太子中庶子通直散騎
常侍又兼宗正卿昌爲人亦明悟然性好酒酒後多過在州郡每醉輒遲出入

人家或獨詣草野其於刑戮頗無期度醉時所殺醒或求焉亦無悔也屬爲有司所劾入留京師忽忽不樂遂縱酒虛悸在石頭東齋引刀自刺左右救之不殊十七年卒時年三十九子伯言

昂字子明景第三弟也天監初累遷司徒右長史出爲輕車將軍監南兗州初兄景再爲南兗德惠在人及昂來代時人方之馮氏徵爲琅邪彭城二郡太守軍號如先復以輕車將軍出爲廣州刺史普通二年爲散騎常侍信威將軍四年轉散騎侍郎中領軍太子中庶子出爲吳興太守大通二年徵爲仁威將軍衛尉卿尋爲侍中兼領軍將軍中大通元年爲領軍將軍二年封湘陰縣侯邑一千戶出爲江州刺史大同元年卒時年五十三謚曰恭

昱字子貞景第四弟也天監初除祕書郎累遷太子舍人洗馬中書舍人中書侍郎每求自試高祖以爲淮南永嘉襄陽郡並不就志願邊州高祖以其輕脫無威望抑而不許遷給事黃門侍郎上表曰夏初陳啓未垂採照追懷慚懼實戰胸心臣聞暑雨祁寒小人猶怨榮枯寵辱誰能忘懷臣藉以往因得預枝戚

之重緣報既雜時逢坎壈之運昔在齊季義師之始臣乃幼弱粗有識慮東西
阻絕歸赴無由雖未能負戈擐甲實銜淚憤懣潛伏東境備履艱危首尾三年
亟移數處雖復飢寒切身亦不以凍餒爲苦每涉驚疑惶怖失魄既乖致命之
節空有項領之憂希望開泰冀蒙共樂豈期二十餘年功名無紀畢此身骸方
塡溝壑丹誠素願溘至長罷俯自哀憐能不傷歎夫自媒自衒誠哉可鄙自譽
自伐實在可羞然量己揆分自知者審陳力就列寧敢空言是以常願一試屢
成干請夫上應玄象實不易叨錦不輕裁誠難其製過去業鄣所以致乖算測
聖監既謂臣愚短不可試用豈容久居顯禁徒穢黃樞忝竊稍積恐招物議請
解今職乞屏退私門伏願天照特垂允許臣雖叨榮兩宮報効無地方違省闥
伏深戀悚高祖手詔答曰昱表如此古者用人必前明試皆須績用既立乃可
自退之高昔漢光武兄子章與二人並有名宗室就欲習吏事不過章爲平陰
令興爲緱氏宰政事有能方還郡守非直政績見稱卽是光武猶子昱之才地
豈得比類焉往歲處以淮南郡既不肯行續用爲招遠將軍鎮北長史襄陽太

守又以邊外致辭改除招遠將軍永嘉太守復云內地非願復問晉安臨川隨意所擇亦復不行解巾臨郡事不爲薄數有致辭意欲何在且昱諸兄遞居連率相繼推轂未嘗缺歲其同產兄景今正居藩鎮朕豈厚於景而薄於昱正是朝序物議次第若斯於其一門差自無愧無論今日不得如此昱兄弟昔在布衣以處成長於何取立豈得任情反道背天違地孰謂朝廷無有憲章特是未欲致之于理既表解職可聽如啓坐免官因此杜門絕朝覲國家慶弔不復通普通五年坐於宅內鑄錢爲有司所奏下廷尉得免死徙臨海郡行至上虞有敕追還且令受菩薩戒昱既至恂恂盡禮改意蹈道持戒又精潔高祖甚嘉之以爲招遠將軍晉陵太守下車勵名迹除煩苛明法憲嚴於姦吏優養百姓旬日之間郡中大化俄而暴疾卒百姓行坐號哭市里爲之諠沸設祭奠於郡庭者四百餘人田舍有女人夏氏年百餘歲扶曾孫出郡悲泣不自勝其惠化所感如此百姓相率爲立廟建碑以紀其德又詣京師求贈謚詔贈湘州刺史謚曰恭

史臣曰高祖光有天下慶命傍流枝戚屬婕咸被任遇蕭景之才辯識斷益政
佐時蓋梁宗室令望者矣

梁書卷二十四

梁書卷二十四考證

蕭景傳蕭景字子昭○昭南史作照

江北傖楚各據塢壁○江南史作沔

梁書卷二十四考證

梁書卷二十五

唐　散　騎　常　侍　姚　思　廉　撰

列傳第十九

周捨　徐勉

周捨字昇逸汝南安城人晉左光祿大夫顗之八世孫也父顒齊中書侍郎有名於時捨幼聰穎顒異之臨卒謂曰汝不患不富貴但當持之以道德既長博學多通尤精義理善誦書背文諷說音韻清辯起家齊太學博士遷後軍行參軍建武中魏人吳包南歸有儒學尚書僕射江祏招包講捨造坐累折包辭理遒逸由是名爲口辯王亮爲丹陽尹聞而悅之辟爲主簿政事多委焉遷太常丞梁臺建爲奉常丞高祖卽位博求異能之士吏部尚書范雲與顒素善重捨才器言之於高祖召拜尚書祠部郎時天下草創禮儀損益多自捨出尋爲後軍記室參軍秣陵令入爲中書通事舍人累遷太子洗馬散騎常侍中書侍郎鴻臚卿時王亮得罪歸家故人莫有至者捨獨敦恩舊及卒身營殯葬時人稱

之遷尚書吏部郎太子右衛率右衛將軍雖居職屢徙而常留省內罕得休下
國史詔誥儀體法律軍旅謀謨皆兼掌之日夜侍上預機密二十餘年未嘗離
左右捨素辯給與人汎論談謔終日不絕口而竟無一言漏泄機事衆尤歎服
之性儉素衣服器用居處牀席如布衣之貧者每入官府雖廣夏華堂閨閣重
邃捨居之則塵埃滿積以荻爲鄣壞亦不營爲右衛母憂去職起爲明威將軍
右驍騎將軍服闋除侍中領步兵校尉未拜仍遷員外散騎常侍太子左衛率
頃之加散騎常侍本州大中正遷太子詹事普通五年南津獲武陵太守白渦
書許遺捨面錢百萬津司以聞雖書自外入猶爲有司所奏捨坐免遷右驍騎
將軍知太子詹事以其年卒時年五十六上臨哭哀慟左右詔曰太子詹事豫
州大中正捨奄至殞喪惻愴于懷其學思堅明志行開敏劬勞機要多歷歲年
才用未窮彌可嗟慟宜隆追遠以旌善人可贈侍中護軍將軍鼓吹一部給東
園祕器朝服一具衣一襲喪事隨由資給謚曰簡子明年又詔曰故侍中護軍
將軍簡子捨義該玄儒博窮文史奉親能孝事君盡忠歷掌機密清貞自居食

不重味身靡兼衣終亡之日內無妻妾外無田宅兩兒單貧有過古烈往者南司白澗之劾恐外議謂朕有私致此黜免追愧若人一介之善外可量加褒異以旌善人二子弘義弘信

徐勉字脩仁東海郯人也祖長宗宋高祖霸府行參軍父融南昌相勉幼孤貧早勵清節年六歲時屬霖雨家人祈霽率爾爲文見稱耆宿及長篤志好學起家國子生太尉文憲公王儉時爲祭酒每稱勉有宰輔之量射策舉高第補西陽王國侍郎尋遷太學博士鎮軍參軍尚書殿中郎以公事免又除中兵郎領軍長史琅邪王元長才名甚盛嘗欲與勉相識每託人召之勉謂人曰王郎名高望促難可輕襟衣裾俄而元長及禍時人莫不服其機鑒初與長沙宣武王遊高祖深器賞之及義兵至京邑勉於新林謁見高祖甚加恩禮使管書記高祖踐阼拜中書侍郎遷建威將軍後軍諮議參軍本邑中正尚書左丞自掌樞憲多所糾舉時論以爲稱職天監二年除給事黃門侍郎尚書吏部郎參掌大選遷侍中時王師北伐候驛塡委勉參掌軍書劬勞夙夜動經數旬乃一還宅

每還羣犬驚吠勉歎曰吾憂國忘家乃至於此若吾亡後亦是傳中一事六年除給事中五兵尚書遷吏部尚書勉居選官彝倫有序既閑尺牘兼善辭令雖文案塡積坐客充滿應對如流手不停筆又該綜百氏皆爲避諱常與門人夜集客有虞暠求詹事五官勉正色答云今夕止可談風月不宜及公事故時人咸服其無私除散騎常侍領遊擊將軍未拜改領太子右衞率遷左衞將軍領太子中庶子侍東宮昭明太子尚幼敕知宮事太子禮之甚重每事詢謀嘗於殿內講孝經臨川靜惠王尚書令沈約備二傅勉與國子祭酒張充爲執經王瑩張稷柳惔王暕爲侍講時選極親賢妙盡時譽勉陳讓數四又與沈約書求換侍講詔不許然後就焉轉太子詹事領雲騎將軍尋加散騎常侍遷尚書右僕射詹事如故又改授侍中頻表解宮職優詔不許時人間喪事多不遵禮朝終夕殯相尚以速勉上疏曰禮記問喪云三日而後斂者以俟其生也三日而不生亦不生矣自頃以來不遵斯制送終之禮殯以朞日潤屋豪家乃或半晷衣衾棺槨以速爲榮親戚徒隸各念休反故屬纊纔畢灰釘已具忘狐鼠之顧

步愧燕雀之徊翔傷情滅理莫此爲大且人子承衾之時志懣心絕喪事所資悉關他手愛憎深淺事實難原如覘視或爽存沒違濫使萬有其一怨酷已多豈若緩其告斂之晨申其望生之冀請自今士庶宜悉依古三日大斂如有不奉加以糾繩詔可其奏尋授宣惠將軍置佐史侍中僕射如故又除尚書僕射中衞將軍勉以舊恩越升重位盡心奉上知無不爲爰自小選迄于此職常參掌衡石甚得士心禁省中事未嘗漏洩每有表奏輒焚藁草博通經史多識前載朝儀國典婚冠吉凶勉皆預圖議普通六年上修五禮表曰臣聞立天之道曰陰與陽立人之道曰仁與義故稱導之以德齊之以禮夫禮所以安上治人弘風訓俗經國家利後嗣者也唐虞三代咸必由之在乎有周憲章尤備因殷革夏損益可知雖復經禮三百曲禮三千經文三百威儀三千其大歸有五卽宗伯所掌典禮吉爲上凶次之賓次之軍次之嘉爲下也故祠祭不以禮則不齊不莊喪紀不以禮則背死忘生者衆賓客不以禮則朝覲失其儀軍旅不以禮則致亂於師律冠婚不以禮則男女失其時爲國修身於斯攸急洎周室大

壞王道既衰官守斯文日失其序禮樂征伐出自諸侯小雅盡廢舊章缺矣是以韓宣適魯知周公之德叔侯在晉辨郊勞之儀戰國從橫政教愈泯暴秦滅學埽地無餘漢氏鬱興日不暇給猶命叔孫於外野方知帝王之爲貴末葉紛綸遞有興毀或以武功銳志或好黃老之言禮義之式於焉中止及東京曹褒南宮制述集其散略百有餘篇雖寫以尺簡而終闕平奏其後兵革相尋異端互起章句既淪俎豆斯輟方領矩步之容事滅於旌鼓蘭臺石室之文用盡於帷蓋至乎晉初爰定新禮荀顗制之於前摯虞刪之於末既而中原喪亂罕有所遺江左草創因循而已釐革之風是則未暇伏惟陛下睿明啓運先天改物撥亂惟武經時以文作樂在乎功成制禮弘於業定光啓二學皇枝等於貴遊闢玆五館草萊升以好爵爰自受命迄于告成盛德形容備矣天下能事畢矣明明穆穆無德而稱焉至若玄符靈貺之祥浮溟機山之賚固亦日書左史副在司存今可得而略也是以命彼羣才搜甘泉之法延玆碩學闡曲臺之儀淄上淹中之儒連蹤繼軌負笈懷鉛之彥匪旦伊夕諒以化穆三雍人從五典秩

宗之教勃焉以與伏尋所定五禮起齊永明三年太子步兵校尉伏曼容表求制一代禮樂于時參議置新舊學士十人止修五禮諮稟衞將軍丹陽尹王儉學士亦分住郡中製作歷年猶未克就及文憲薨殂遺文散逸後又以事付國子祭酒何胤經涉九載猶復未畢建武四年胤還東山齊明帝敕委尚書令徐孝嗣舊事本末隨在南第永元中孝嗣於此遇禍又多零落當時鳩斂所餘權付尚書左丞蔡仲熊驍騎將軍何佟之共掌其事時修禮局住在國子學中門外東昏之代頻有軍火其所散失又踰太半天監元年佟之啓審省置之宜敕使外詳時尚書參詳以天地初革庶務權輿宜俟隆平徐議刪撰欲且省禮局併還尚書儀曹詔旨云禮壞樂缺故國異家殊實宜以時修定以爲永准但頃之修撰以情取人不以學進其掌知者以貴總一不以稽古所以歷年不就有名無實此既經國所先外可議其人人定便即撰次於是尚書僕射沈約等參議請五禮各置舊學士一人人各自舉學士二人相助抄撰其中有疑者依前漢石渠後漢白虎隨源以聞請旨斷決乃以舊學士右軍記室參軍明山賓掌

吉禮中軍騎兵參軍嚴植之掌凶禮中軍田曹行參軍兼太常丞賀瑒掌賓禮征虜記室參軍陸璉掌軍禮右軍參軍司馬褧掌嘉禮尙書左丞何佟之總參其事佟之亡後以鎮北諮議參軍伏暅代之後又以暅代嚴植之掌凶禮暅尋遷官以五經博士繆昭掌凶禮復以禮儀深廣記載殘缺宜須博論共盡其致更使鎮軍將軍丹陽尹沈約太常卿張充及臣三人同參厥務臣又奉別敕總知其事末又使中書侍郎周捨庾於陵二人復豫參知若有疑義所掌學士當職先立議通諮五禮舊學士及參知各言同異條牒啓聞決之制旨疑事既多歲時又積制旨裁斷其數不少莫不網羅經誥玉振金聲義貫幽微理入神契前儒所不釋後學所未聞凡諸奏決皆載篇首具列聖旨爲不刊之則洪規盛範冠絶百王茂實英聲方垂千載寧孝宣之能擬豈孝章之足云五禮之職事有繁簡及其列畢不得同時嘉禮儀注以天監六年五月七日上尙書合十有二秩百一十六卷五百三十六條賓禮儀注以天監六年五月二十日上尙書合十有七秩一百三十三卷五百四十五條軍禮儀注以天監九年十月二十

九日上尙書合十有八秩一百八十九卷二百四十條吉禮儀注以天監十一年十一月十日上尙書合二十有六秩二百二十四卷一千五條凶禮儀注以天監十一年十一月十七日上尙書合四十有七秩五百一十四卷五千六百九十三條大凡一百二十秩一千一百七十六卷八千一十九條又列副祕閣及五經典書各一通繕寫校定以普通五年二月始獲洗畢竊以撰正履禮歷代罕就皇明在運厥功克成周代三千舉其盈數今之八千隨事附益質文相變故其數兼倍猶如八卦之爻因而重之錯綜成六十四也昔文武二王所以綱紀周室君臨天下公旦修之以致太平龍鳳之瑞自斯厥後甫備茲日孔子曰其有繼周雖百代可知豈所謂齊功比美者歟臣以庸識謬司其任淹留歷稔允當斯責兼勒成之初未遑表上實由才輕務廣思力不周永言慚惕無忘寤寐自今春輿駕將親六師搜尋軍禮閱其條章靡不該備所謂郁郁文哉煥乎洋溢信可以懸諸日月頒之天下者矣愚心喜忭彌思陳述兼前後聯官一時皆逝臣雖幸存耄已將及慮皇世大典遂闕騰奏不任下情輒具載撰脩始

未升職掌人所成卷秩條目之數謹拜表以聞詔曰經禮大備政典載弘今詔有司案以行事也又詔曰勉表如此因革允釐憲章孔備功成業定於是乎在可以光被八表施諸百代俾萬世之下知斯文在斯主者其按以遵行勿有失墜尋加中書令給親信二十人勉以疾自陳求解內任詔不許乃令停下省三日一朝有事遣主書論決脚疾轉劇久闕朝覲固陳求解詔乃賚假須疾差還省勉雖居顯位不營產業家無蓄積俸祿分贍親族之窮乏者門人故舊或從容致言勉乃答曰人遺子孫以財我遺之以清白子孫才也則自致輜軿如其不才終爲他有嘗爲書誡其子崧曰吾家世清廉故常居貧素至於產業之事所未嘗言非直不經營而已薄躬遭逢遂至今日尊官厚祿可謂備之每念叨竊若斯豈由才致仰藉先代風範及以福慶故臻此耳古人所謂以清白遺子孫不亦厚乎又云遺子黃金滿籯不如一經詳求此言信非徒語吾雖不敏實有本志庶得遵奉斯義不敢墜失所以顯貴以來將三十載門人故舊亟薦便宜或使創闢田園或勸興立邸店又欲舳艫運致亦令貨殖聚斂若此衆事皆

距而不納非謂拔葵去織且欲省息紛紜中年聊於東田閑營小園者非在播藝以要利入正欲穿池種樹少寄情賞又以郊際閑曠終可爲宅儻獲懸車致事實欲歌哭於斯慧日十住等既應營婚又須住止吾清明門宅無相容處所以爾者亦復有以前割西邊施宣武寺既失西廂不復方幅意亦謂此逆旅舍耳何事須華常恨時人謂是我宅古往今來豪富繼踵高門甲第連闥洞房宛其死矣定是誰室但不能不爲培塿之山聚石移果雜以花卉以娛休沐用託性靈隨便架立不在廣大惟功德處小以爲好所以內中逼促無復房宇近營東邊兒孫二宅乃藉十住南還之資其中所須猶爲不少既牽挽不至又不可中塗而輟郊間之園遂不辦保貨與韋黯乃獲百金成就兩宅已消其半尋園價所得何以至此由吾經始歷年粗已成立桃李茂密桐竹成陰塍陌交通渠畎相屬華樓迥榭頗有臨眺之美孤峯叢薄不無糾紛之興瀆中並饒菰蔣湖裏殊富芰蓮雖云人外城闕密邇韋生欲之亦雅有情趣追述此事非有吝心蓋是筆勢所至耳憶謝靈運山家詩云中爲天地物今成鄙夫有吾此園有之

二十載矣今爲天地物物之與我相校幾何哉此吾所餘今以分汝營小田舍親累既多理亦須此且釋氏之教以財物謂之外命儒典亦稱何以聚人曰財况汝曹常情安得忘此聞汝所買姑孰田地甚爲舄鹵彌復何安所以如此非物競故也雖事異寢丘聊可髣髴孔子曰居家理治可移於官既已營之宜使成立進退兩亡更貽恥笑若有所收獲汝可自分贍內外大小宜令得所非吾所知又復應沾之諸女耳汝既居長故有此及凡爲人長殊復不易當使中外諧緝人無間言先物後己然後可貴老生云後其身而身先若能爾者更招巨利汝當自勗見賢思齊不宜忽略以棄日也棄日乃是棄身身名美惡豈不大哉可不慎歟今之所勅略言此意正謂爲家已來不事資產既立墅舍以乖舊業陳其始末無愧懷抱兼吾年時朽暮心力稍殫牽課奉公略不克舉其中餘暇裁可自休或復冬日之陽夏日之陰良辰美景文案閑隙負杖躡屩逍遙陋館臨池觀魚披林聽鳥濁酒一杯彈琴一曲求數刻之暫樂庶居常以待終不宜復勞家間細務汝交關既定此書又行凡所資須付給如別自茲以後吾不

復言及田事汝亦勿復與吾言之假使堯水湯旱吾豈知如何若其滿庾盈箱
爾之幸遇如斯之事並無俟令吾知也記云夫孝者善繼人之志善述人之事
今且望汝全吾此志則無所恨矣勉第二子悱卒痛悼甚至不欲久廢王務乃
爲答客喻其辭曰普通五年春二月丁丑余第二息晉安內史悱喪之問至焉
舉家傷悼心情若隕二宮並降中使以相慰勗親遊賓客畢來弔問輒慟哭失
聲悲不自已所謂父子天性不知涕之所從來也於是門人虞其肆情所鍾容
致委頓乃斂衽而進曰僕聞古往今來理運之常數春榮秋落氣象之定期人
居其間譬諸逆旅生寄死歸著於通論是以深識之士悠爾忘懷東門歸無之
旨見稱往哲西河喪明之過取誚友朋足下受遇於朝任居端右憂深責重休
戚是均宜其遺情下流止哀加飯上存奉國俯示隆家豈可縱此無益同之兒
女傷神損識或虧生務門下竊議咸爲君侯不取也余雪泣而答曰彭殤之達
義延吳之雅言亦常聞之矣顧所以未能弭意者請陳其說夫植樹階庭欽柯
葉之茂爲山累仞惜覆簣之功故秀而不實尼父爲之歎息析彼岐路楊子所

以留連事有可深聖賢靡抑今吾所悲亦以悱始踰立歲孝悌之至自幼而長文章之美得之天然好學不倦居無塵雜多所著述盈帙滿笥淡然得失之際不見喜慍之容及翰飛東朝參伍盛列其所遊往皆一時才俊賦詩頌詠終日忘疲每從容謂吾以遭逢時來位隆任要當應推賢下士先物後身然後可以報恩明主克保元吉俾余二紀之中忝竊若是幸無大過者繄此子之助焉自出閫區政存清靜冀其旋反少慰衰暮言念今日眇然長往加以闔棺千里之外未知歸骨之期雖復無情之倫庸詎不痛於昔夷甫孩抱中物尚盡慟以待賓安仁未及七旬猶慇懃於詞賦況夫名立官成半途而廢者亦焉可已已哉求其此懷可謂苗實之義諸賢既貽格言喻以大理卽日輟哀命駕修職事焉中大通三年又以疾自陳移授特進右光祿大夫侍中中衛將軍置佐史餘如故增親信四十人兩宮參問冠蓋結轍服膳醫藥皆資天府有敕每欲臨幸勉以拜伏有虧頻啓停出詔許之遂停輿駕大同元年卒時年七十高祖聞而流涕卽日車駕臨殯乃詔贈特進右光祿大夫開府儀同三司餘並如故給東園

祕器朝服一具衣一襲贈錢二十萬布百匹皇太子亦舉哀朝堂諡曰簡肅公

勉善屬文勤著述雖當幾務下筆不休嘗以起居注煩雜乃加删撰爲别起居注六百卷左丞彈事五卷在選曹撰選品五卷齊時撰太廟祝文二卷以孔釋二教殊途同歸撰會林五十卷凡所著前後二集四十五卷又爲婦人集十卷皆行於世大同三年故佐史尚書左丞劉覽等詣闕陳勉行狀請刊石紀德即降詔許立碑於墓云

悱字敬業幼聰敏能屬文起家著作佐郎轉太子舍人掌書記之任累遷洗馬中舍人猶管書記出入宮坊者歷稔以足疾出爲湘東王友遷晉安內史

陳吏部尚書姚察曰徐勉少而厲志忘食發憤脩身慎言行擇交遊加運屬興王依光日月故能明經術以綰青紫出閭閻而取卿相及居重任竭誠事主動師古始依則先王提衡端軌物無異議爲梁宗臣盛矣

梁書卷二十五

梁書卷二十五考證

徐勉傳又爲婦人集十卷○南史作又爲人章表集十卷

梁書卷二十五考證

梁書卷二十六

唐　散　騎　常　侍　姚　思　廉　撰

列傳第二十

范岫　傅昭弟映　蕭琛　陸杲

范岫字懋賓濟陽考城人也高祖宣晉徵士父義宋兗州別駕岫早孤事母以孝聞與吳興沈約俱爲蔡興宗所禮泰始中起家奉朝請興宗爲安西將軍引爲主簿累遷臨海長城二縣令驃騎參軍尚書刪定郎護軍司馬齊司徒竟陵王子良記室參軍累遷太子家令文惠太子之在東宮沈約之徒以文才見引岫亦預焉岫文雖不逮約而名行爲時輩所與博涉多通尤悉魏晉以來吉凶故事約常稱曰范公好事該博胡廣無以加南鄉范雲謂人曰諸君進止威儀當問范長頭以岫多識前代舊事也還國子博士永明中魏使至有詔妙選朝士有詞辯者接使於界首以岫兼淮陰長史迎焉還遷尚書左丞母憂去官尋起攝職出爲寧朔將軍南蠻長史南義陽太守未赴職還右軍諮議參軍郡如

故除撫軍司馬出爲建威將軍安成內史入爲給事黃門侍郎遷御史中丞領
前軍將軍南北兗二州大中正永元末出爲輔國將軍冠軍晉安王長史行南
徐州事義師平京邑承制徵爲尚書吏部郎參大選梁臺建爲度支尚書天監
五年遷散騎常侍光祿大夫侍皇太子給扶六年領太子左衞率七年徙通直
散騎常侍右衞將軍中正如故其年表致事詔不許八年出爲晉陵太守秩中
二千石九年入爲祠部尚書領右驍騎將軍其年遷金紫光祿大夫加親信二
十人十三年卒官時年七十五賻錢五萬布百匹岫身長七尺八寸恭敬儼恪
進止以禮自親喪之後蔬食布衣以終身每所居官恆以廉潔著稱爲長城令
時有梓材巾箱至數十年經貴遂不改易在晉陵惟作牙管筆一雙猶以爲費
所著文集禮論雜儀字訓行於世二子褒偉
傅昭字茂遠北地靈州人晉司隸校尉咸七世孫也祖和之父淡善三禮知名
宋世淡事宋竟陵王劉誕誕反淡坐誅昭六歲而孤哀毀如成人者宗黨咸異
之十一隨外祖於朱雀航賣曆日爲雍州刺史袁顗客顗嘗來昭所昭讀書自

若神色不改顗歎曰此兒神情不凡必成佳器司徒建安王休仁聞之因欲致
昭昭以宋氏多故遂不往或有稱昭於廷尉虞愿愿遣車迎昭時愿宗人通之
在坐並當世名流通之贈昭詩曰英妙擅山東才子傾洛陽清塵誰能嗣及爾
邁遺芳太原王延秀薦昭於丹陽尹袁粲深爲所禮辟爲郡主簿使諸子從昭
受學會明帝崩粲造哀策文乃引昭定其所制每經昭戶輒歎曰經其戶寂若
無人披其帷其人斯在豈非名賢尋爲總明學士奉朝請齊永明中累遷員外
郎司徒竟陵王子良參軍尚書儀曹郎先是御史中丞劉休薦昭於武帝永明
初以爲南郡王侍讀王嗣帝位故時臣隸爭求權寵惟昭及南陽宗夬無所參
入竟不罹其禍明帝踐阼引爲中書通事舍人時居此職者皆勢傾天下昭獨
廉靜無所干豫器服率陋身安麤糲常插燭板牀明帝聞之賜漆合燭盤等敕
曰卿有古人之風故賜卿古人之物累遷車騎臨海王記室參軍長史校尉太
子家令驃騎晉安王諮議參軍尋除尚書左丞本州大中正高祖素悉昭能建
康平引爲驃騎錄事參軍梁臺建遷給事黃門侍郎領著作郎頃之兼御史中

丞黃門著作中正並如故天監三年兼五兵尚書參選事四年即真六年徙爲
左民尚書未拜出爲建威將軍平南安成王長史尋陽太守七年入爲振遠將
軍中權長史八年遷通直散騎常侍領步兵校尉復領本州大中正十年復爲
左民尚書十一年出爲信武將軍安成內史安成自宋已來兵亂郡舍號凶及
昭爲郡郡內人夜夢見兵馬鎧甲甚盛又聞有人云當避善人軍衆相與騰虛
而逝夢者驚起俄而疾風暴雨倏忽便至數閒屋俱倒即夢者所見軍馬踐蹈
之所也自後郡舍遂安咸以昭正直所致郡溪無魚或有暑月薦昭魚者昭既
不納又不欲拒遂餧于門側十二年入爲祕書監領後軍將軍十四年遷太常
卿十七年出爲智武將軍臨海太守郡有蜜巖前後太守皆自封固專收其利
昭以周文之囿與百姓共之大可喻小乃教勿封縣令常餉栗寘絹于簿下昭
笑而還之普通二年入爲通直散騎常侍光祿大夫領本州大中正尋領祕書
監五年遷散騎常侍金紫光祿大夫中正如故昭所莅官常以清靜爲政不尙
嚴肅居朝廷無所請謁不畜私門生不交私利終日端居以書記爲樂雖老不

衰博極古今尤善人物魏晉以來官宦簿伐姻通內外舉而論之無所遺失性尤篤慎子婦嘗得家餉牛肉以進昭召其子曰食之則犯法告之則不可取而埋之其居身行己不負闇室類皆如此京師後進宗其學重其道人人自以爲不逮大通二年九月卒時年七十五詔賻錢三萬布五十匹卽日舉哀謚曰貞子長子諝尚書郎臨安令次子肱

映字徽遠昭弟也三歲而孤兄弟友睦修身厲行非禮不行始昭之守臨海陸倕餞之賓主俱懽日昏不反映以昭年高不可連夜極樂乃自往迎候同乘而歸兄弟並已斑白時人美而服焉及昭卒映喪之如父年踰七十哀戚過禮服制雖除每言輒感慟映泛涉記傳有文才而不以篇什自命少時與劉繪蕭琛相友善繪之爲南康相映時爲府丞文教多令具草褚彥回聞而悅之乃屈與子賁等遊處年未弱冠彥回欲令仕映以昭未解褐固辭須昭仕乃官丞元元年參鎮軍江夏王軍事出爲武康令及高祖師次建康吳興太守袁昂自謂門世忠貞固守誠節乃訪於映曰卿謂時事云何映答曰元嘉之末開闢未有故

太尉殺身以明節司徒當寄託之重理無苟全所以不顧夷險以殉名義今嗣主昏虐狎近羣小親賢誅戮君子道消外難屢作曾無悛改今荆雍協舉乘據上流背昏向明勢無不濟百姓思治天人之意可知旣明且哲忠孝之途無爽願明府更當雅慮無祇悔也尋以公事免天監初除征虜鄱陽王參軍建安王中權錄事參軍領軍長史烏程令所受俸祿悉歸于兄復爲臨川王錄事參軍南臺治書安成王錄事太子翊軍校尉累遷中散大夫光祿卿太中大夫大同五年卒年八十三子弘

蕭琛字彥瑜蘭陵人祖僧珍宋廷尉卿父惠訓太中大夫琛年數歲從伯惠開撫其背曰必與吾宗琛少而朗悟有縱橫才辯起家齊太學博士時王儉當朝琛年少未爲儉所識負其才氣欲候儉時儉宴于樂遊苑琛乃著虎皮靴策桃枝杖直造儉坐儉與語大悅儉爲丹陽尹辟爲主簿舉爲南徐州秀才累遷司徒記室永明九年魏始通好琛再銜命至桑乾還爲通直散騎侍郎時魏遣李道固來使齊帝讌之琛於御筵舉酒勸道固道固不受曰公庭無私禮不容受

勸琛徐答曰詩所謂雨我公田遂及我私座者皆服道固乃受琛酒還司徒右長史出爲晉熙王長史行南徐州事還兼少府卿尚書左丞東昏初嗣立時議以無廟見之典琛議據周頌烈文閔予皆爲卽位朝廟之典於是從之高祖定京邑引爲驃騎諮議領錄事遷給事黃門侍郎梁臺建爲御史中丞天監元年遷庶子出爲宣城太守徵爲衞尉卿俄遷員外散騎常侍三年除太子中庶子散騎常侍九年出爲寧遠將軍平西長史江夏太守始琛在宣城有北僧南度惟賫一葫蘆中有漢書序傳僧曰三輔舊老相傳以爲班固真本琛固求得之其書多有異今者而紙墨亦古文字多如龍舉之例非隸非篆琛甚祕之及是行也以書餉鄱陽王範範乃獻于東宮琛尋還安西長史南郡太守母憂去官又丁父艱起爲信武將軍護軍長史俄爲貞毅將軍太尉長史出爲信威將軍東陽太守還吳興太守郡有項羽廟土民名爲憤王甚有靈驗遂於郡廳事安施牀幕爲神座公私請禱前後二千石皆於廳拜祀而避居他室琛至徙神還廟處之不疑又禁殺牛解祀以脯代肉琛頻莅大郡不治產業有闕則取不以

爲嫌普通元年徵爲宗正卿遷左民尚書領南徐州大中正太子右衛率徙度支尚書左驍騎將軍領軍將軍轉祕書監後軍將軍遷侍中高祖在西邸早與琛狎每朝讌接以舊恩呼爲宗老琛亦奉陳昔恩以早簉中陽夙忝同閈雖迷興運猶荷洪慈上答曰雖云早契闊乃自非同志勿談興運初且道狂奴異琛常言少壯三好音律書酒年長以來二事都廢惟書籍不衰而琛性通脫常自解竈事畢餕餘必陶然致醉大通二年爲金紫光祿大夫加特進給親信三十人中大通元年爲雲麾將軍晉陵太守秩中二千石以疾自解改授侍中特進金紫光祿大夫卒年五十二遺令諸子與妻同墳異藏祭以蔬菜葬日止車十乘事存率素乘輿臨哭甚哀詔贈本官加雲麾將軍給東園祕器朝服一具衣一襲賻錢二十萬布百匹諡曰平子

陸杲字明霞吳郡吳人祖徽宋輔國將軍益州刺史父叡揚州治中杲少好學工書畫舅張融有高名杲風韻舉動頗類於融時稱之曰無對日下惟舅與甥起家齊中軍法曹行參軍太子舍人衛軍王儉主簿遷尚書殿中曹郎拜日八

座丞郎並到上省交禮而杲至晚不及時刻坐免官久之以爲司徒竟陵王外兵參軍遷征虜宜都王功曹史驃騎晉安王諮議參軍司徒從事中郎梁臺建以爲驃騎記室參軍遷相國西曹掾天監元年除撫軍長史母憂去職服闋拜建威將軍中軍臨川王諮議參軍尋遷黃門侍郎右軍安成王長史五年遷御史中丞杲性婞直無所顧望山陰令虞肩在任贓污數百萬杲奏收治中書舍人黃睦之以肩事託杲杲不答高祖聞之以問杲杲答曰有之高祖曰卿識睦之不杲答曰臣不識其人時睦之在御側上指示杲曰此人是也杲謂睦之曰君小人何敢以罪人屬南司睦之失色領軍將軍張稷是杲從舅杲嘗以公事彈稷稷因侍宴訴高祖曰陸杲是臣通親小事彈臣不貸高祖曰杲職司其事卿何得爲嫌杲在臺號稱不畏彊禦六年遷祕書監頃之爲太子中庶子光祿卿八年出爲義興太守在郡寬惠爲民下所稱還爲司空臨川王長史領揚州大中正十四年遷通直散騎侍郎俄遷散騎常侍中正如故十五年還司徒左長史十六年入爲左民尚書遷太常卿普通二年出爲仁威將軍臨川內史五

年入爲金紫光祿大夫又領揚州大中正中大通元年加特進中正如故四年卒時年七十四諡曰質子杲素信佛法持戒甚精著沙門傳三十卷弟煦學涉有思理天監初歷中書侍郎尚書左丞太子家令卒撰晉書未就又著陸史十五卷陸氏驪泉志一卷並行於世子罩少篤學有文才仕至太子中庶子光祿卿

史臣曰范岫傅昭並篤行清愼善始令終斯石建石慶之徒矣蕭琛陸杲俱以才學著名琛朗悟辯捷加諳究朝典高祖在田與琛遊舊及踐天曆任遇甚隆美矣杲性婞直無所忌憚旣而執法憲臺糾繩不避權幸可謂允茲正色詩云彼己之子邦之司直杲其有焉

梁書卷二十六

梁書卷二十七

唐　散　騎　常　侍　姚　思　廉　撰

列傳第二十一

陸倕　到洽　明山賓　殷鈞　陸襄

陸倕字佐公吳郡吳人也晉太尉玩六世孫祖子真宋東陽太守父慧曉齊太常卿倕少勤學善屬文於宅內起兩間茅屋杜絕往來晝夜讀書如此者數載所讀一遍必誦於口嘗借人漢書失五行志四卷乃暗寫還之略無遺脫幼爲外祖張岱所異岱嘗謂諸子曰此兒汝家之陽元也十七舉本州秀才刺史竟陵王子良開西邸延英俊倕亦預焉辟議曹從事參軍廬陵王法曹行參軍天監初爲右軍安成王外兵參軍轉主簿倕與樂安任昉友善爲感知己賦以贈昉昉因此名以報之曰信偉人之世篤本侯服於陸鄉緬風流於道素襲袞衣與繡裳還伊人而世載並三駿而龍光過龍津而一息望鳳條而曾翔彼白玉之雖潔此幽蘭之信芳思在物而取譬非斗斛之能量匹聳峙於東岳比凝厲

於秋霜不一飯以妄過每三錢以投渭匪蒙袂之敢嗟豈溝壑之能衣既蘊藉其有餘又淡然而無味得意同乎卷懷違方似乎仗氣類平叔而靡雕似子雲之不朴冠衆善而貽操綜羣言而名學折高戴於后臺異鄒顏乎董幄採三詩於河間訪九師於淮曲術兼口傳之書藝廣鏗鏘之樂時坐睡而梁懸裁枝梧而錐握既文過而意深又理勝而辭縟咨余生之荏苒迫歲暮而傷情測徂陰於堂下聽鳴鍾於洛城唯忘年之陸子定一遇於班荊余獲田蘇之價爾等海上之名信落魄而無産終長對於短生飢虛表於徐步逃責顯於疾行子比我於叔則又方余於耀卿心照情交流言靡惑萬類闇求千里懸得言象可廢蹄筌自默居非連棟行則同車冬日不足夏日靡餘肴核非餌絲竹豈娛我未捨駕子已回輿中飯相顧悵然動色邦壤既殊離會莫測存異山陽之居沒非要離之側似膠投漆中離婁豈能識其爲士友所重如此還驃騎臨川王東曹掾是時禮樂制度多所創草高祖雅愛倕才乃敕撰新漏刻銘其文甚美遷太子中舍人管東宮書記又詔爲石闕銘記奏之敕曰太子中舍人陸倕所製石闕

銘辭義典雅足爲佳作昔虞丘辨物邯鄲獻賦賞以金帛前史美談可賜絹三十匹遷太子庶子國子博士母憂去職服闋爲中書侍郎給事黃門侍郎揚州別駕從事史以疾陳解遷鴻臚卿入爲吏部郎參選事出爲雲麾晉安王長史晉陽太守行江州府州事以公事免左遷中書侍郎司徒司馬太子中庶子廷尉卿又爲中庶子加給事中揚州大中正復除國子博士中庶子中正並如故守太常卿中正如故普通七年卒年五十七文集二十卷行於世第四子纘早慧十歲通經爲童子奉車郎卒

到洽字茂沿彭城武原人也宋驃騎將軍彥之曾孫祖仲度驃騎江夏王從事中郎父坦齊中書郎洽年十八爲南徐州迎西曹行事洽少知名清警有才學士行謝朓文章盛於一時見洽深相賞好日引與談論每謂洽曰君非直名人乃亦兼資文武朓後爲吏部洽去職朓欲薦之洽覩世方亂深相拒絕除晉安王國左常侍不就遂築室巖阿幽居者積歲樂安任昉有知人之鑒與洽兄沼溉並善嘗訪洽於田舍見之歎曰此子日下無雙遂申拜親之禮天監初沼溉

俱蒙擢用洽尤見知賞從弟沆亦相與齊名高祖問待詔丘遲曰到洽何如沆溉遲對曰正清過於沆文章不減溉加以清言殆將難及卽詔爲太子舍人御華光殿詔洽及沆蕭琛任昉侍讌賦二十韻詩以洽辭爲工賜絹二十匹高祖謂昉曰諸到可謂才子昉對曰臣常竊議宋得其武梁得其文二年遷司徒主簿直待詔省敕使抄甲部書五年遷尙書殿中郎洽兄弟羣從遞居此職時人榮之七年遷太子中舍人與庶子陸倕對掌東宮管記俄爲侍讀侍讀省仍置學士二人洽復充其選九年遷國子博士奉敕撰太學碑十二年出爲臨川內史在郡稱職十四年入爲太子家令遷給事黃門侍郎兼國子博士十六年遷太子中庶子普通元年以本官領博士頃之入爲尙書吏部郎請託一無所行俄遷員外散騎常侍復領博士母憂去職五年復爲太子中庶子領步兵校尉未拜仍遷給事黃門侍郎領尙書左丞準繩不避貴戚尙書省賄賂莫敢通時鑾輿欲親戎軍國容禮多自洽出六年遷御史中丞彈糾無所顧望號爲勁直當時肅清以公事左降猶居職舊制中丞不得入尙書下舍洽兄溉爲左民尙

書洽引服親不應有礙刺省詳決左丞蕭子雲議許入溉省亦以其兄弟素篤
不能相別也七年出爲貞威將軍雲麾長史尋陽太守大通元年卒於郡時年
五十一贈侍中謚曰理子昭明太子與晉安王綱令曰明北兗到長史遂相係
凋落傷怛悲惋不能已已去歲陸太常殂歿今茲二賢長謝陸生資忠履貞冰
清玉潔文該四始學遍九流高情勝氣貞然直上明公儒學稽古淳厚篤誠立
身行道始終如一儻值夫子必升孔堂到子風神開爽文義可觀當官莅事介
然無私皆海內之俊乂東序之祕寶此之嗟惜更復何論但遊處周旋並淹歲
序造膝忠規豈可勝說幸免祇悔實二三子之力也談對如昨音言在耳零落
相仍皆成異物每一念至何時可言天下之寶理當惻愴近張新安又致故其
人文筆弘雅亦足嗟惜隨弟府朝東西日久尤當傷懷也比人物零落特可傷
惋屬有今信乃復及之洽文集行於世子伯淮仲舉
明山賓字孝若平原鬲人也父僧紹隱居不仕宋末徵國子博士不就山賓七
歲能言玄理十三博通經傳居喪盡禮服闋州辟從事史起家奉朝請兄仲璋

嬰痼疾家道屢空山賓乃行干祿齊始安王蕭遙光引爲撫軍行參軍後爲廣陽令頃之去官義師至高祖引爲相府田曹參軍梁臺建爲尚書駕部郎遷治書侍御史右軍記室參軍掌治吉禮時初置五經博士山賓首膺其選遷北中郎諮議參軍侍皇太子讀累遷中書侍郎國子博士太子率更令中庶子博士如故天監十五年出爲持節督緣淮諸軍事征遠將軍北兗州刺史普通二年徵爲太子右衛率加給事中遷御史中丞以公事左遷黃門侍郎司農卿四年遷散騎常侍領青冀二州大中正東宮新置學士又以山賓居之俄以本官兼國子祭酒初山賓在州所部平陸縣不稔啓出倉米以贍人後刺史檢州曹失簿書以山賓爲耗闕有司追責籍其宅入官山賓默不自理更市地造宅昭明太子聞築室不就有令曰明祭酒雖出撫大藩擁旄推轂珥金拖紫而恆事屢空聞構宇未成今送薄助幷貽詩曰平仲古稱奇夷吾昔擅美令則挺伊賢東秦固多士築室非道傍置宅歸仁里庚桑方有係原生今易擬必來三逕人將招五經士山賓性篤實家中嘗乏用貨所乘牛既售受錢乃謂買主曰此牛經

患漏蹄治差已久恐後脫發無容不相語買主遽追取錢處士阮孝緒聞之歎曰此言足使還淳反朴激薄停澆矣五年又爲國子博士常侍中正如故其年以本官假節權攝北兗州事大通元年卒時年八十五詔贈侍中信威將軍謚曰質子昭明太子爲舉哀賻錢十萬布百匹幷使舍人王顒監護喪事又與前司徒左長史殷芸令曰北兗信至明常侍遂至殞逝聞之傷怛此賢儒術該通志用稽古温厚淳和倫雅弘篤授經以來迄今二紀若其上交不諂造膝忠規非顯外迹得之胸懷者蓋亦積矣攝官連率行當言歸不謂長往眇成疇日追憶談緒皆爲悲端往矣如何昔經聯事理當酸愴也山賓累居學官甚有訓導之益然性頗疎通接於諸生多所狎比人皆愛之所著吉禮儀注二百二十四卷禮儀二十卷孝經喪禮服儀十五卷子震字興道亦傳父業歷官太學博士太子舍人尚書祠部郎餘姚令

殷鈞字季和陳郡長平人也晉太常融八世孫父叡有才辯知名齊世歷官司徒從事中郎叡妻王奐女奐爲雍州刺史鎮北將軍乃言於朝以叡爲鎮北長

史河南太守奐誅叡弃見害鈞時年九歲以孝聞及長恬靜簡交遊好學有思
理善隸書爲當時楷法南郡范雲樂安任昉並稱賞之高祖與叡少舊故以女
妻鈞即永興公主也天監初拜駙馬都尉起家祕書郎太子舍人司徒主簿祕
書丞鈞在職啓校定祕閣四部書更爲目錄又受詔料檢西省法書古迹別爲
品目遷驃騎從事中郎中書郎太子家令掌東宮書記頃之遷給事黃門侍郎
中庶子尚書吏部郎司徒左長史侍中東宮置學士復以鈞爲之公事免復爲
中庶子領國子博士左驍騎將軍博士如故出爲明威將軍臨川內史鈞體羸
多疾閉閤臥治而百姓化其德劫盜皆奔出境嘗禽劫帥不加考掠但和言誚
責劫帥稽顙乞改過鈞便命遣之後遂爲善人郡舊多山瘧更暑必動自鈞在
任郡境無復瘧疾母憂去職居喪過禮昭明太子憂之手書誡喻曰知比諸德
哀頓爲過又所進殆無一溢甚以酸耿迴然一身宗奠是寄毀而滅性聖教所
不許宜微自遣割俯存禮制饘粥果蔬少加勉彊憂懷既深指故有及弃令繆
道臻口具鈞答曰奉賜手令弃繆道臻宣旨伏讀感咽肝心塗地小人無情動

不及禮但稟生尫劣假推年歲罪戾所鍾復加横疾頃者綿微守盡晷漏目亂
玄黃心迷哀樂惟救危苦未能以遠理自制䕺桂之滋實聞前典不避粱肉復
忝今慈臣亦何人降此憂愍謹當循復聖言思自補續如脫申延實由亭造服
闋遷五兵尚書猶以頓瘵經時不堪拜受乃更授散騎常侍領步兵校尉侍東
宮尋改領中庶子昭明太子薨官屬罷又領右游擊除國子祭酒常侍如故中
大通四年卒時年四十九謚曰貞子二子構渥

陸襄字師卿吳郡吳人也父閑齊始安王遙光揚州治中永元末遙光據東府作亂或勸閑去之閑曰吾爲人吏何所逃死臺軍攻陷城閑見執將刑第二子絳求代死不獲遂以身蔽刃刑者俱害之襄痛父兄之酷喪過于禮服釋後猶若居憂天監三年都官尚書范岫表薦襄起家擢拜著作佐郎除永寧令秩滿累遷司空臨川王法曹外兵輕車廬陵王記室參軍昭明太子聞襄業行啓高祖引與遊處除太子洗馬遷中舍人並掌管記出爲揚州治中襄父終此官固辭職高祖不許聽與府司馬換廨居之昭明太子敬耆老襄母年將八十與蕭

琛傳昭陸杲每月常遺存問加賜珍羞衣服襄母嘗卒患心痛醫方須三升粟
漿是時冬月日又逼暮求索無所忽有老人詣門貨漿量如方劑始欲酬直無
何失之時以襄孝感所致也累遷國子博士太子家令復掌管記母憂去職襄
年已五十毀頓過禮太子憂之日遣使誡喻服闋除太子中庶子復掌管記中
大通三年昭明太子薨官屬罷妃蔡氏別居金華宮以襄爲中散大夫領步兵
校尉金華宮家令知金華宮事七年出爲鄱陽內史先是郡民解于琛服食修
道法嘗入山採藥拾得五色幡毦又於地中得石璽竊怪之琛先與妻別室望
琛所處常有異氣益以爲神大同元年遂結其門徒殺廣晉令王筠號上願元
年署置官屬其黨轉相誑惑有衆萬餘人將出攻郡襄先已帥民吏修城隍爲
備禦及賊至連戰破之生獲琛餘衆逃散時鄰郡豫章安成等守宰案治黨與
因求賄貨皆不得其實或有善人盡室離禍惟襄郡部枉直無濫民作歌曰鮮
于平後善惡分民無枉死賴有陸君又有彭李二家先因忿爭遂相誣告襄引
入內室不加責誚但和言解喻之二人感恩深自咎悔乃爲設酒食令其盡歡

酒罷同載而還因相親厚民又歌曰陸君政無怨家鬭既罷讎共車在政六年郡中大治民李晛等四百二十人詣闕拜表陳襄德化求於郡立碑降敕許之又表乞留襄襄固求還徵爲吏部郎遷祕書監領揚州大中正太清元年遷度支尚書中正如故二年侯景舉兵圍宮城以襄直侍中省三年三月城陷襄逃還吳賊尋寇東境沒吳郡景將宋子仙進攻錢塘會海鹽人陸黯舉義有衆數千人夜出襲郡殺僞太守蘇單于推襄行郡事時淮南太守文成侯蕭寧逃賊入吳襄遣迎寧爲盟主遣黯及兄子映公帥衆拒子仙子仙聞兵起乃退還與黯等戰於松江黯敗走吳下軍聞之亦各奔散襄匿于墓下一夜憂憤卒時年七十襄弱冠遭家禍終身蔬食布衣不聽音樂口不言殺害五十許年侯景平世祖追贈侍中雲麾將軍以建義功追封餘干縣侯邑五百戶

陳吏部尚書姚察曰陸倕博涉文理到洽匪躬貞勁明山賓儒雅篤實殷鈞靜素恬和陸襄淳深孝性雖任遇有異皆列於名臣矣

梁書卷二十七

梁書卷二十七考證

陸倕傳祖子真宋東陽太守○東陽南史作海陵

殷鈞傳又受詔料檢西省法書古迹别爲品目○法監本訛注今從南史

迥然一身宗貧是寄○迥字疑訛

陸襄傳民作歌曰鮮于平後善惡分民無枉死賴有陸君○南史無有字

梁書卷二十七考證

梁書卷二十八

唐　散　騎　常　侍　姚　思　廉　撰

列傳第二十二

裴邃兄子之高　之平　之橫　夏侯亶弟夔　魚弘附　韋放

裴邃字淵明河東聞喜人魏襄州刺史綽之後也祖壽孫寓居壽陽爲宋武帝前軍長史父仲穆驍騎將軍邃十歲能屬文善左氏春秋齊建武初刺史蕭遙昌引爲府主簿壽陽有八公山廟遙昌爲立碑使邃爲文甚見稱賞舉秀才對策高第奉朝請東昏踐阼始安王蕭遙光爲撫軍將軍揚州刺史引邃爲參軍後遙光敗邃還壽陽值刺史裴叔業以壽陽降魏豫州豪族皆被驅掠邃遂隨衆北徙魏主宣武帝雅重之以爲司徒屬中書郎魏郡太守魏遣王肅鎮壽陽邃固求隨肅密圖南歸天監初自拔還朝除後軍諮議參軍邃求邊境自効以爲輔國將軍廬江太守時魏將呂頗率衆五萬奄來攻郡邃率麾下拒破之加右軍將軍五年征邵陽洲魏人爲長橋斷淮以濟邃築壘逼橋每戰輒克於是

密作沒突艦會甚兩淮水暴溢邃乘艦徑造橋側魏衆驚潰邃乘勝追擊大破之進克羊石城斬城主元康又破霍丘城斬城主甯永仁平小峴攻合肥以功封夷陵縣子邑三百戶遷冠軍長史廣陵太守邃與鄉人共入魏武廟因論帝王功業其妻甥王篆之密啓高祖云裴邃多大言有不臣之迹由是左遷爲始安太守邃志欲立功邊陲不願閑遠乃致書於呂僧珍曰昔阮咸顏延有二始之歎吾才不逮古人今爲三始非其願也將如之何未及至郡會魏攻宿預詔邃拒焉行次直瀆魏衆退還右軍諮議參軍豫章王雲麾府司馬率所領助守石頭出爲竟陵太守開置屯田公私便之遷爲游擊將軍朱衣直閤直殿省尋遷假節明威將軍西戎校尉北梁秦二州刺史復開創屯田數千頃倉廩盈實省息邊運民吏獲安乃相率餉絹千餘匹邃從容曰汝等不應爾吾又不可逆納其絹二匹而已還爲給事中雲騎將軍朱衣直閤將軍遷大匠卿普通二年義州刺史文僧明以州叛入於魏魏軍來援以邃爲假節信武將軍督衆軍討焉邃深入魏境從邊城道出其不意魏所署義州刺史封壽據檀公峴邃擊破

之遂圍其城壽面縛請降義州平除持節督北徐州諸軍事信武將軍北徐州刺史未之職又遷督豫州北豫霍三州諸軍事豫州刺史鎮合肥四年進號宣毅將軍是歲大軍將北伐以邃督征討諸軍事率騎三千先襲壽陽九月壬戌夜至壽陽攻其郛斬關而入一日戰九合爲後軍蔡秀成失道不至邃以援絕拔還於是邃復整兵收集士卒令諸將各以服色相別邃自爲黃袍騎先攻狄丘甓城黎漿等城皆拔之屠安成馬頭沙陵等戍是冬始修芍陂明年復破魏新蔡郡略地至于鄭城汝穎之閒所在響應魏壽陽守將長孫稚河閒王元琛率衆五萬出城挑戰邃勒諸將爲四甄以待之令直閤將軍李祖憐僞遁以引稚稚等悉衆追之四甄競發魏衆大敗斬首萬餘級稚等奔走閉門自固不敢復出其年五月卒於軍中追贈侍中左衞將軍給鼓吹一部進爵爲侯增邑七百戶謚曰烈邃少言笑沉深有思略爲政寬明能得士心居身方正有威重將吏憚之少敢犯法及其卒也淮肥閒莫不流涕以爲邃不死洛陽不足拔也子之禮字子義自國子生推第補邵陵王國左常侍信威行參軍王爲南兗除長

流參軍未行仍留宿衞補直閤將軍丁父憂服闋襲封因請隨軍討壽陽除雲麾將軍遷散騎常侍又別攻魏廣陵城平之除信武將軍西豫州刺史加輕車將軍除黃門侍郎遷中軍宣城王司馬尋爲都督北徐仁睢三州諸軍事信武將軍北徐州刺史徵太子左衞率兼衞尉卿轉少府卿卒謚曰壯子政承聖中官至給事黃門侍郎江陵陷隨例入西魏

之高字如山邃兄中散大夫髦之子也起家州從事新都令奉朝請遷參軍頗讀書少負意氣常隨叔父邃征討所在立功甚爲邃所器重戎政咸以委焉壽陽之役邃卒于軍所之高隸夏侯夔平壽陽仍除平北豫章長史梁郡太守封都城縣男邑二百五十戶時魏汝陰來附敕之高應接仍除假節飆勇將軍頻州刺史士民夜反踰城而入之高率家僮與麾下奮擊賊乃散走父憂還京起爲光遠將軍合討陰陵盜賊平之以爲譙州刺史又還爲左軍將軍出爲南譙太守監北徐州還員外散騎常侍尋除雄信將軍西豫州刺史餘如故侯景亂之高率衆入援南豫州刺史鄱陽嗣王範命之高總督江右援軍諸軍事頓于

張公洲柳仲禮至橫江之高遣船舸二百餘艘迎致仲禮與韋粲等俱會青塘立營據建興苑及城陷之高還合肥與鄱陽王範西上稍至新蔡衆將一萬未有所屬元帝遣蕭慧正召之以爲侍中護軍將軍到江陵承制除特進金紫光祿大夫卒時年七十三贈侍中儀同三司鼓吹一部諡曰恭子畿累官太子右衛率雋州刺史西魏攻陷江陵畿力戰死之

之平字如原之高第五弟少亦隨邃征討以軍功封都亭侯歷武陵王常侍扶風弘農二郡太守不行除譙州長史陽平太守拒侯景城陷後還散騎常侍右衛將軍太子詹事

之橫字如岳之高第十三弟也少好賓遊重氣俠不事產業之高以其縱誕乃爲狹被蔬食以激厲之之橫歎曰大丈夫富貴必作百幅被遂與僮屬數百人於芍陂大營田墅遂致殷積太宗在東宮聞而要之以爲河東王常侍直殿主帥遷直閤將軍侯景亂出爲貞威將軍隸鄱陽王範討景景濟江仍與範長子嗣入援連營度淮據東城京都陷退還合肥與範泝流赴湓城景遣任約上逼

晉熙範令之橫下援未及至範薨之橫乃還時尋陽王大心在江州範副梅思立密要大心襲湓城之橫斬思立而拒大心大心以州降景之橫率衆與兄之高同歸元帝承制除散騎常侍廷尉卿出爲河東內史又隨王僧辯拒侯景於巴陵景退還持節平北將軍東徐州刺史中護軍封豫寧侯邑三千戶又隨僧辯追景平郢魯江晉等州恆爲前鋒陷陣仍至石頭破景景東奔僧辯令之橫與杜崱入守臺城及陸納據湘州叛又隸王僧辯南討焉於陣斬納將李賢明遂平之又破武陵王於硤口還除吳興太守乃作百幅被以成其初志後江陵陷齊遣上黨王高渙挾貞陽侯攻東關晉安王綱承制以之橫爲使持節鎮北將軍徐州刺史都督衆軍給鼓吹一部出守蘄城之橫營壘未周而魏軍大至兵盡矢窮遂於陣沒時年四十一贈侍中司空謚曰忠壯子鳳寶嗣

夏侯亶字世龍車騎將軍詳長子也齊初起家奉朝請永元末詳爲西中郎南康王司馬隨府鎮荊州亶留京師爲東昏聽政主帥及崔惠景作亂亶以捍禦功除驍騎將軍及高祖起師詳與長史蕭穎冑協同義舉密遣信下都迎亶亶

乃齊宣德皇后令令南康王纂承大統封十郡爲宣城王進位相國置僚屬選百官建康城平以亶爲尚書吏部郎俄遷侍中奉璽於高祖天監元年出爲宣城太守尋入爲散騎常侍領右驍騎將軍六年出爲平西始興王長史南郡太守父憂解職居喪盡禮廬于墓側遺財悉推諸弟八年起爲持節督司州諸軍事信武將軍司州刺史領安陸太守服闋襲封豐城縣公居州甚有威惠爲邊人所悅服十二年以本號還朝除都官尚書還給事中右衞將軍領豫州大中正十五年出爲信武將軍安西長史江夏太守十七年入爲通直散騎常侍太子右衞率遷左衞將軍領前軍將軍俄出爲明威將軍吳興太守在郡復有惠政吏民圖其像立碑頌美焉普通三年入爲散騎常侍領右驍騎將軍轉太府卿常侍如故以公事免未幾優詔復職五年還中護軍六年大舉北伐先遣豫州刺史裴邃帥譙州刺史湛僧智歷陽太守明紹世南譙太守魚弘晉熙太守張澄並世之驍將自南道伐壽陽城未克而邃卒乃加亶使持節馳驛代邃與魏將河間王元琛臨淮王元彧等相拒頻戰克捷尋有密敕班師合肥以休士

馬須堰成復進七年夏淮堰水盛壽陽城將沒高祖復遣北道軍元樹帥彭寶
孫陳慶之等稍進亶帥湛僧智魚弘張澄等通清流澗將入淮肥魏軍夾肥築
城出亶軍後亶與僧智還襲破之進攻黎漿貞威將軍韋放自北道會焉兩軍
既合所向皆降下凡降城五十二獲男女七萬五千人米二十萬石詔以壽陽
依前代置豫州合肥鎮改爲南豫州以亶爲使持節都督豫州緣淮南豫霍義
定五州諸軍事雲麾將軍豫南豫二州刺史壽春久離丘荒百姓多流散亶輕
刑薄賦務農省役頃之民戶充復大通二年進號平北將軍三年卒於州鎮高
祖聞之即日素服舉哀贈車騎將軍謚曰襄州民夏侯簡等五百人表請爲亶
立碑置祠詔許之亶爲人美風儀寬厚有器量涉獵文史辯給能專對宗人夏
侯溢爲衡陽內史辭日亶侍御坐高祖謂亶曰夏侯溢於卿疏近亶答曰是臣
從弟高祖知溢於亶已疏乃曰卿傖人好不辯族從亶對曰臣聞服屬易疎所
以不忍言族時以爲能對亶歷爲六郡三州不修產業祿賜所得隨散親故性
儉率居處服用充足而已不事華侈晚年頗好音樂有妓妾十數人並無被服

姿容每有客常隔簾奏之時謂簾爲夏侯妓衣也亶二子誼損誼襲封豐城公歷官太子舍人洗馬太清中侯景入寇誼與弟損帥部曲入城並卒圍內

夔字季龍亶弟也起家齊南康王府行參軍中興初遷司徒屬天監元年爲太子洗馬中舍人中書郎丁父憂服闋除大匠卿知造太極殿事普通元年爲邵陵王信威長史行府國事其年出爲假節征遠將軍隨機北討還除給事黃門侍郎二年副裴邃討義州平之三年代兄亶爲吳興太守尋遷假節征遠將軍西陽武昌二郡太守七年徵爲衞尉未拜改授持節督司州諸軍事信武將軍司州刺史領安陸太守八年敕夔帥壯武將軍裴之禮直閣將軍任思祖出義陽道攻平靜穆陵陰山三關克之是時譙州刺史湛僧智圍魏東豫州刺史元慶和於廣陵入其郛魏將元顯伯率軍赴援僧智逆擊破之夔自武陽會僧智斷魏軍歸路慶和於內築柵以自固及夔至遂請降夔讓僧智僧智曰慶和志欲降公不願降僧智今往必乖其意且僧智所將爲合募人不可御之以法公持軍素嚴必無犯令受降納附深得其宜於是夔乃登城拔魏幟建官軍旗鼓

衆莫敢妄動慶和東兵以出軍無私焉凡降男女口四萬餘人粟六十萬斛餘物稱是顯伯聞之夜遁衆軍追之生擒二萬餘人斬獲不可勝數詔以僧智領東豫州鎮廣陵夔引軍屯安陽夔又遣偏將屠楚城盡俘其衆由是義陽北道遂與魏絶二年魏郢州刺史元願達請降高祖敕郢州刺史元樹往迎願達夔亦自楚城會之遂留鎮焉詔改魏郢州爲北司州以夔爲刺史兼督司州三年遷使持節進號仁威將軍封保城縣侯邑一千五百戸中大通二年徵爲右衛將軍丁所生母憂去職時魏南兗州刺史劉明以譙城入附詔遣鎮北將軍元樹帥軍應接起夔爲雲麾將軍隨機北討尋授使持節督南豫州諸軍事南豫州刺史六年轉使持節督豫淮陳潁建霍義七州諸軍事豫州刺史豫州積歲寇戎人頗失業夔乃帥軍人於蒼陵立堰溉田千餘頃歲收穀百餘萬石以充儲備兼贍貧人境內賴之夔兄亶先經此任至是夔又居焉兄弟並有恩惠於鄉里百姓歌之曰我之有州頻仍夏侯前兄後弟布政優優在州七年甚有聲績遠近多附之有部曲萬人馬二千匹並服習精強爲當時之盛性奢豪後房

伎妾曳羅縠飾金翠者亦有百數愛好人士不以貴勢自高文武賓客常滿坐時亦以此稱之大同四年卒於州時年五十六有詔舉哀賻錢二十萬布二百匹追贈侍中安北將軍謚曰桓子諆嗣官至太僕卿諆弟譒少麤險薄行常停鄉里領其父部曲爲州助防刺史蕭淵明引爲府長史淵明彭城戰沒復爲侯景長史景尋舉兵反譒前驅濟江頓兵城西士林館破掠邸第及居人富室子女財貨盡略有之淵明在州有四妾章於王阮並有國色淵明沒魏其妾並還京第譒至破第納焉

魚弘襄陽人身長八尺白皙美姿容累從征討常爲軍鋒歷南譙盱眙竟陵太守常語人曰我爲郡所謂四盡水中魚鱉盡山中麞鹿盡田中米穀盡村里民庶盡丈夫生世如輕塵栖弱草白駒之過隙平生但歡樂富貴幾何時於是恣意酣賞侍妾百餘人不勝金翠服翫車馬皆窮一時之絕還爲平西湘東王司馬新興永寧二郡太守卒官

韋放字元直車騎將軍叡之子初爲齊晉安王寧朔迎主簿高祖臨雍州又召

爲主簿放身長七尺七寸腰帶八圍容貌甚偉天監元年爲盱眙太守還除通直郎尋爲輕車晉安王中兵參軍遷鎮右始興王咨議參軍以父憂去職服闋襲封永昌縣侯出爲輕車南平王長史襄陽太守轉假節明威將軍竟陵太守在郡和理爲吏民所稱六年大舉北伐以放爲貞威將軍與胡龍牙會曹仲宗進軍七年夏侯亶攻黎漿不克高祖復使帥軍自北道會壽春城尋遷雲麾南康王長史尋陽太守放累爲藩佐並著聲績普通八年高祖遣兼領軍曹仲宗等攻渦陽又以放爲明威將軍帥師會之魏大將費穆帥衆奄至放軍營未立麾下止有二百餘人放從弟洵驍果有勇力一軍所仗放令洵單騎擊刺屢折魏軍洵馬亦被傷不能進放冑又三貫流矢衆皆失色請放突去放厲聲叱之曰今日唯有死耳乃免冑下馬據胡牀處分於是士皆殊死戰莫不一當百魏軍遂退放逐北至渦陽魏又遣常山王元昭大將軍李獎乞佛寶費穆等衆五萬來援放率所督將陳度趙伯超等夾擊大破之渦陽城主王偉以城降放乃登城簡出降口四千二百人器仗充牣又遣降人三十分報李獎費穆等魏人

棄諸營壘一時奔潰衆軍乘之斬獲略盡擒穆弟超并王偉送於京師還爲太子右衛率轉通直散騎常侍出爲持節督梁南秦二州諸軍事信武將軍梁南秦二州刺史中大通二年徙督北徐州諸軍事北徐州刺史增封四百戶持節將軍如故在鎭三年卒時年五十九謚曰宣侯放性弘厚篤實輕財好施於諸弟尤雍睦每將遠別及行役初還常同一室臥起時稱爲三姜初放與吳郡張率皆有側室懷孕因指爲婚姻其後各產男女未及成長而率亡遺嗣孤弱放常贍恤之及爲北徐州時有勢族請姻者放曰吾不失信於故友乃以息岐娶率女又以女適率子時稱放能篤舊長子粲嗣別有傳

史臣曰裴邃之詞釆早著兼思略沉深夏侯亶之好學辯給夔之奢豪愛士韋放之弘厚篤行並遇主逢時展其才用矣及牧州典郡破敵安邊咸著功績允文武之任蓋梁室之名臣歟

梁書卷二十八

梁書卷二十八考證

裴邃傳魏襄州刺史綽之後也○南史作冀州刺史徽

昔阮或顏延有二始之嘆○或南史作咸應從之

之高傳合討陰陵盜賊平之○合南史作令

夏侯夔傳魏郢州刺史元願達請降○願南史作顯

韋放傳普通八年高祖遣兼領軍曹仲宗等攻渦陽又以放爲明威將軍帥師會之○普通八年南史作大通元年　臣人龍按高祖本紀大通元年冬十月庚戌魏東豫州刺史元慶和以渦陽內屬不載放帥師會仲宗事蓋兩書所以互異者普通改大通在是年三月間故或作普通八年或作大通元年而放之帥師或又在未改元前也

梁書卷二十八考證

唐 散 騎 常 侍 姚 思 廉 撰

列傳第二十三

高祖三王

高祖八男丁貴嬪生昭明太子統太宗簡文皇帝廬陵威王續阮脩容生世祖孝元皇帝吳淑媛生豫章王綜董淑儀生南康簡王績丁充華生邵陵攜王綸葛脩容生武陵王紀綜及紀別有傳

南康簡王績字世謹高祖第四子天監八年封南康郡王邑二千戶出爲輕車將軍領石頭戍軍事十年遷使持節都督南徐州諸軍事南徐州刺史進號仁威將軍績時年七歲主者有受貨洗改解書長史王僧孺弗之覺績見而輒詰之便卽時首服衆咸歎其聰警十六年徵爲宣毅將軍領石頭戍軍事十七年出爲使持節都督南北兗徐青冀五州諸軍事南兗州刺史在州著稱尋有詔徵還民曹嘉樂等三百七十人詣闕上表稱績尤異一十五條乞留州任優詔

許之進號北中郎將普通四年徵爲侍中雲麾將軍領石頭戍軍事五年出爲
使持節都督江州諸軍事江州刺史丁董淑儀憂居喪過禮高祖手詔勉之使
攝州任固求解職乃徵授安右將軍領石頭戍軍事尋加護軍羸瘠弗堪視事
大通三年因感病薨于任時年二十五贈侍中中軍將軍開府儀同三司給鼓
吹一部諡曰簡績寡玩好少嗜慾居無僕妾躬事約儉所有租秩悉寄天府及
薨後府有南康國無名錢數千萬子會理嗣字長才少聰慧好文史年十一而
孤特爲高祖所愛衣服禮秩與正王不殊年十五拜輕車將軍湘州刺史又領
石頭戍軍事遷侍中兼領軍將軍尋除宣惠將軍丹陽尹置佐史出爲使持節
都督南北兗北徐青冀東徐譙七州諸軍事平北將軍南兗州刺史太清元年
督衆軍北討至彭城爲魏師所敗退歸本鎮二年侯景圍京邑會理治嚴將入
援會北徐州刺史封山侯正表將應其兄正德外託赴援實謀襲廣陵會理擊
破之方得進路臺城陷侯景遣前臨江太守董紹先以高祖手敕召會理其僚
佐咸勸距之會理曰諸君心事與我不同天子年尊受制賊虜今有手敕召我

入朝臣子之心豈得違背且遠處江北功業難成不若身赴京都圖之肘腋吾計決矣遂席卷而行以城輸紹先至京景以爲侍中司空兼中書令雖在寇手每思匡復與西鄉侯勸等潛布腹心要結壯士時范陽祖皓斬紹先據廣陵城起義期以會理爲內應皓敗辭相連及景矯詔免會理官猶以白衣領尚書令是冬景往晉熙京師虛弱會理復與柳敬禮謀之敬禮曰舉大事必有所資今無寸兵安可以動會理曰湖熟有吾舊兵三千餘人昨來相知克期響集聽吾日定便至京師計賊守兵不過千人耳若大兵外攻吾等內應直取王偉事必有成縱景後歸無能爲也敬禮曰善因贊成之于時百姓厭賊咸思用命自丹陽至于京口靡不同之後事不果與弟祈陽侯通理並遇害乂理字季英會理第六弟也生十旬而簡王薨至三歲而能言見內人分散涕泣相送乂理問其故或曰此簡王宮人喪畢去爾乂理便號泣悲不自勝諸宮人見之莫不傷感爲之停者三人焉服闋後見高祖又悲泣不自勝高祖爲之流涕謂左右曰此兒大必爲奇士大同八年封建安縣侯邑五百戶乂理性慷慨慕立功名每讀

書見忠臣烈士未嘗不廢卷歎曰一生之內當無愧古人博覽多識有文才嘗祭孔文舉墓并爲立碑製文甚美太清中侯景內寇乂理聚賓客數百輕裝赴南兗州隨兄會理入援恆親當矢石爲士卒先及城陷又隨會理還廣陵因入齊爲質乞師行二日會侯景遣董紹先據廣陵遂追會理因爲所獲紹先防之甚嚴不得與兄弟相見乃僞請先還京得入辭母謂其姊固安公主曰事既如此豈可合家受斃兄若至願爲言之善爲計自勉勿顧以爲念也家國阽危雖死非恨前途亦思立効但未知天命何如耳至京師以魏降人元貞立節忠正可以託孤乃以玉柄扇贈之貞怪其故不受乂理曰後當見憶幸勿推辭會祖皓起兵乂理奔長蘆收軍得千餘人其左右有應賊者因間劫會理其衆遂駭散爲景所害時年二十一元貞始悟其前言往收葬焉

廬陵威王續字世訢高祖第五子天監八年封廬陵郡王邑二千戶十年拜輕車將軍南彭城琅邪太守十三年轉會稽太守十六年爲都督江州諸軍事雲麾將軍江州刺史普通元年徵爲宣毅將軍領石頭戍軍事續少英果膂力絕

人馳射游獵應發命中高祖常歎曰此我之任城也嘗與臨賀王正德及胡貴通趙伯超等馳射於高祖前續冠於諸人高祖大悅三年爲使持節都督南徐梁秦沙四州諸軍事西中郎將南徐州刺史七年加宣毅將軍中大通三年又爲使持節都督雍梁秦沙四州諸軍事平北將軍寧蠻校尉雍州刺史給鼓吹一部續多聚馬仗蓄養驍雄金帛內盈倉廩外實四年還安北將軍大同元年爲使持節都督江州諸軍事安南將軍江州刺史三年徵爲護軍將軍領石頭戍軍事五年爲驃騎將軍開府儀同三司又出爲使持節都督荆郢司雍西北秦梁巴華九州諸軍事荆州刺史中大同二年薨於州時年四十四贈司空散騎常侍驃騎大將軍鼓吹一部諡曰威長子安嗣

邵陵攜王綸字世調高祖第六子也少聰穎博學善屬文尤工尺牘天監十三年封邵陵郡王邑二千戶出爲寧遠將軍琅邪彭城二郡太守還輕車將軍會稽太守十八年徵爲信威將軍普通元年領石頭戍軍事尋爲江州刺史五年以西中郎將權攝南兗州坐事免官奪爵七年拜侍中大通元年復封爵尋加

信威將軍置佐史中大通元年爲丹陽尹四年爲侍中宣惠將軍揚州刺史以
侵漁細民少府丞何智通以事啓聞綸知之令客戴子高於都巷刺殺之智通
子訴于闕下高祖令圍綸第捕子高綸匿之竟不出坐免爲庶人頃之復封爵
大同元年爲侍中雲麾將軍七年出爲使持節都督郢定霍司四州諸軍事平
西將軍郢州刺史遷爲安前將軍丹陽尹中大同元年出爲鎮東將軍南徐州
刺史太清二年進位中衛將軍開府儀同三司侯景構逆加征討大都督率衆
討景將發高祖誡曰侯景小豎頗習行陣未可以一戰卽殄當以歲月圖之綸
次鍾離景已度采石綸乃晝夜兼道遊軍入赴濟江中流風起人馬溺者十一
二遂率寧遠將軍西豐公大春新塗公大成等步騎三萬發自京口將軍趙伯
超曰若從黃城大道必與賊遇不如逕路直指鍾山出其不意綸從之衆軍奄
至賊徒大駭分爲三道攻綸綸與戰大破之斬首千餘級翌日賊又來攻相持
日晚賊稍引却安南侯駿以數十騎馳之賊回拒駿駿部亂賊因逼大軍軍遂
潰綸至鍾山衆裁千人賊圍之戰又敗乃奔還京口三年春綸復與東揚州刺

史大連等入援至于驃騎洲進位司空臺城陷奔禹穴大寶元年綸至郢州刺史南平王恪讓州於綸綸不受乃上綸爲假黃鉞都督中外諸軍事綸於是置百官改廳事爲正陽殿數有災怪綸甚惡之時元帝圍河東王譽於長沙既久內外斷絕綸聞其急欲往救之爲軍糧不繼遂止乃與世祖書曰伏以先朝聖德孝治天下九親雍睦四表無怨誠爲國政實亦家風唯余與爾同奉神訓宜敦旨喻共承無改且道之斯美以和爲貴況天時地利不及人和豈可手足肱支自相屠害日者聞譽專情先訓以幼陵長湘峽之內遂至交鋒方等身遇亂兵斃於行陣殞于吳局方此非冤聞問號怛惟增摧憤念以兼悼當何可稱吾在州所居遙隔雖知其狀未喻所然及居此藩備加覿訪咸云譽應接多替兵糧閉壅弟教亦不悛故興師以伐譽未識大體意斷所行雖存急難豈知竊思不能禮爭復以兵來蕭牆興變體親成敵一朝至此能不嗚呼既有書問雲雨傳流噂㗳其間委悉無因詳究方今社稷危恥創巨痛深人非禽虫在知君父即日大敵猶強天讎未雪余爾昆季在外三人如不匡難安用臣子唯應剖心

嘗膽泣血枕戈感誓蒼穹憑靈宗祀晝謀夕計共思康復至於其餘小忿或宜寬貸誠復子憾須臾將奈國冤未逞正當輕重相推小大易奪遺無益之情割下流之悼弘豁以理通識勉之今已喪鍾山復誅猶子將非揚湯止沸吞冰療寒若以譬之無道近遠同疾弟復効尤攸非獨罪幸寬於衆議忍以事寧如使外寇未除家禍仍構料今訪古未或弗亡夫征戰之理義在克勝至於骨肉之戰愈勝愈酷捷則非功敗則有喪勞兵損義虧失多矣侯景之軍所以未窺江外者正為藩屏盤固宗鎮強密若自相魚肉是代景行師景便不勞兵力坐致成效醜徒聞此何快如之又莊鐵小豎作亂久挾觀寧懷安二侯以為名號當陽有事充斆殊廢備境第聞征伐復致分兵便是自於瓜州至于湘雍莫非戰地悉以勞師侯景卒承虛藉釁浮江豕突豈不表裏成虞首尾難救可為寒心其事已切弟若苦陷洞庭兵戈不戢雍川疑迫何以自安必引進魏軍以求形援侯景事等內癰西秦外同瘤腫直置關中已為咽氣況復貪狠難測勢必侵吞弟若不安家國去矣吾非有深鑒獨能弘理正是採藉風謠溥參物論咸以

爲疑皆欲解體故耳自我國五十許年恩格玄穹德彌赤縣雖有逆難未亂邕熙溥天率土忠臣憤慨比屋罹禍忠義奮發無不抱甲負戈衝冠裂眥咸欲剸刃於侯景腹中所須兵主唱耳今人皆樂死赴者如流弟英略振遠雄伯當代唯德唯藝資文資武拯溺濟難朝野咸屬一匡九合非弟而誰豈得自違物望致招羣議其間患難具如所陳斯理皎然無勞請箸驗之以實寧須確引吾所以間關險道出自東川政謂上游諸藩必連師狎至庶以殘命預在行間及到九江安北兄遂泝流更上全由餽饋懸斷卒食半菽阻以菜色無因進取侯景方延假息復緩誅刑信增號憤啓處無地計瀟湘穀粟猶當紅委若阻弟嚴兵唯事交切至於運轉恐無暇發遣即日萬心慊望唯在民天若遂等西河時事殆矣必希令弟豁照茲途解汨川之圍存社稷之計使其運輸糧儲應贍軍旅庶叶力一舉指日寧泰宗廟重安天下清復推弟之功豈非幸甚吾才懦兵寡安能爲役所寄令弟庶得申情朝聞夕死萬殞何恨聊陳聞見幸無怪焉臨紙號迷諸失次緒世祖復書陳河東有罪不可解圍之狀綸省書流涕曰天下之

事一至於斯左右聞之莫不掩泣於是大修器甲將討侯景元帝聞其彊盛乃遣王僧辯帥舟師一萬以逼綸綸將劉龍武等降僧辯綸軍潰遂與子確等十餘人輕舟走武昌時綸長史韋質司馬姜律先在于外聞綸敗馳往迎之於是復收散卒屯于齊昌郡將引魏軍共攻南陽侯景將任約聞之使鐵騎二百襲綸綸無備又敗走定州定州刺史田龍祖迎綸綸以龍祖荊鎮所任懼爲所執復歸齊昌行至汝南西魏所署汝南城主李素者綸之故吏聞綸敗開城納之綸乃修浚城池收集士卒將攻竟陵西魏安州刺史馬岫聞之報于西魏西魏遣大將軍楊忠儀同侯幾通率衆赴焉二年二月忠等至于汝南綸嬰城自守會天寒大雪忠等攻之不能克死者甚衆後李素中流矢卒城乃陷忠等執綸綸不爲屈遂害之投于江岸經日顏色不變鳥獸莫敢近焉時年三十三百姓憐之爲立祠廟後世祖追諡曰攜長子堅字長白大同元年以例封汝南侯邑五百戶亦善草隸性頗庸短侯景圍城堅屯太陽門終日蒱飲不撫軍政吏士有功未嘗申理疫癘所加亦不存卹士咸憤怨太清三年三月堅書佐董勛華

白曇朗尋以繩引賊登樓遂陷堅遇害弟確字仲正少驍勇有文才大同二年封爲正階侯邑五百戶後徙封永安常在第中習騎射學兵法時人皆以爲狂左右或以進諫確曰聽吾爲國家破賊使汝知之除祕書丞太子中舍人鍾山之役確苦戰所向披靡羣虜憚之確每臨陣對敵意氣詳贍帶甲據鞍自朝及夕馳驟往反不以爲勞諸將服其壯勇及侯景乞盟確在外慮爲後患啓求召確入城詔乃召確爲南中郎將廣州刺史增封二千戶確知此盟多貳城必淪沒因欲南奔攜王聞之逼確使入確猶不肯攜王流涕謂曰汝欲反邪時臺使周石珍在坐確謂石珍曰侯景雖云欲去而不解長圍以意而推其事可見今召我入未見其益也石珍曰敕旨如此侯豈得辭確執意猶堅攜王大怒謂趙伯超曰譙州卿爲我斬之當賫首赴闕伯超揮刃眄確曰我識君耳刀豈識君確於是流涕而出遂入城及景背盟復圍城城陷確排闥入啓高祖曰城已陷矣高祖曰猶可一戰不對曰不可臣向者親格戰勢不能禁自縋下城僅得至此高祖歎曰自我得之自我失之亦復何恨乃使確爲慰勞文確既出見景景

愛其膂力恆令在左右後從景行見天上飛鳶羣虜爭射不中確射之應弦而

落賊徒忿嫉咸勸除之先是攜王遣人密導確確謂使者曰侯景輕佻可一夫

力致確不惜死正欲手刃之但未得其便耳卿還啓家王願勿以爲念也事未

遂而爲賊所害

史臣曰自周漢廣樹藩屏固本深根高祖之封建將遵古制也南康廬陵並以

宗室之貴據磐石之重績以孝著續以勇聞綸聰警有才學性險躁屢以罪黜

及太清之亂忠孝獨存斯可嘉矣

梁書卷二十九

梁書卷二十九考證

高祖三王傳董淑儀生南康簡王績○淑南史作昭

南康簡王績傳天監八年封南康郡王○八南史作七 臣人龍按高祖紀係天監七年九月事南史是也

民曹嘉樂等三百七十人詣闕上表○南史無嘉字

與弟祈陽侯通理並遇害乂理字季英會理第六弟也○監本缺通字閣本訛乂爲通 臣人龍按南史通理字仲宣今各補正之

封建安縣侯○建安南史作安樂

邵陵攜王綸傳權攝南兗州○南兗南史作南徐考本紀不載兼攝事

綸軍潰遂與子確等十餘人輕舟走武昌○確南史作躓

時綸長史韋質司馬姜律先在于外○律南史作偉

西魏所署汝南城主李素者○者南史作孝

梁書卷二十九考證

西元二〇二四年三月一日重製一版

梁書 冊一（附考證）（唐姚思廉撰）

平裝二冊基本定價壹仟參佰元正
（郵運匯費另加）

發行人 張敏君

發行處 中華書局

臺北市內湖區舊宗路二段一八一巷八號五樓（5FL., No. 8, Lane 181, JIOU-TZUNG Rd., Sec 2, NEI HU, TAIPEI, 11494, TAIWAN）

客服電話：886-2-8797-8900

公司傳真：886-2-8797-8909

匯款帳戶：華南商業銀行西湖分行
179100026931

印　刷：維中科技有限公司
海瑞印刷品有限公司

No. N1045-1

國家圖書館出版品預行編目(CIP)資料

梁書/(唐)姚思廉撰. -- 重製一版. -- 臺北市 :
中華書局, 2024.03
冊 ; 公分
ISBN 978-626-7349-13-7(全套 : 平裝)

1.CST: 南朝史

623.5301 113002609